《不知为何》

《不知为何》是一首由诺拉·琼斯演唱的爵士音乐。在以钢琴和大提琴为主的爵士乐队伴奏下，歌声徐缓、缠绵，曲调松弛、怡然、略带忧伤。散发着一种特有的民谣的清新韵律。诺拉·琼斯的演唱音色优美、清新亮丽。

2.3.4 幻灯片放映视图

2.4.3 创建《放飞梦想》课件

新功能概览

2.6.5 显示《填词语》课件的网格线

化学方程式的意义

$$C + O_2 \xrightarrow{\text{点燃}} CO_2$$
$$12 \quad : \quad 32 \quad : \quad 44$$

2.9.1 上机练习1：
另存为《化学方程式的意义》课件

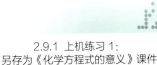

月亮与云彩

2.9.2 上机练习2：
另存为《月亮与云彩》课件

蜀道难

单击此处添加副标题

3.1.1 通过选项新建《蜀道难》幻灯片

成功商务
——商务礼仪

3.1.2 通过命令新建《成功商务》
幻灯片

古巴音乐

古巴音乐是西班牙和非洲音乐的继承，原始的古巴节奏：萨尔萨，很多是传统的七星鼓，例如哈瓦那七重奏，伊格纳西奥·皮尼埃罗等或者音乐的圣地亚哥抒情歌曲和他的第八奇迹。著名的乐团有卡西诺乐团、索诺拉·马坦塞拉乐团、阿塞尼奥·罗德里盖斯乐团，或者是时代交响乐，如恰恰卡、阿拉方、葛林或阿卡尼恶等。

3.2.1 设置《古巴音乐》课件
片头段落行距和间距

物理实验步骤

1. 按装置图安装实验仪器。
2. 用酒精灯给水加热并观察。
3. 当水温接近90℃时每隔1min 记录一次温度，并观察水的沸腾现象。
4. 完成水沸腾时温度和时间关系的曲线。

3.2.3 运用按钮设置《物理实验步骤》
片头对齐方式

竹里馆

独坐幽篁里，
弹琴复长啸。
深林人不知，
明月来相照。

3.2.4 运用对话框设置《竹里馆》
片头对齐方式

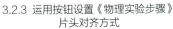

年度
总结

在为社会、为客户创造价值的过程中，我们始终把诚信作为立身之本，坚持"信誉第一，盈利第二"的原则，宁可企业受到损失，也要取信于客户，勇于向客户兑现承诺，勇于接受社会监督，努力营造便捷、透明、公开的服务氛围，树立守法经营、真诚可信的企业形象。

3.2.5 设置《年度总结》课件
片头段落缩进

3.2.7 设置《化学反应习题》课件
片头文字方向

花的结构

3.3.1 绘制《花的结构》课件
片头中的文本框

青铜铸造业

3.3.2 调整《青铜铸造业》课件
片头文本框格式

3.3.3 设置《了解感觉》课件
片头文本框格式

3.4.1 为《渡荆门送别》课件
片头设置内置主题模板

3.4.2 将主题应用到
《知识特性》课件片头选定幻灯片中

3.4.4 为《书籍前言》课件
片头应用硬盘中的模板

3.5.1 选择《叶的结构》
片头背景样式

3.5.2 为《市场营销策略》课件片头
自定义纯色背景样式

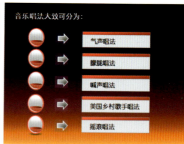

3.5.3 为《音乐唱法分类》课件片头
应用渐变填充背景

3.5.4 为《大洋洲音乐文化》课件
片头应用纹理填充背景

3.5.5 为《视觉图形》课件片头应用
图片填充背景

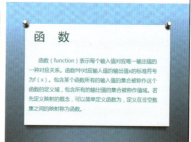

3.6 综合练兵——制作《函数》课件
片头

4.1.1 为《四季如歌》课件
插入超链接

4.1.2 运用按钮删除
《聚落精讲》课件中的超链接

4.1.3 运用选项取消《寒带气候》课件
中的超链接

4.1.4 运用形状在
《桃花源记》课件中添加动作按钮

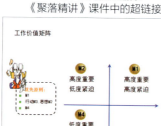

4.1.5 运用"动作"按钮在
《时间管理》课件中添加动作

4.2.1 更改《溶液 PH 的计算》课件
中的超链接

4.2.2 设置《自我激励》课件中的
超链接格式

4.3.1 链接到其他演示文稿

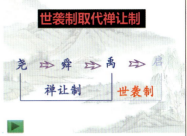

4.4 综合练兵——
制作《夏商西周知识》课件

5.1.1 在《化学反应》课件中的
非占位符中插入剪贴画

5.1.2 在《不等式练习题》中的
占位符中插入剪贴画

知识链接

5.2.1 为《知识链接》课件插入图片

5.2.2 设置《历史古迹》课件
图片的大小

5.2.3 设置《梦想起航》课件图片版式

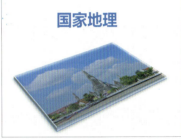

5.2.4 设置《国家地理》课件图片效果

5.2.5 设置《国家公园》课件
图片边框

5.2.6 调整《山川河流》课件
图片亮度和对比度

5.2.7 重设《海滨风光》课件图片颜色

5.2.8 调整《雕塑艺术》课件
图片艺术效果

5.3.2 在文本框中添加《寓言》课件
文本

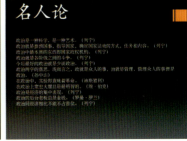

5.3.3 设置《名人论》课件文本字体

物质与元素

物质（主要为蛋白质与核酸）及元素（种类相同）组成上大体相同，下面将分别进行介绍。

化合物主要为蛋白质与核酸，其中蛋白质是生命活动的主要承担者，核酸是遗传信息的携带者（朊病毒的遗传物质是蛋白质）；它们都是生命活动中重要的高分子物质。

元素分为大量元素和微量元素，其中大量元素有C、H、O、N等，它们在生命活动中有很大作用；微量元素有Fe、Mn、Zn、Cu、B、Mo等，具有量小作用大的特点。

5.3.4 设置《物质与元素》课件文本颜色

矩　形

5.3.5 设置《矩形》课件文本字形

英语语法

英语语法基于日耳曼语源，英语与其他所有的印欧语系语言相比，它更强调调语间相对固定的顺序，也就是说英语正顺向分析的方向发展。

1、所有格复数： He is Fred'sbest friend. (+'s)
2、动词现在时的第三人称单数：Alfredo works. (+s)
3、动词过去式：Fred worked. (+)，但亦有不规则变化。
4、现在分词/进行时态：Fred is working. (+ing) [注]如果动词的末音节为重音结尾的闭音节，则须双写末辅音，如running。
5、过去分词：The car was stolen. (+en) Fred has talkedto the police. (+ed) Fred has talkedto the police. (+ed)，但亦有不规则变化。

5.3.6 设置《英语语法》课件文本删除线

月球的概念

月球，俗称月亮，古称太阴，是环绕地球运行的一颗卫星。它是地球唯一的一颗天然卫星，也是离地球最近的大体（与地球之间的平均距离为38.4万千米）。

5.3.7 设置《月球》课件的文本大小

软文定义：

指企业通过策划在报纸、杂志、DM、网络、手机短信等宣传载体上刊登的可以提升企业品牌形象和知名度，或可以促进企业销售的一些宣传性、阐释性文章，包括特定的新闻报道、深度文章、付费短文广告、案例分析等。

5.3.8 设置《软文定义》课件的文字阴影

读读说说：

- 青青的小山　青青的（　　）
- 绿绿的草坪　绿绿的（　　）
- 弯弯的小路　弯弯的（　　）

5.3.10 设置《读说》课件的下划线

中国古代的陶器，以彩陶最为著名。这些彩陶或是以造型优美见长，或是以纹饰丰富引人喜爱，或者是造型和纹饰都很优美。

彩陶艺术

5.4.1 为《彩陶艺术》课件插入艺术字

播放视频

1.按播放按钮。
2.使用 ← 或 → 显示短片，然后按 按钮即可播放。

5.4.2 设置《播放视频》课件艺术字形状填充

蓝玫瑰

5.4.3 设置《蓝玫瑰》艺术字形状样式

美丽花束

5.4.5 设置《美丽花束》艺术字形状效果

中秋联谊活动

业主送礼，送月饼。
江边赏月、放烟花。
中秋联谊舞会。
同时邀请广州各大外企、各国商会、领事馆人员参与。

5.4.6 更改《中秋联谊活动》课件艺术字效果

美 学

在家里，我吃到祖奶良时代流传午千年美味绵酿的果子。
在巴黎，我从路旁小贩身上桃橐杉通见一种川久保玲的风格。
在纽约，我从务英区区田父聚上发现了世界上最绿别的涂鸦壁画。
但在市场，我只看到城市的零乱扫描、黎丽快速消长的流行，警见让人的消费力，却看不见习历久弥新的魅力。
在家里，我吃到祖奶良时代流传午千年美味绵酿的果子。
在巴黎，我从路旁小贩身上桃橐杉通见一种川久保玲的风格。

5.5.4 复制与粘贴《美学》课件文本

品牌战略

原理：以小说家撰写发行百万、风靡全球的畅销书的法则为基础，给公司的品牌营造强烈的情感。

5.5.6 替换《品牌战略》课件文本

计算机知识系列讲座之十

公共密钥基础结构

知识讲座

2014/11/8

5.5.7 在《知识讲座》课件中插入页眉和页脚

雪地里的小画家：

- 小鸡画竹叶
- 小狗画梅花
- 小鸭画枫叶
- 小马画月牙

5.6.1 为《小画家》课件添加常用项目符号

5.6.2 为《物质基础》课件
添加图片项目符号

5.6.3 为《教学思路》课件
自定义项目符号

5.6.4 为《数学公式》课件
添加项目编号

5.7.1 为《商务英语》课件插入声音

5.7.2 为《猎户座》课件插入声音

5.8.1 为《数据阶段说明》课件
添加视频

5.8.3 为《海洋生物》幻灯片插入视频

5.8.4 为《植物》幻灯片插入视频

5.8.8 设置花香视频样式

5.9 综合练兵——
制作《想象说话》课件

6.1.1 制作图形课件

6.1.5 制作 SmartArt 图形课件

6.2.1 创建课件中的表格

6.2.2 导入 Word 表格

6.2.3 导入 Excel 表格

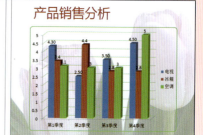

6.2.4 设置课件表格效果

6.2.5 设置课件表格文本样式

6.3.1 编辑课件中的图表对象

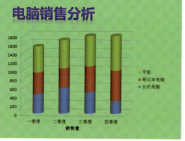

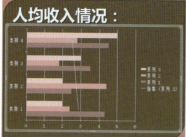

6.3.2 为《电脑销售分析》添加坐标轴标题

6.3.3 添加《人均收入情况》图表趋势线

6.4.1 添加课件动画效果

6.4.2 编辑课件动画效果

6.4.3 为《四色图效果》课件绘制动作路径动画

6.5.1 制作细微型课件切换效果

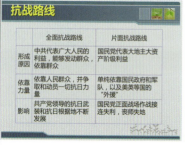

6.5.3 制作动态内容课件切换效果

6.6.1 打开《音乐歌词欣赏》课件中的幻灯片母版

6.6.2 打开《嫦娥奔月》课件中的讲义母版

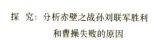

6.6.4 更改《经纬网》课件中的母版版式

6.6.5 编辑《计算机理论基础》课件母版背景

6.6.6 设置《赤壁之战分析》课件页眉和页脚

6.6.7 设置《仙后座》课件
项目符号

6.6.9 设置《原子构造原理》课件
占位符属性

6.7 综合练兵——制作《云南风光》
课件

7.1.1 从头开始放映《春暖花开》课件

7.1.2 从当前幻灯片开始放映
《开花和结果》课件

7.1.3 自定义幻灯片放映
《家庭理财》课件

7.2.2 观众自行浏览
《影视基地的由来》课件

7.2.3 在展台浏览放映
《公司业务流程》课件

7.2.6 放映《时代》课件中的
指定幻灯片

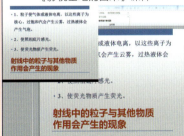

7.2.7 设置《探测射线的方法》课件
缩略图放映

7.3.1 隐藏和显示
《垃圾对环境的影响》课件

7.3.2 设置《儿童相册》排练计时

7.3.3 为《新春年会》录制旁白

7.4 综合练兵——制作《数词复习》
课件

8.1.1 设置《渲染式》课件大小

8.1.2 设置《网络时代》课件方向

8.1.3 设置《水珠水滴》课件宽度和高度

8.2.1 设置《基础生态学》课件打印选项

8.2.2 设置《环境类型》课件打印内容

8.2.3 设置《清新散文》课件打印边框

8.2.3 设置《清新散文》课件打印边框

8.3 综合练兵——
制作《春江花月夜》课件

9.1.1 打包《白话文运动》课件

9.1.2 发布《感觉世界》课件

9.2.2 输出《细胞学说》课件
为放映文件

9.3 综合练兵——
制作《我们的民族精神》课件

10.1.2 制作生物教学课件其他幻灯片

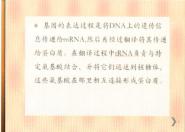

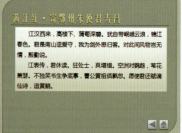

10.2.3 为语文教学课件添加动作按钮

10.3.4 为数学教学课件添加动画效果

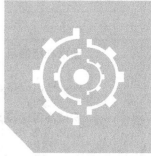

普.通.高.等.学.校
计算机教育"十二五"规划教材
立体化精品系列

PowerPoint

多媒体课件制作
案例教程

刘嫔 张卉 编著

人民邮电出版社

北 京

图书在版编目（CIP）数据

PowerPoint多媒体课件制作案例教程 / 刘嫔，张卉
编著. -- 北京 : 人民邮电出版社，2015.7（2021.6重印）
普通高等学校计算机教育"十二五"规划教材
ISBN 978-7-115-38602-1

Ⅰ. ①P… Ⅱ. ①刘… ②张… Ⅲ. ①多媒体－计算机
辅助教学－图形软件－高等学校－教材 Ⅳ. ①G434

中国版本图书馆CIP数据核字(2015)第073216号

内 容 提 要

本书系统了解利用 PowerPoint 设计与制作多媒体课件的理论、方法和技巧。全书共 10 章，具体内容包括：课件制作基础知识、初识 PowerPoint 2010、课件片头的制作、课件导航的制作、课件内容的制作、控件及母版的应用、多媒体课件的放映、课件的设置与打印、课件的打包与输出、PPT课件综合实例。

本书内容丰富，语言通俗，实用性强，适合作为师范院校的多媒体课件制作教材及各级教师的培训教材，也可供广大多媒体制作人员、课件制作人员，如在职教师、计算机爱好者、广告制作人员、多媒体程序设计人员、影视编辑人员等自学使用。

◆ 编　著　刘　嫔　张　卉
　　责任编辑　刘　博
　　责任印制　沈　蓉　彭志环

◆ 人民邮电出版社出版发行　　北京市丰台区成寿寺路 11 号
　　邮编　100164　　电子邮件　315@ptpress.com.cn
　　网址　http://www.ptpress.com.cn
　　固安县铭成印刷有限公司印刷

◆ 开本：787×1092　1/16　　彩插：4
　　印张：19　　　　　　　　2015 年 7 月第 1 版
　　字数：497 千字　　　　　2021 年 6 月河北第 7 次印刷

定价：49.80 元（附光盘）

读者服务热线：(010)81055256　印装质量热线：(010)81055316
反盗版热线：(010)81055315

前　言

❑　本书简介

PowerPoint 具有强大而完善的绘图和设计功能，它提供了高效的图形图像、文本声音、自定义动画、播放幻灯片功能。本书立足于 PowerPoint 2010 软件的多媒体课件制作技术，通过大量课件案例演练介绍其操作方法。

❑　本书特色

❑　课件模板拿来即用或修改即用

本书配套光盘提供了书中涉及的实例源文件及各种素材，读者可将这些课件直接应用到教学中，或者以这些课件实例为模板稍做修改，即可制作出更多实用课件。

❑　课件素材效果源文件齐全面广

全书使用的素材与制作的效果共有 300 多款，其中包含 170 款素材文件，150 款效果文件，涉及语文、数学、外语、历史以及课后习题实例等。

❑　最丰富最完善的教学实用宝典

为了便于教学，第 2~9 章设置了"综合练兵"和"上机练习"两个模块，可以使读者及时检验学习成果并举一反三制作出更多精彩的课件范例。

❑　10 章专题技术讲解

本书用 10 章专题对 PowerPoint 多媒体课件的制作方法和基本应用技巧进行合理划分，让读者循序渐进地学习软件应用。

❑　102 个专家提醒放送

书中附有作者在使用软件过程中总结的经验技巧，共计 102 个，全部奉献给读者，方便读者提升课件实战技巧与经验。

❑　160 个实战技巧放送

本书是一本操作性的技能实例手册，共计 160 个实例讲解。使读者在熟悉基础的同时熟练掌握多媒体课件的制作方法。

❑　230 多分钟视频演示

书中所介绍的技能实例的操作，全部录制了带语音讲解的演示视频，共 230 多分钟，读者可以独立观看视频演示进行学习。

❑　260 多页课件演示

书中所介绍的技能实例的操作，全部制作成了课件演示，共 260 多页，读者可以独立观看演示文稿进行学习。

❑　1000 多张图片全程图解

本书在写作过程中避免了冗繁的文字叙述，通过 1000 多张操作截图来展示软件具体的操作方法，做到图文对照、简单易学。

❏ **本书编者**

　　本书由刘嫔、张卉编著，同时参加编写的人员还有谭贤、柏松、张卉、苏高、罗磊、曾杰、周旭阳、袁淑敏、谭俊杰、徐茜、杨端阳、谭中阳、张国文、王力建等人。由于时间仓促，书中难免存在疏漏与不妥之处，欢迎广大读者来信咨询和指正，联系邮箱：itsir@qq.com。

编　者

2015 年 5 月

目　录

课件制作基础知识

第1章

学习提示

    Microsoft PowerPoint 2010 的主要功能之一就是用来辅助教学，创作人员可以根据自己的创意，先从总体上对信息进行分类组织，然后把文字、图形、图像、声音、动画、影像等多种媒体素材在时间和空间两方面进行集成，使它们融为一体并赋予其交互特性，从而制作出精彩纷呈的多媒体应用软件产品。

本章重点

- 多媒体课件的特点
- 多媒体课件的类型
- 多媒体课件设计流程
- 多媒体课件制作过程
- 多媒体教学课件封面设计
- 多媒体虚拟现实应用
- 多媒体课件制作软件

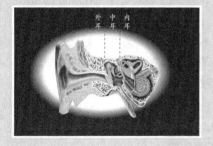
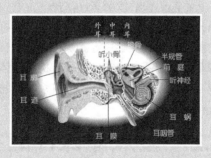

1.1　多媒体课件的特点

Microsoft PowerPoint 2010 是 Microsoft Office 2010 办公套装软件中的一个重要组成部分，它可以设计和制作信息展示领域的各种电子演示文稿，使演示文稿的编制更加容易和直观，也是人们在日常生活、工作、学习中使用最多、最广泛的幻灯演示软件之一。

1.1.1　丰富的表现力

多媒体课件不仅可以更加自然、逼真地表现多姿多彩的视听世界；还可以对宏观和微观事物进行模拟，对抽象、无形事物进行生动、直观的表现；对复杂过程进行简化再现等。这样，就使原本枯燥的教学活动充满了魅力。

1.1.2　良好的交互性

交互性是多媒体技术的特色之一，就是可与用户做交互性沟通的特性，这也正是它和传统媒体最大的不同。这种改变，除了为用户提供了按照自己的意愿来解决问题的功能外，其交谈式的沟通方式更可帮助用户学习和思考。

1.1.3　极大的共享性

网络技术的发展，多媒体信息的自由传输，使得教育资源在全世界交换、共享成为可能。以网络为载林的多媒体课件，提供了教学资源的共享。多媒体课件在教学中的使用，改善了教学媒体的表现力和交互性，促进了课堂教学内容、教学方法、教学过程的全面优化，提高了教学效果。

1.1.4　强大的集成性

多媒体技术是将文字、图形、影像、声音和动画等各种媒体结合起来的一种应用，并且是建立在数字化处理基础上的，它不同于一般传统文件，是一个利用计算机技术来整合各种媒体的系统。媒体依其属性的不同可分成文字、音频及视频。其中文字可分为文字及数字，音频可分为音乐及语音，视频可分为静止图像、动画及影片等。媒体包含的技术非常广，大致有计算机技术、超文本技术、光盘储存技术及影像绘图技术等，而计算机多媒体的应用领域也比传统多媒体更加广阔，如 CAI、有声图书以及商情咨询等，都是计算机多媒体的应用范围。

1.2　多媒体课件的类型

从计算机辅助教学的发展来看，多媒体课件分为传统型课件、多媒体型课件和网络型课件 3 种。本节将对多媒体课件的 3 种类型进行详细介绍。

1.2.1　传统型

由于计算机技术的发展和软件开发水平在多媒体课件发展的初期受到一定的限制，使得多媒体课件只能在一些大型的系统上得到应用，尽管后来个人计算机的出现使多媒体课件有了一定的发挥空间，但当时个人计算机的操作系统——DOS 操作系统，要编制一个多媒体课件非常困难，需要花费大量的时间，编写大量的复杂代码，最终的结果也并不理想。这样编制出的多媒体课件最大的缺点是缺少生动的画面和人机交互。所以，在传统型多媒体课件时期，多媒体课件强大的作用并没有得到真正的体现。

1.2.2　多媒体型

随着计算机多媒体技术的发展，使得用户能够在各种各样的多媒体课件模式下运用多媒体技术，通史将文字、图像、声音和动画等多种媒体集成在一起，让教学内容更为丰富形象，教学过程更为生动有趣，学习效果更为明显，教学效率大大提高。同时，Windows 等图形操作方式的系统软件在个人计算机上诞生使得一大批多媒体应用软件闪亮登场，如 PointPower、Authorware 等，它们为非计算机专业的人员提供了一个个理想的多媒体课件的设计平台。作为教师，自己亲手制作美观实用的多媒体课件已成为必然的要求。

1.2.3　网络型

目前，互联网已经成为人们查找信息、收集信息、处理信息的主要途径，Internet 的发展使多媒体课件应用不再是一种孤立的、局部的应用，而将是更大范围的应用、更多的资源共享、更强大的人机交互。例如，Flash、FrontPage 等面向网络的多媒体应用软件，使用户设计的课件可以直接通过网络发布，学生可以通过 Internet 浏览器获取学习资源，利用 E-mail、BBS、新闻栏、留言簿和聊天室等多种网络通信方式进行学生与学生、学生与教师，乃至学生与社会各界的相互交流。同时，网络型多媒体课件能够即时地获取和处理学生的反馈信息，增强了人机的交互功能，因此，网络型多媒体课件为用户提供了丰富的教学资源。现在，用户要制作一个网络型多媒体课件已经是一件很容易的事情。例如，用户可以利用 FrontPage、Dreamweaver 等网页制作软件，再配合 JavaScript、VBScript、DHTML 等简单的编程语言，以及数据库等技术，制作出交互性较强的网络型多媒体课件。

▶ **专家指点**

与网络型课件相对应的，是计算机课件（基于计算机的课件）。通常所说的光盘版、单机版以及本地版，就是指基于计算机的课件。这类课件通常较大，无法流畅地在网络上浏览和传输。例如课堂录像类视频课件，1 小时课件有几百兆，即使上传到网上，打开也很费时间，而且难以通过邮件等工具传输。

1.3　多媒体课件设计流程

一个多媒体课件的开发流程与实施其他软件工程一样，从严格的角度来说，都要经历一些必不可少的步骤。这些步骤主要是：课件主项、教学设计、系统设计、数据采集、软件编辑、试用评论和改进。

1.3.1　课件选题的确定

多媒体应用是经过精心创意设计的应用软件，因此多媒体设计的选题确定和可行性评估是十分重要的工作，多媒体应用系统选题范围是没有限制的，但必须经过严格思考后，方可确定。

多媒体课件开发首先要解决的问题是选择什么样的内容，具体应用到什么区域。主题确定以后，应该编写选题报告和计划书，选题报告和计划书中应该包括以下内容。

➤ 用户分析报告。说明有哪些基本用户，在什么场合使用，用户计算机应用水平如何，还有哪些扩展用户，并对用户一般特点和使用风格进行分析。

➤ 设施分析报告。说明硬件基本装备，需要什么辅助装备，有哪些可选用，有无特殊需要，需哪些多媒体软件，软件环境需提供什么支持等。

➤ 成本效益分析报告。该系统管理效益与经济效益以及市场潜力如何，设计开发投入人力和资金预算，需花费的时间，所用资源及资金来源，所提供信息的使用价值如何，使用频率又如何。

➤ 系统内容分析报告。系统总体设计流程，涉及的多媒体元素系统的组织结构等。

以上这些分析报告的目的是确定使用对象和要求，确定应用系统设计结构，建立设计标准，确定制作目标。

1.3.2　课件结构的确定

在制作多媒体时，结构设计是非常重要的，没有结构支撑，很难实现正常的功能，在着手制作多媒体课件时，首先应该确定结构。

传统教学中，教学信息如课本、录音以及录像等的组织结构都是线性的，这在客观上限制了人们自由联想能力的发挥，而超文本技术就克服了这一缺点。多媒体课件中的信息结构就是采用这种非线性的超文本方式。

根据多媒体课件中节点和链的连接关系，可以归纳出多媒体课件中的教学内容结构组织方式有：线性结构、树状结构、网状结构和混合结构。

多媒体课件的结构设计主要包括：节点设计、链的设计以及由此产生的网络和学习路径的设计。

1. 节点设计

它是存储信息的基本单元，又称信息块。每个节点表达一个特定的主题，它的大小根据实际需要而定，没有严格的限制。通常有文本节点、图文类节点、听觉类节点、视听类节点和程序类节点。通常程序类节点用"按钮"来表现，进入这种节点后，将启动相应的程序，完成特定的操作。根节点是学习者进入系统学习遇到的第一个节点，同时也是其他任何节点都能返回的中心节点，因此根节点的设计十分重要，根节点的常用设计方法如下。

➤ 总述。根节点中整个内容的概述，它与知识库中的所有主要概念都建立有联系。

➤ 自顶向下。使用层次分析法，根节点是顶端的主要本质概念。

➤ 菜单。根节点是知识库中主要概念的列表或内容表。

➤ 辅导。根节点是进入其他节点通道的示范。

2. 链的设计

链的设计主要涉及节点之间如何联结和怎样表示。链表示不同节点间信息的联系，它由一个节点指向其他节点，或从其他节点指向该节点，因为信息间的联系是千变万化、丰富多彩的，所以链也是复杂多样的，有单向链、双向链等。链功能的强弱，直接影响节点的表现力，也影响到信息网络的结构和导航的能力，超文本中有了链才有了非线性，用户才能"沿着"链找到相关信息。在多媒体课件中，链是隐藏在信息背后、记录在系统中的，用户看不到表示单向或双向的线，只是在从一个节点转向另一个节点时，会感觉到链的存在。链的基本组合方式有以下几种。

➤ 一条线性浏览路径。

➤ 树状结构。

➤ 无环的网。

- ➢ 分块连接。
- ➢ 任意链接。

链分为以下 3 种。

- ➢ 线性链。反映节点之间的次序、位置等关系。
- ➢ 树形链。体现节点间的层次、归属、类推等关系，反映节点内容的语义逻辑联系。
- ➢ 网状链。即任何节点之间都可以建立联系，如背景、索引、例证、重点以及参考资料等，体现创建人员的联想。一个超媒体系统中各种类型的链所占的比例取决于领域知识、系统目的和学习特征。

3. 网络和学习路径设计

节点和链的组织方式不同，从而产生不同的超媒体系统网络结构，包括阶层型、细化型和对话型。常见的学习路径模式有顺序式、循环式、分支式、索引式和网状式。

1.3.3　课件脚本的编写

制作一个多媒体课件首先要规划与撰写一个脚本。脚本的撰写是多媒体课件创建的核心，它除了要求写作者有一定的教学经验外，更重要的是要把心理学和计算机教学的特点融合其中。脚本对于软件的作用相当于剧本对于电视、电影的作用，它是开发者制作课件的依据。脚本的编写有一套程序和方法，在多媒体脚本设计过程中应该做到以下几点。

- ➢ 规划各项内容显示的顺序和步骤。
- ➢ 描述其间的分支路径和衔接的流程。
- ➢ 兼顾系统的完整性和连贯性。
- ➢ 既要考虑到整体结构，又要善于运用声、画、影、物多重组合达到最佳效果。
- ➢ 注意交互性和目标性。
- ➢ 根据不同的应用系统运用相关领域的知识和指导理论。

多媒体应用系统能根据用户的输入要求随时改变节目控制流程，可通过菜单、热键按钮及超链接等方法来实现，应用系统不同，控制的程序也各异，脚本编写完后，应组织有关专家和用户进行评议，进行修改完善，进行下一步的创意设计。

1.4　多媒体课件制作过程

制作出高效实用课件的前提条件是必须了解多媒体课件制作的基本过程，其大致可分为 3 大类：准备阶段、制作阶段和应用阶段。

1.4.1　文字脚本的编写

文字脚本就是用户根据实际需要而写的需求书，文字脚本一般要求用户根据自己课堂教学的需要来编写。首先，必须写清楚大概的教学过程和重要的教学环节；其次，要写明课件的作用点，明确课件所起的作用和意义，如果能够使用其他媒体或手段达到更好的效果，就没有必要使用课件；再次，要写出需要的文字、图片、动画以及声音等素材；最后，要注明各个课件片段需要展现的效果和出现形式。以上的文字脚本内容，可以根据实际情况设计一张表格让用户填写，这样才能保证课件设计的科学性、实用性和针对性。表 1-1 所示为一个脚本设计表格的范例。

表 1-1　　　　　　　　　　　　多媒体 CAI 课件制作脚本设计

学　　科	年　　级	执教者	教学课目	课件用途
数学	二年级	李花	时分的认识	赛课

课件设计结构及实现步骤	该课件共分为 3 大部分：复习、新授、巩固 一、复习部分 （1）显示各种各样的钟表。 （2）出现作息时间图——要求依次出现。 二、新授部分 　　（1）认识钟面：划分钟面，制作时针和分针的移动。 　　（2）时分概念：听一分钟的音乐，出现一个进度条。 　　（3）制作例 1：按照书上要求先出现图，再出现答案，最后将 4 个时刻的钟面放在一起做对比。 　　（4）制作例 2：先转动时针和分针再出现答案。 三、巩固练习 　　（1）制作练习 1：内容略，要求答案能够输入，并且能够做出判断。 　　（2）练习 2：内容略，出现一张运动会日程安排表。 　　（3）游戏：动物运动，比赛跑步，详细过程略。	界面要求 简单图例
修改方案	➤ 课件结构需要重新安排，分 3 个大版块，进入后里面又分子版块，各个版块之间能够快速地切换。 ➤ 游戏的动画需要调整，最后要求能够拖放动物，并排出正确的名次。	

1.4.2　脚本的设计与制作

脚本的设计与制作需要设计者根据使用者的需求来编写，站在使用者的角度来考虑和分析问题，设计好课件的书面文字表达方式，设计与制作脚本时可以以使用者进行商量，确定最好的实现效果和最优的实现方法。课件制作脚本的具体内容包括封面的设计、界面的设计、结构的安排、素材的组织以及技术的运用，制作脚本的设计不仅可以使课件设计者在制作课件时做到心中有数，不至于走弯路，也方便以后对课件的重新整理和修改。因此，这一步对设计一个优秀的多媒体 CAI 课件是非常必要的。

1.4.3　课件素材的准备

在实际的制作过程中，准备素材消耗的时间常常是最多的，例如要制作一个语文课件，需要收集与本课相关的图片、动画以及声音等素材。这些素材有的容易找到，但也需在加工和处理后才能够利用；有的却不容易找到，只有自己制作，没有图片就需要使用图像处理软件绘制，没有动画就需要使用动画制作软件制作，没有声音就需要使用录音机来录制等，所有这些花费的时间将远远超过制作课件所利用的时间。由此可见，掌握获取素材和处理素材的方法和技巧是非常有价值的事。

1.4.4　课件的制作技巧

课件的制作就是将各种教学素材放置到课件中，设置用户对课件的控制点和交互方式，在课件的具体制作过程中，形成一些好的操作习惯和方法，可以加快课件的制作，方便课件的修改。

可以把课件的不同部分制作成几个分支结构,尽量将具有一个整体功能的部分制作成为一个模板,方便同一课件中不同部分的共享;经常为课件比较重要的部分做批注;为不同的素材对象赋予名称;允许使用者出现错误的操作,并且能够及时地纠正,设计一个生动快捷的帮助信息系统,随时给予使用者一定的提示等,这样的课件将具有良好的可读性、可维护性和实用性。

1.4.5　课件的调试运行

为了保证课件的正常运行,需要对课件进行调试,可以使用以下几种实用的方法进行课件的调试。

➢ 分模块调试。对于内容比较多的课件,设计者可以将课件从逻辑上分为几个比较独立的片段进行调试,保证每一个模块都能够正常运行。

➢ 测试性调试。将课件的不同部分集成在一起进行调试,尽量尝试多种操作的可能性,看是否能够保证课件的正常运行。

➢ 模拟性调试。模拟实际的教学过程中教师的“教”和学生的“学”,看课件是否能够满足或适应实际教学的需要。

➢ 环境性调试。一个课件的正常运行总是要依赖于事实上的硬件和软件环境,可以尝试在不同配置的计算机上、不同操作系统以及不同的应用软件环境下进行调试,以获得课件运行的最佳环境。

1.4.6　课件的维护更新

对于同一个教学内容,不同的教师对课件的需求也是不尽相同的,设计者应该不断地收集使用者的信息,更新和完善课件内容,以便在教学中发挥更加强大的作用。例如设计者可以通过网络发布课件,实现课件资源共享,从而获得更多使用者的反馈信息,综合意见,不断改进,对课件进行完善的过程也是设计者自身设计水平提高的过程。

1.5　多媒体教学课件封面设计

课件的封面就是课件的门面,它是通过采用与内容相关的画面,与标题文字相结合,简洁明了地概括整个课件,让用户在未打开课件时,对它的主要内容就有了一个初步的感受。一个经典的封面往往会给人留下极其深刻的印象。

1.5.1　封面导言设计

导言部分是课件中抛砖引玉的部分,因此封面导言部分的设计中应遵循的最基本和最重要的原则就是简单、明了和清晰。这一部分的设计不能过于复杂和繁琐,但必须能承前启后、功能完备且结构简单。导言部分的设计主要依据以下的方法进行。

1. 根据不同类型的课件选择不同类型的封面导言

只有根据各类课件的特点和要求适当地选用,才能为不同的课件配以最佳的导言类型,发挥封面导言的作用。

➢ 通常在演示型和个别化学习型课件中选用介绍型导言,让用户了解课件的内容和使用方法。

➢ 在练习型和智能化课件中常用数据获取型导言，主要用于获取用户信息，且按用户的要求设定系统运行的有关参数。

➢ 在故事型或以叙述为主的演示课件中常使用序幕型导言，便于用户感受气氛，进入角色，自然而然地被软件所吸引。

2. 针对不同类型封面导言，适当选择和有机组合各种媒体信息

封面导言的类型不同，其作用、使用环境等也不同，因此设计不同类型的导言时要选择适当种类的媒体信息，经过合理设计，有效组合，发挥各种导言的作用。

当介绍型导言中，常使用课件特有的主题人物，如"智慧鸟""鹏博士"和"小精灵"等来介绍有关情况。因此在这种导言中，常常用到的媒体信息是图像、动画和声音，同时也使用音乐文件作背景，少量的文字作提示和强调。在数据获取型的导言中，常使用的媒体信息是文字，通常以提示语出现，引导用户正确输入信息，同时也可采用一些图像作底图或提示符号。在序言型导言中常用的媒体信息是动画、语音和文字。在这里，语音用作解说，文字用作字幕，音乐或视频片段用以创设情景和制造气氛。

多媒体技术的作用在于它拥有丰富多彩、种类繁多的信息种类，可以尽可能地发挥模仿、再现等表现方法。但由于封面的导言部分不能过于繁琐和复杂，因此在设计中要注意选择必要的多媒体信息，通过有效的组合方法来设计导言部分，以免喧宾夺主。

3. 根据主要使用对象的特征，合理设计导言

在确定了课件封面中要采用的导言类型、导言部分、信息种类后，还应结合用户的特征来进行封面导言部分的具体设计。由于不同的用户在生理特征、知识水平以及计算机经验等方面都有差异，因此要注意针对主要的用户，充分兼顾其他的用户，设计可简可繁，使用灵活的导言。如序言型导言应能够自动演示而又能随时中断，信息获取型导言应该有充分的指示引导新的用户填充数据，又能方便原来用户跳过不必要的重复操作。

总体而言，封面导言的设计要做到简练。这是由封面导言部分在整个课件结构中的地位和其自身的特点决定的，既要突出这个部分的作用，又要避免喧宾夺主。

1.5.2　导航设计

课件的导航体现了整个课件的大纲，可按照下面的方法进行设计。

➢ 信息隐形。信息隐形就是将不常用的或在一定的条件下才能使用的选择工具暂时隐藏起来，只有在条件满足时，才开放给用户，这样就减少了用户的选择。如菜单中常常有些项目灰色显示，表明此时不能选择该项目。

➢ 电子书签和电子笔记。电子书签可以让学生在超媒体系统路径上做多个标记，供下次学习参考；学生使用电子笔记记下学习心得或将对自己有用的信息拷贝到电子笔记中。

➢ 减少链数目。一个简单而容易忽视的方法是减少超媒体系统中的链数目，对关系不明显的结点之间没有必要建立链；建立的链一定要对学生有明确的意义，并且学生能够理解。

➢ 浏览图。直观形象的浏览图可以指示学生在超媒体系统网络结构中的位置，一是在封面或开头给出系统的整体结构，如 The Animals CD-ROM 光盘，选入系统，首先是一张对圣地亚哥动物园示意图，给出极地、高山、平原或海洋等地区的动物分布图，这样学生不仅知晓其系统的主要内容，而且有利于学生确定自己的系统中的位置；二是系统显示每个主题内容在整个内容、整个系统网络结构中的次序和位置，因为对于一个复杂的系统，要表示出整个结构是非常困难的。

➢ 安全返回。学生在系统中迷路或遇到困难时，系统应提供工具，让学生能够"安全"退回大本营，回到中心结点，如 HyperCard 中有一个 Home 按钮，随时可以回到系统的开头。

➢ 提供教学导向活动。多媒体课件和多媒体展示软件的区别之一是前者包含教学导航活动。具体来说，至少包括下列内容：系列化教学事件——明确学习目标、课程概览、提示学前经验、提供原则、例证、练习、评估和反馈等；提供导航工具——目录、菜单、图标、索引等。

➢ 给予学生适当的控制仪。在多媒体辅导教学中，要达到个别化教学的目的，最容易做到也最可行的方法是经由"学生控制"，由学生根据自己的需求和偏爱来选择信息的形式、数量、速度和路径。尽管"学生控制"的方法看起来颇为吸引人，但需谨慎，避免误用了控制的权力，系统应适当监控学生，提供学习建议，提示重要的学习路径，更重要的是评估学习成果，以诊断学习的困难并保证学习目标的达成。

➢ 告知学习进度。在传统的印刷媒体呈现信息的方式中，学生可以随时浏览而得知自己的阅读进度，而多媒体教学环境中则不行。因此，在多媒体课件中，当学生行进至某一章节或段落时，系统应告知，以便了解进度，如路径和页数等的显示。

➢ 人工智能技术的应用。应用人工智能技术，特别是教学专家系统的学生模型和教学法模块，系统将学生的学习行为记录下来，并与专家知识比较，再用规则去控制下一步系统所采取的教学策略，这样可以有效地防止学生偏离学习目标，起到导航作用。

1.6 多媒体虚拟现实应用

虚拟现实应用于教育是教育技术发展的一个飞跃。它营造了"自主学习"的环境，由传统的"以教促学"的学习方式代之为学习者通过自身与信息环境的相互作用来得到知识、技能的新型学习方式。

1.6.1 科技研究

当前许多高校都在积极研究虚拟现实技术及其应用，并相继建起了虚拟现实与系统仿真的研究室，将科研成果迅速转化为实用技术，如北京航天航空大学在分布式飞行模拟方面的应用；浙江大学在建筑方面进行虚拟规划、虚拟设计的应用；哈尔滨工业大学在人机交互方面的应用；清华大学对临场感的研究等都颇具特色。有的研究室甚至已经具备独立承接大型虚拟现实项目的实力。虚拟学习环境、虚拟现实技术能够为学生提供生动、逼真的学习环境，如建造人体模型、电脑太空旅行、化合物分子结构显示等，在广泛的科目领域提供无限的虚拟体验，从而加速和巩固学生学习知识的过程。亲身去经历、亲身去感受比空洞抽象的说教更具说服力，主动地去交互与被动的灌输，有本质的差别。

虚拟实验利用虚拟现实技术，可以建立各种虚拟实验室，如地理、物理、化学、生物实验室等，拥有传统实验室难以比拟的优势，下面分别进行介绍。

➢ 节省成本。通常我们由于设备、场地、经费等硬件的限制，许多实验都无法进行。而利用虚拟现实系统，学生足不出户便可以做各种实验，获得与真实实验一样的体会。在保证教学效果的前提下，极大地节省了成本。

➢ 规避风险。真实实验或操作往往会带来各种危险，利用虚拟现实技术进行虚拟实验，学生在虚拟实验环境中，可以放心地去做各种危险的实验。例如，虚拟的飞机驾驶教学系统，可免除学员操作失误而造成飞机坠毁的严重事故。

➢ 打破空间、时间的限制。利用虚拟现实技术，可以彻底打破时间与空间的限制。大到宇宙天体，小至原子粒子，学生都可以进入这些物体的内部进行观察。一些需要几十年甚至上百年才能观察的变化过程，通过虚拟现实技术，可以在很短的时间内呈现给学生。例如，生物中的孟德尔遗传定律，用果蝇做实验往往要几个月的时间，而虚拟技术在一堂课内就可以实现。

1.6.2　虚拟实训基地

利用虚拟现实技术建立起来的虚拟实训基地，其"设备"与"部件"多是虚拟的，可以根据随时生成新的设备。教学内容可以不断更新，使实践训练及时跟上技术的发展。同时，虚拟现实的沉浸性和交互性，使学生能够在虚拟的学习环境中扮演一个角色，全身心地投入到学习环境中去，这非常有利于学生的技能训练。包括军事作战技能、外科手术技能、教学技能、体育技能、汽车驾驶技能、果树栽培技能、电器维修技能等各种职业技能的训练，由于虚拟的训练系统无任何危险，学生可以不厌其烦地反复练习，直至掌握操作技能为止。例如，在虚拟的飞机驾驶训练系统中，学员可以反复操作控制设备，学习在各种天气情况下驾驶飞机起飞、降落，通过反复训练，达到熟练掌握驾驶技术的目的。

1.6.3　虚拟校园

教育部在一系列相关的文件中，多次提及了虚拟校园，阐明了虚拟校园的地位和作用。虚拟校园也是虚拟现实技术在教育培训中最早的具体应用，它由浅至深有 3 个应用层面，分别适应学校不同程度的需求。

➢ 简单地虚拟我们的校园环境供游客浏览。基于教学、教务、校园生活，功能相对完整的三维可视化虚拟校园。

➢ 以学员为中心，加入一系列人性化的功能。

➢ 以虚拟现实技术作为远程教育基础平台。虚拟远程教育虚拟现实可为高校扩大招生后设置的分校和远程教育教学点提供可移动的电子教学场所，通过交互式远程教学的课程目录和网站，由局域网工具作校园网站的链接，可对各个终端提供开放性的、远距离的持续教育，还可为社会提供新技术和高等职业培训的机会，创造更大的经济效益与社会效益。

随着虚拟现实技术的不断发展和完善，以及硬件设备价格的不断降低，虚拟现实技术以其自身强大的教学优势和潜力，将会逐渐受到教育工作者的重视和青睐，最终在教育培训领域广泛应用并发挥其重要作用。

1.7　多媒体课件制作软件

多媒体技术就是利用计算机综合处理多种媒体信息，如文本、图形、图像、音频等，使多种信息建立逻辑连接，集成为一个系统并具有交互性。本节将详细介绍多媒体课件的相关特点，以供读者掌握。

1.7.1　PowerPoint

PowerPoint 是微软公司出品的制作幻灯片的软件。此软件制作的电子文稿广泛地应用于学术报告、会议等场合。用本软件制作课件也是目前中学老师最常用的手段。就此软件来说，他的优点是做课件比较方便，不用多学，很容易上手，制作的课件可以在网上通过 IE 来进行演示文稿的播放。就其功能来说，图片、视频、文字资料的展示制作较为方便，很容易起到资料展示的作用，是如果要制作交互方面效果较好的课件，那就比较繁琐了。由于 Office 软件具有一定的普遍性，所以 PowerPoint 课件的使用一般也不需要进行打包等处理，只是需要注意易机使用时的音、视频文件的路径。图 1-1 所示为使用 PowerPoint 制作的耳朵课件效果。

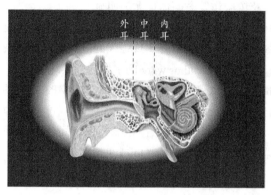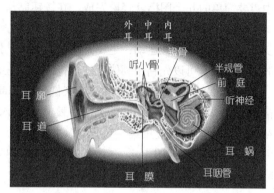

图 1-1　使用 PowerPoint 制作的耳朵课件效果

1.7.2　Authorware

Authorware 是 Macromedia 公司推出的多媒体开发工具，由于它具有强大的创作能力、简便的用户界面及良好的可扩展性，所以深受广大用户的欢迎，成为应用最广泛的多媒体开发工具，一度被誉为多媒体大师，广泛用于多媒体光盘制作等领域。图 1-2 所示为使用 Authorware 制作的历史课件效果。

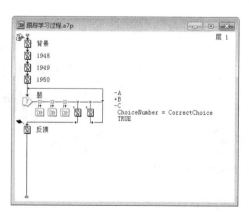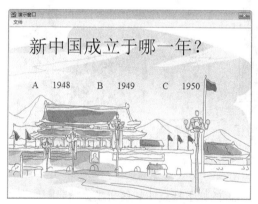

图 1-2　使用 Authorware 制作的历史课件效果

Authorware 主要具有以下功能和特点。

➢ 以图标为功能模块，使交互实现比较简单。在 Authorware 中，每一个设计图标都可以看成一个功能模块，有的可以实现对多媒体元素（如图片、声音、动画等）的引入，有的可以实现某一程序功能，如交互等。把若干图标排放在一起组成程序的整体结构，其分支结构十分明显，增强了程序的可读性。

➢ 对演示对象处理十分简单。在使用 Authorware 进行创作时，可以利用本身的编辑工具进行编辑创作，操作时只需双击图标，弹出"工具"工具栏。其具体操作类似于 Word 的绘图操作面板，当然也可利用编辑工具实现文本的编辑，操作和常用的字处理软件操作类似。

➢ Authorware 的交互功能十分强大。强大的交互功能可以说是 Authorware 最大的特色之一，在 Authorware 中提供了 11 种交互方式，可实现"按钮"交互、"热区域"交互、"热对象"交互以及"目标区"交互等。在其他的多媒体创建工具中需要大量编码才能实现的交互，在 Authorware 中只要简单的几个图标就轻松完成，在按钮制作、菜单制作等方面体现尤为明显。

➢ 利用本身的图标工具可实现简单动画的制作。Author ware 提供了 5 种动画设计类型，能实现显示对象的二维运动，主要是利用"移动"图标来实现。如果要实现强大的三维动画或复杂的二维动画，可以先利用其他软件进行制作处理，然后利用 Author ware 的引入功能实现。

➢ 支持多种格式的声音和视频文件。从 Authorware 6.0 开始，"声音"图标支持 MP3 音频的播放格式，能将高质量的 MP3 音频文件引入到为 Internet 设计的应用程序中，可以说为 Authorware 的网络应用提供了更为宽广的前景。在引入视频时，"数字电影"图标可内嵌式地引入 FLC/FLI 格式的电影文件，也可以外挂地导入 Director、AVI、Quick Time for Windows、MPEG 等数字化电影。

1.7.3　Flash

Flash 是一种交互式矢量多媒体技术，它的前身是 Future Splash，是早期网上流行的矢量动画插件，后来由于 Macromedia 公司收购了 Future Splash，便将其改名为 Flash 2。目前，Flash 已经渐渐成为交互式矢量的标准。图 1-3 所示为使用 Flash 制作的秦兵马俑课件效果。

图 1-3　使用 Flash 制作的秦兵马俑课件效果

Flash 的如下特点使其逐渐成为校园制作课件的得力平台。

➢ Flash 本身具有极其灵巧的图形绘制功能，同时具备专业级绘图工具。如使图形产生翻转、拉伸、擦除以及歪斜等效果，创建透明的图形，将图形打碎进行编辑，使物体产生变形和形状的渐变，由于创建出来的图案是矢量图形，所以可以任意放大或缩小而不会出现马赛克现象。

➢ Flash 采用动画的方式。在 Flash 中可以随意创建按钮、多级弹出式菜单、复选框、同时具备形式多变的交互性。

➢ 用 Flash 生成的交互式动画体积很小。由于体积小，所以传输速度很快，尤其 Flash 动画是边传递边演示的，如果速度控制得好，几乎感觉不到交互之间的停顿现象。

➤ Flash 可以将制作的影片生成独立的可执行文件（EXE 文件）。在不具备 Flash 播放器的平台上，同时生成的文件是带保护的。

在 FlashCS6 中，增强的脚本功能赋予 Flash 较强的编程能力，可以说，Flash 是一个优秀的多媒体课件制作工具。

1.7.4　Director

Director 是 Macromedia 公司推出的多媒体开发工具，是全球多媒体开发市场的重量级工具。据统计，它在美国专业 CDROM 开发市场占据 85% 以上的份额。它不仅具备直观易用的用户界面，而且拥有很强的编程能力（它本身集成了 Lingo 语言），全称是 Macromedia Director Shockwave Studio。主要定位于 CDROM/DVDROM（多媒体光盘）的开发。用 Director 制作多媒体动画，无论是演示性质的还是交互性质的，都显出其专业级的制作能力和高效的多媒体处理技术。图像、文本、声音、动画等多媒体元素，在 Director 中都可以非常方便而有机地结合起来，创造出精美的动画。图 1-4 所示为 Director 课件效果。

Director 具有 8 个特点，下面分别进行介绍。

➤ 界面方面易用。Director 提供了专业的编辑环境，高级的调试工具，以及方便好用的属性面板，使得 Director 的操作简单方便，大大提高了开发的效率。

➤ 支持多种媒体类型。 Director 支持广泛的媒体类型，包括多种图形格式以及 QuickTime、AVI、MP3、WAV、AIFF、高级图像合成、动画、同步和声音播放效果等 40 多种媒体类型。

➤ 功能强的脚本工具。新用户可以通过拖放预设的 behavior 完成脚本的制作，而资深的用户可以通过 Lingo 制作出更炫的效果。

➤ 独有的三维空间。利用 Director 独有的 Shockwave 3D 引擎，可以轻松创建互动的三维空间，制作交互的三维游戏，提供引人入胜的用户体验，让你的网站或作品更具吸引力。

➤ 创建方便可用的程序。Director 可以创建方便使用的软件，特别是伤残人士，利用 Director 可以实现键盘导航功能和语音朗读功能，无需使用专门的朗读软件。

➤ 作品可运行于多种环境。只需一次性创作，就可将 Director 作品运行于多种环境之下。用户可以发布在 CD 或 DVD 上，也可以以 Shockwave 的形式发布在网络平台上。同时，Director 支持多操作系统，包括 Windows 和 Mac OS X。无论用户使用什么样的系统平台，都可以方便地浏览 Director 作品。

➤ 可扩展性强。Director 采用了 Xtra 体系结构，因而消除了其他多媒体开发工具的限制。使用 Directo 的扩展功能，可以为 Director 添加无限的自定义特性和功能。例如，可以在 Director 内部访问和控制其他的应用程序。目前有众多的第三方公司为 Director 开发出各种功能各异的插件。

➤ 优秀的内存管理能力。Director 出色的内存管理能力，使得它能够快速处理长达几小时的视频文件，为最终用户提供流畅的播放速度。

1.7.5　几何画板

几何画板是一款优秀的工具平台类教学软件，被誉为"21 世纪的动态几何"，是数学教师首选的课件制作工具软件，同时也适合物理学科的教师使用，它具有简单实用、学习容易、操作简单、交互性强、制作周期短、制作后的课件占用空间少等优点。该软件能把较为抽象的几何图形形象化，可以使用户更加深入地探索几何图形的内在关系，它以点、线、圆为基本元素，通过对这些基本元素的变换、构造、测算、计算、动画、跟踪轨迹等，显示或构造出其他较为复杂的图形和动画。图 1-5 所示为几何画板课件效果。

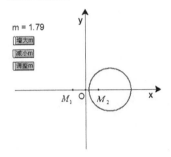

图 1-4　Director 课件效果　　　　　　　　　图 1-5　几何画板课件效果

几何画板与本书介绍的其他多媒体课件制作工具有较大的不同，它的特点具体来说有以下几点。

➢ 在不断变化的几何图形中，反映不变的几何规律，这是几何画板的最大特色。几何画板使用方便，用户可以像使用三角板和圆规一样使用它，但它表现出的强大功能和作用，却远远超过三角板和圆规。使用它制作的几何图形可以拖动、旋转，但几何关系保持不变。

➢ 几何关系的精确性。在几何画板中也可以画点、线、圆，这在其他绘图工具中也有相似功能，但几何画板更注意几何教学的准确性。如在几何画板中，画圆工具所绘制的是圆形、画线工具可分别绘制线段、直线和射线，通过构造工具可以构造线段、垂直线、平行线、角平分线等。

➢ 测量和计算功能。几何画板提供了测量及计算功能，测量线段的长度，测量一个角的角度，测量出来的值可以在几何画板中直接进行四则运算、三角函数运算等，并显示结果。

➢ 引入坐标系的概念。在几何画板中可以修改坐标系为直角坐标系和极坐标系，在不同的坐标系下可绘制图像、进行度量，还可以根据指定的参数进行平衡、旋转、缩放、镜像等变换。

➢ 几何画板中图形可以标注。并改变标注文字的字形、字号、字体，可把图形中的线条设置成不同的颜色，可以设置线段、直线、射线的粗细及线型，以达到重点突出的目的。

作为 Windows 下的应用程序，几何画板可以与其他程序进行数据交换，在其他软件中制作的素材可以嵌入几何画板中使用，如在 PowerPoint 中绘制的图形可以嵌入几何画板中，几何画板中的图形也可以粘贴到 Office 文档中，这大大拓宽了几何画板的使用范围。

第2章

学习提示

学习 PowerPoint 2010，应从演示文稿的建立开始。演示文稿的建立包括创建文稿、打开文稿、保存文稿和编辑幻灯片。文本是幻灯片的重要组成部分，在幻灯片中合理地使用文本，可以清晰地表达幻灯片的信息，并且可以对文本进行编辑，使幻灯片的外观更加精美。

本章重点

- 掌握 PPT 软件基本操作
- 认识 PPT 的工作界面
- 掌握课件常用视图
- 创建多媒体课件

- 保存演示文稿
- 制作个性化工作界面
- 自定义快速访问工具栏

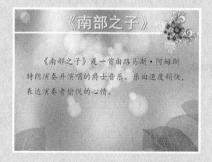

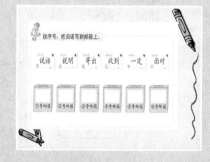

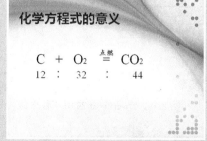

2.1 掌握 PPT 软件基本操作

PowerPoint 是在 Windows 环境下开发的应用程序，和启动 Microsoft Office 软件包中的其他应用程序一样，可以采用以下几种方法来启动 PowerPoint。

2.1.1 启动 PowerPoint 2010

启动 PowerPoint 2010，常用以下 3 种方法。

➢ 图标。双击桌面上的 PowerPoint 2010 快捷方式图标，即可启动 PowerPoint 2010。

➢ 命令。单击"开始"|"所有程序"|"Microsoft Office"|"Microsoft PowerPoint 2010"命令。

➢ 快捷菜单。在桌面窗口中的空白区域单击鼠标右键，在弹出的快捷菜单中选择"新建"|"Microsoft PowerPoint 演示文稿"命令。

2.1.2 退出 PowerPoint 2010

退出 PowerPoint 2010，常用以下 3 种方法。

➢ 按钮。单击标题栏右侧的"关闭"按钮。

➢ 命令。单击"文件"|"退出"命令。

➢ 快捷键。按【Alt + F4】组合键，可直接退出 PowerPoint 应用程序。

2.2 认识 PPT 的工作界面

PowerPoint 2010 的工作界面和 PowerPoint 2007 区别不是特别大，它包括快速访问工具栏、标题栏、功能区、编辑区、状态栏、备注栏、大纲与幻灯片窗格等部分。下面介绍这些组成部分，如图 2-1 所示。

图 2-1 PowerPoint 2010 工作界面

2.2.1　快速访问工具栏

默认情况下，快速访问工具栏位于 PowerPoint 窗口的顶部，用户可以自行设置软件操作窗口中快速访问工具栏中的按钮，可将需要的常用按钮显示其中，也可以将不需要的按钮删除。利用该工具栏可以对最常用的工具进行快速访问，如图 2-2 所示。

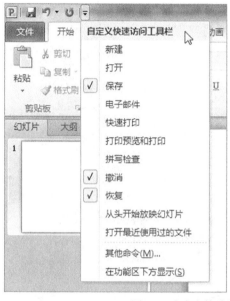

图 2-2　自定义快速访问工具栏及其列表框

2.2.2　功能区

功能区由面板、选项板和按钮 3 部分组成，如图 2-3 所示，下面分别介绍这 3 个部分。

图 2-3　功能区

1．面板

面板位于功能区顶部，各个面板都围绕特定方案或对象进行组织，例如"开始"面板中包含了若干常用的控件。

2．选项板

选项板位于面板中，用于将某个任务细分为多个子任务控件，并以按钮、库和对话框的形式出现，如"开始"面板中的"幻灯片"选项板、"字体"选项板等。

3．按钮

选项板中的按钮用于执行某个特定的操作，例如在"开始"面板中的"段落"选项板中有"文本左对齐""文本右对齐"和"居中"按钮等。

2.2.3 幻灯片编辑区

PowerPoint 2010 主界面中间最大的区域即为幻灯片编辑区，用于编辑幻灯片的各项内容，当幻灯片应用了主题和版式后，编辑区将出现相应的提示信息，提示用户输入相关内容。图 2-4 所示为幻灯片编辑区。

图 2-4　幻灯片编辑区

2.2.4 标题栏

标题栏位于 PowerPoint 工作界面的顶端，用于显示演示文稿的标题，标题栏最右端有 3 个按钮，分别用来实现窗口的最大化（还原）、最小化和关闭等操作。

2.2.5 大纲与幻灯片窗格

幻灯片编辑窗口左侧即为"幻灯片"和"大纲"窗格，在"大纲"窗格中显示的是幻灯片文本，此区域是开始撰写幻灯片文字内容的主要区域，当切换至"幻灯片"窗格时，"幻灯片"窗格以缩略图的形式显示演示文稿内容，使用缩略图能更方便地通过演示文稿导航并观看更改的效果。图 2-5 所示为"幻灯片"窗格，图 2-6 所示为"大纲"窗格。

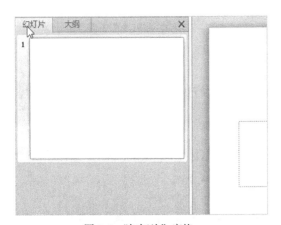

图 2-5　"幻灯片"窗格

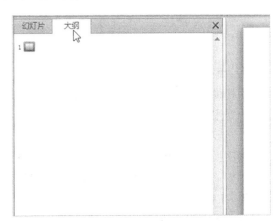

图 2-6　"大纲"窗格

▶ 专家指点

PowerPoint 2010 窗口标题栏右端的按钮，从右至左分别为"最小化"按钮、"最大化"/"还原"按钮和"关闭"按钮。

➤ "最小化"按钮：单击该按钮，可将 PowerPoint 2010 窗口收缩为任务栏中的一个图标，单击该图标又可将其放大为窗口。

➤ "最大化"按钮：单击该按钮，可将 PowerPoint 2010 窗口放大到整个屏幕，此时"最大化"按钮变成"还原"按钮。

➤ "还原"按钮："还原"按钮形状如两个重叠的小正方形，单击该按钮，可将 PowerPoint 2010 最大化的窗口恢复为原来大小。

➤ "关闭"按钮：单击该按钮，将退出 PowerPoint 2010，其功能与菜单中的"关闭"命令相同。

2.2.6 备注栏

备注栏位于幻灯片编辑窗口的下方，用于显示幻灯片备注信息，方便演讲者使用，用户还可以打印备注，将其分发给观众，也可以将备注包含在发送给观众的或在网页上发布的演示文稿中。

2.2.7 状态栏

状态栏位于 PowerPoint 工作界面底部，用于显示当前状态，如页数、字数及语言等信息，状态栏的右侧为"视图切换按钮和显示比例滑竿"区域，通过视图切换按钮可以快速切换幻灯片的视图模式，显示比例滑竿可以控制幻灯片在整个编辑区的显示比例，达到理想效果。图 2-7 所示为状态栏。

图 2-7 状态栏

2.3 掌握课件常用视图

在演示文稿制作的不同阶段，PowerPoint 提供了不同的工作环境，称为视图。在 PowerPoint 中，给出了 4 种基本的视图模式：普通视图、备注页视图、幻灯片浏览视图和幻灯片放映视图。在不同的视图中，可以使用相应的方式查看和操作演示文稿。

2.3.1 普通课件视图

普通视图是 PowerPoint 2010 的默认视图，也是使用最多的视图，普通视图可以同时观察到演示文稿中某张幻灯片的显示效果、大纲级别和备注内容，普通视图主要用于编辑幻灯片总体结构，也可以单独编辑单张幻灯片或大纲。单击大纲窗口上的"幻灯片"选项卡，进入普通视图的幻灯片模式，如图 2-8 所示。

　　幻灯片模式是调整、修饰幻灯片的最好显示模式。在幻灯片模式窗口中显示的是幻灯片的缩略图，在每张图的前面有该幻灯片的序列号和动画播放按钮。单击缩略图，即可在右边的幻灯片编辑窗口中进行编辑修改，单击"播放"按钮，可以浏览幻灯片动画播放效果，还可拖曳缩略图，改变幻灯片的位置，调整幻灯片的播放次序。

▶ 专家指点

　　在演示文稿窗口中，单击大纲编辑窗口上的"大纲"选项卡，进入普通视图的大纲模式，如图 2-9 所示。由于普通视图的大纲模式具有特殊的结构和大纲工具栏，因此在大纲视图模式中，更便于文本的输入、编辑和重组。

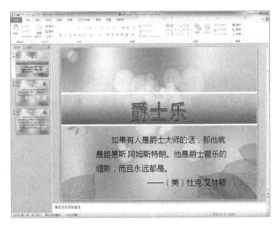
图 2-8　普通视图的幻灯片模式

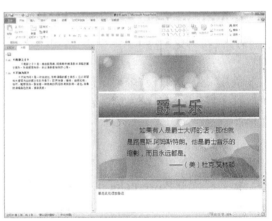
图 2-9　普通视图的大纲模式

2.3.2　备注页视图

　　备注页视图用于为演示文稿中的幻灯片提供备注。单击"视图"面板中的"备注页"按钮，如图 2-10 所示，可以切换到备注页视图，在该视图模式下，可以通过文字、图片、图表和表格等对象来修饰备注，如图 2-11 所示。

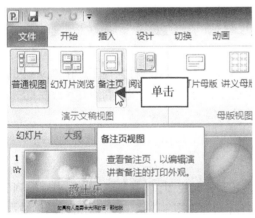
图 2-10　单击"备注页"按钮

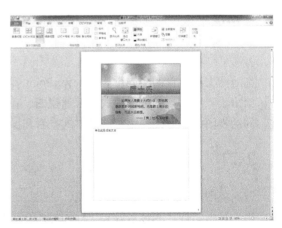
图 2-11　通过文字修饰备注

　　备注页分为两个部分：上半部分是幻灯片的缩小图像；下半部分是文本预留区。可以一边观看幻灯片，一边在文本预留区内输入幻灯片的备注内容。

2.3.3　幻灯片浏览视图

　　在幻灯片浏览视图中，演示文稿中的所有幻灯片以缩略图方式整齐地显示在同一窗口中，在该视图中可以查看幻灯片的背景设计、配色方案，检查幻灯片之间是否协调、图标的位置是否合适等问题，同时还可以快速地在幻灯片之间添加、删除和移动幻灯片的前后顺序以及对幻灯片之间的动画进行切换。

　　单击状态栏右边的"幻灯片浏览"按钮，可将视图模式切换到幻灯片浏览视图模式，另外，用户还可以切换至"视图"面板，在"演示文稿视图"选项板中单击"幻灯片浏览"按钮，如图 2-12 所示，同样可以切换到幻灯片浏览视图模式。图 2-13 所示为幻灯片浏览视图。

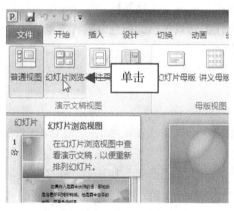

图 2-12　单击"幻灯片浏览"按钮

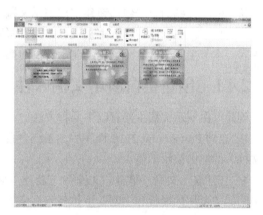

图 2-13　幻灯片浏览视图

　　在幻灯片浏览视图中，如果要对当前幻灯片的内容进行编辑，则可以在该幻灯片中单击鼠标右键，在弹出的快捷菜单中选择需要编辑的选项，或者双击该幻灯片切换到普通视图即可。

2.3.4　幻灯片放映视图

　　幻灯片放映试视图是在电脑屏幕上完整播放演示文稿的专用视图。在该视图模式下，可以观看演示文稿的实际播放效果，还能体验动画、声音和视频等多媒体效果。单击状态栏上的"幻灯片放映"按钮，即可进入幻灯片放映视图。图 2-14 所示为幻灯片放映视图。

　　在放映幻灯片时，幻灯片按顺序全屏幕播放，也可以单击鼠标，一张张放映幻灯片，或设置自动放映（预先设置好放映方式）。放映完毕后，视图恢复到原来的状态。

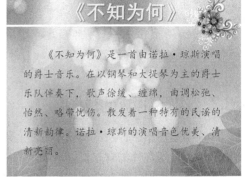

图 2-14　幻灯片放映视图

2.4　创建多媒体课件

新建演示文稿的方法包括新建空白演示文稿、根据已有演示文稿新建和通过模板新建演示文稿等，用户可以在空白的幻灯片上设计出具有鲜明个性的背景色彩、配色方案、文本格式和图片等内容。本节主要向读者介绍创建演示文稿的操作方法。

2.4.1　创建空白演示文稿课件

创建空白演示文稿主要有以下两种方法。

➢ 启动 PowerPoint 2010 程序后，系统会自动新建一个名为"新建 Microsoft PowerPoint 演示文稿"的空白演示文稿。

➢ 打开演示文稿，单击"文件"|"新建"命令，如图 2-15 所示，切换至"新建"选项卡，在中间的"可用的模板和主题"下拉列表框中单击"空白演示文稿"按钮，然后在右侧的"空白演示文稿"选项区中单击"创建"按钮，如图 2-16 所示，即可新建一个空白演示文稿。

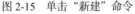

图 2-15　单击"新建"命令

图 2-16　单击"创建"按钮

2.4.2　运用已安装的主题创建《唐诗》课件

当遇到一些内容相似的演示文稿时，用户可以根据已安装的主题创建。

素材文件	无
效果文件	光盘\效果\第 2 章\唐诗课件.pptx
视频文件	光盘\视频\第 2 章\2.4.2　运用已安装的主题创建《唐诗》课件

（1）单击"文件"|"新建"命令，进入"新建"选项卡，在中间的下拉列表框中单击"主题"按钮，如图 2-17 所示。

（2）在"主题"下拉列表框中选择"暗香扑面"选项，如图 2-18 所示。

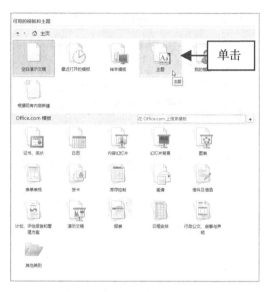

图 2-17　单击"主题"按钮

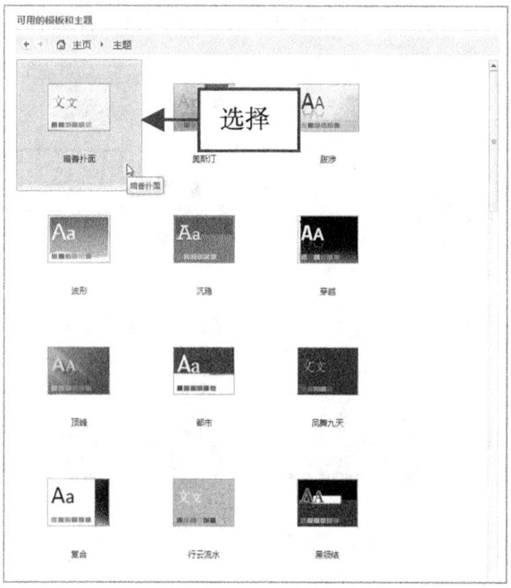

图 2-18　选择"暗香扑面"选项

（3）在右侧单击"创建"按钮，如图 2-19 所示。

（4）执行操作后，在新建的文稿中输入相应内容，即可运用已安装的主题创建《唐诗》课件，效果如图 2-20 所示。

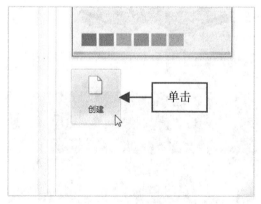

图 2-19　单击"创建"按钮

图 2-20　创建《唐诗》课件

2.4.3　创建《放飞梦想》课件

PowerPoint 除了可以创建最简单的演示文稿外，还可以根据已安装的模板创建演示文稿。模板是一种以特殊格式保存的演示文稿，一旦应用了一种模板以后，幻灯片的背景图形、配色方案等就都确定了，所以套用模板可以提高创建演示文稿的效率。

素材文件	无
效果文件	光盘\效果\第 2 章\放飞梦想.pptx
视频文件	光盘\视频\第 2 章\2.4.3　创建《放飞梦想》课件

（1）单击"文件"|"新建"命令，切换至"新建"选项卡，在中间的列表框中选择"样本模板"选项，如图 2-21 所示。

（2）在"样本模板"下拉列表框中选择"PowerPoint 2010 简介"选项，如图 2-22 所示。

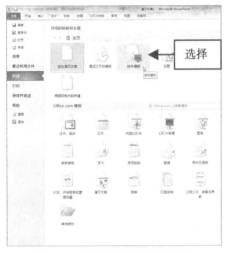

图 2-21　选择"样本模板"选项　　　　图 2-22　选择"PowerPoint 2010 简介"选项

（3）在右侧单击"创建"按钮，新建一个演示文稿，如图 2-23 所示。

（4）在演示文稿中的相应位置处输入文本"放飞梦想"，执行操作后，即可运用已安装的模板创建《放飞梦想》课件，如图 2-24 所示。

图 2-23　新建一个演示文稿　　　　　　图 2-24　创建《放飞梦想》课件

2.4.4　运用现有演示文稿创建《钓鱼的启示》课件

现有演示文稿是已经书写和设计过的演示文稿，在 PPT 中，可以运用现有演示文稿创建新的演示文稿。

	素材文件	光盘\素材\第 2 章\钓鱼的启示.pptx
	效果文件	无
	视频文件	光盘\视频\第 2 章\2.4.4　运用现有演示文稿创建《钓鱼的启示》课件

（1）单击"文件"|"新建"命令，切换至"新建"选项卡，在中间的列表框中选择"根据现有内容新建"选项，如图 2-25 所示。

（2）弹出"根据现有演示文稿新建"对话框，在对话框中的合适位置选择相应选项，如图 2-26 所示。

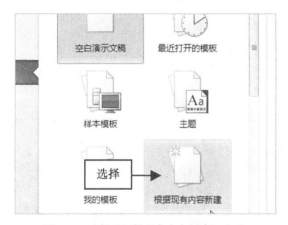

图 2-25　选择"根据现有内容新建"选项

图 2-26　选择相应选项

（3）执行操作后，单击"新建"按钮，如图 2-27 所示。

（4）执行操作后，即可运用现有演示文稿创建《钓鱼的启示》课件，如图 2-28 所示。

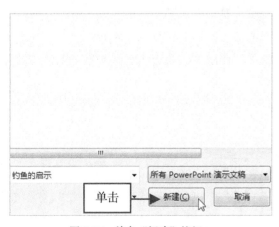

图 2-27　单击"新建"按钮

图 2-28　创建《钓鱼的启示》课件

▶ 专家指点

　　使用现有模板创建的演示文稿一般都拥有漂亮的界面和统一的风格，以及背景或装饰图案，用于帮助用户在设计时随时调整内容的位置等，以获得较好的画面效果。

2.5 保存演示文稿

PowerPoint 2010 提供了多种保存演示文稿的方法和格式，用户可以根据演示文稿的用途来进行选择。

2.5.1 保存演示文稿

在实际工作中，一定要养成经常保存的习惯。在制作演示文稿的过程中，保存的次数越多，因意外事故造成的损失就越小。

在 PowerPoint 2010 中，保存文稿的方法主要有以下 7 种。

➢ 按钮。单击"自定义快速访问工具栏"中的"保存"按钮 ⊟。

➢ 命令。单击"Office"按钮，在弹出的面板中单击"保存"命令。

➢ 快捷键 1。按【Ctrl + S】组合键。

➢ 快捷键 2。按【Shift + F12】组合键。

➢ 快捷键 3。按【F12】键。

➢ 快捷键 4。依次按【Alt】、【F】和【S】键。

➢ 快捷键 5。依次按【Alt】、【F】和【A】键。

2.5.2 另存为词组学习课件

在进行文件的常规保存时，可以在快速访问工具栏中单击"另存为"按钮。

素材文件	光盘\素材\第 2 章\钓鱼的启示.pptx	
效果文件	光盘\效果\第 2 章\钓鱼的启示.pptx	
视频文件	光盘\视频\第 2 章\2.5.2　另存为词组学习课件	

（1）单击"文件"|"另存为"命令，如图 2-29 所示，弹出"另存为"对话框。

（2）选择该文件的保存位置，在"文件名"文本框中输入相应标题内容，单击"保存"按钮，如图 2-30 所示。

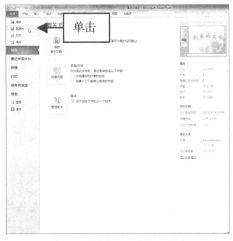

图 2-29　单击"另存为"命令

图 2-30　单击"保存"按钮

（3）执行操作后，即可另存为词组学习课件。

2.5.3　将《创造学》保存为 PowerPoint 97-2003 格式

当要把 PowerPoint 的早期版本通过 PowerPoint 2010 的格式打开时，需要安装适合 PowerPoint 2010 的 Office 兼容包才能完全打开，用户可以将演示文稿保存为兼容格式，从而能直接使用早期版本的 PowerPoint 来打开文档。

素材文件	光盘\素材\第 2 章\创造学.pptx
效果文件	光盘\效果\第 2 章\创造学.pptx
视频文件	光盘\视频\第 2 章\2.5.3　将《创造学》保存为 PowerPoint 97-2003 格式

（1）单击"文件"｜"另存为"命令，弹出"另存为"对话框，如图 2-31 所示。

（2）单击"保存类型"右侧的下拉按钮，在弹出的下拉列表框中选择"PowerPoint 97-2003 演示文稿"选项，如图 2-32 所示。

图 2-31　弹出"另存为"对话框　　　　图 2-32　选择"PowerPoint 97-2003 演示文稿"选项

（3）执行操作后，单击"保存"按钮，如图 2-33 所示。

（4）返回到演示文稿工作界面，在标题栏中将显示"兼容模式"字样，如图 2-34 所示。

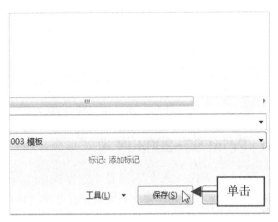

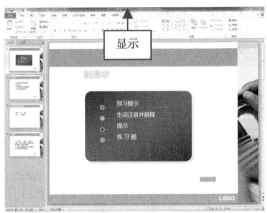

图 2-33　单击"保存"按钮　　　　　　　　　图 2-34　显示兼容模式

2.5.4　自动保存演示文稿

设置自动保存可以每隔一段时间自动保存一次，即使出现断电或死机的情况，当再次启动时，保存过的文件内容也依然存在，而且避免了手动保存的麻烦。

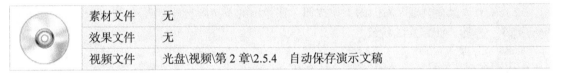

素材文件	无
效果文件	无
视频文件	光盘\视频\第 2 章\2.5.4　自动保存演示文稿

（1）单击"文件"|"选项"命令，如图 2-35 所示，弹出"PowerPoint 选项"对话框。

（2）切换至"保存"选项卡，在"保存演示文稿"选项区中选中"保存自动恢复信息时间间隔"复选框，并在右边的文本框中设置时间间隔为 5 分钟，如图 2-36 所示。

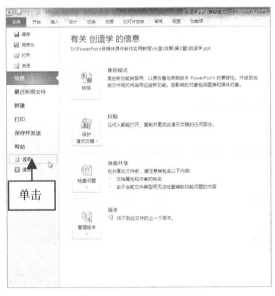

图 2-35　单击"选项"命令　　　　　　　　　图 2-36　设置时间间隔

（3）单击"确定"按钮，即可设置自动保存演示文稿。

在"另存为"对话框中单击"工具"按钮右侧的下拉按钮，在弹出的列表框中选择"保存选项"选项，也可以弹出"PowerPoint 选项"对话框。

2.5.5　加密保存《寄给青蛙的信》课件

加密保存演示文稿，可以防止其他用户随意打开或修改演示文稿，一般的方法就是在保存演示文稿的时候设置权限密码。当用户要打开加密保存过的演示文稿时，PowerPoint 将弹出"密码"对话框，只有输入正确的密码才能打开该演示文稿。

素材文件	光盘\素材\第 2 章\寄给青蛙的信.pptx
效果文件	光盘\效果\第 2 章\寄给青蛙的信.pptx
视频文件	光盘\视频\第 2 章\2.5.5　加密保存《寄给青蛙的信》课件

（1）单击"文件"|"另存为"命令，在弹出的"另存为"对话框中单击左下角的"工具"按钮，如图 2-37 所示。

（2）在弹出的列表框中选择"常规选项"选项，如图 2-38 所示。

图 2-37　单击"工具"按钮　　　　　　　　图 2-38　选择"常规选项"选项

（3）弹出"常规选项"对话框，在"打开权限密码"文本框和"修改权限密码"文本框中输入密码（123456789），如图 2-39 所示。

（4）单击"确定"按钮，弹出"确认密码"对话框，如图 2-40 所示。

当用户要打开加密保存过的演示文稿时，PowerPoint 将打开"密码"对话框，输入密码即可打开该演示文稿。

（5）重新输入打开权限密码，单击"确定"按钮，再次弹出"确认密码"对话框，再次输入密码，如图 2-41 所示。

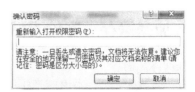

图 2-39 输入密码　　　　　　　　　　　图 2-40 弹出"确认密码"对话框

（6）单击"确定"按钮，返回到"另存为"对话框，设置文档保存位置，单击"保存"按钮，如图 2-42 所示，即可加密保存《寄给青蛙的信》课件。

▶ 专家指点

"打开权限密码"和"修改权限密码"可以设置为相同的密码，也可以设置为不同的密码，它们将分别作用于打开权限和修改权限。

图 2-41 输入密码　　　　　　　　　　　图 2-42 单击"保存"按钮

2.6 制作个性化工作界面

制作个性化工作界面是把 Powerpoint 2010 的工作界面设置成自己喜欢或习惯的界面，以提高工作效率，其中包括调整工具栏位置、隐藏功能选项卡区域、显示或隐藏对象和自定义快速访问工具栏等。

2.6.1 调整快速访问工具栏位置

在 PowerPoint 2010 中，用户可以根据自身的喜好，调整工具栏的位置。

	素材文件	无
	效果文件	无
	视频文件	光盘\视频\第 2 章\2.6.1　调整快速访问工具栏位置

（1）启动 PowerPoint 2010，单击自定义快速访问工具栏右侧的下拉按钮，在弹出的列表框中选择"在功能区下方显示"选项，如图 2-43 所示。

（2）执行操作后，即可将快速访问工具栏调整至功能区下方，如图 2-44 所示。

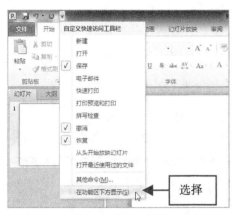

图 2-43　选择"在功能区下方显示"选项

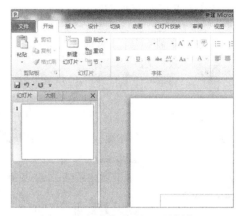

图 2-44　调整快速访问工具栏位置

2.6.2　隐藏功能选项板

在 PowerPoint 2010 中，隐藏功能选项板的目的是使幻灯片的显示区域更加清晰。

	素材文件	无
	效果文件	无
	视频文件	光盘\视频\第 2 章\2.6.2　隐藏功能选项板

（1）启动 PowerPoint 2010，在菜单栏中的空白区域单击鼠标右键，在弹出的快捷菜单中选择"功能区最小化"选项，如图 2-45 所示。

（2）执行操作后，即可隐藏功能选项板，如图 2-46 所示。

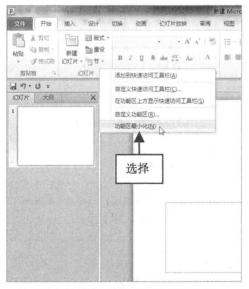

图 2-45　选择"功能区最小化"选项

图 2-46　隐藏功能选项板

2.6.3　显示《光和颜色》课件的标尺

在 PowerPoint 2010 中的普通视图模式下，利用标尺可以对齐文档中的文本、图形、表格等对象。下面介绍显示标尺的方法。

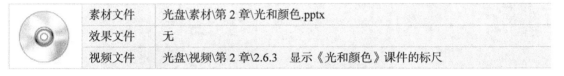

素材文件	光盘\素材\第 2 章\光和颜色.pptx	
效果文件	无	
视频文件	光盘\视频\第 2 章\2.6.3　显示《光和颜色》课件的标尺	

（1）单击"文件"｜"打开"命令，打开一个素材文件，如图 2-47 所示。

（2）切换至"视图"面板，在"显示"选项板中选中"标尺"复选框，如图 2-48 所示。

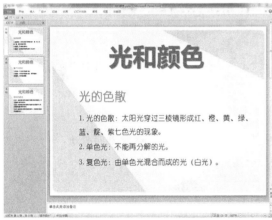

图 2-47　打开一个素材文件　　　　　　图 2-48　选中"标尺"复选框

（3）执行操作后，即可显示标尺，如图 2-49 所示。

（4）用户如果想要将标尺隐藏，在"显示"选项板中取消选中"标尺"复选框即可，效果如图 2-50 所示。

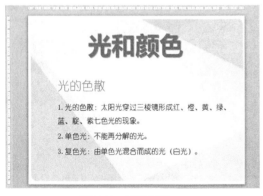
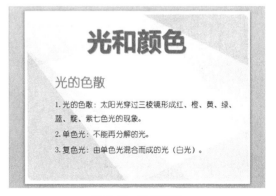

图 2-49　显示标尺　　　　　　　　　　图 2-50　取消标尺

2.6.4　显示/隐藏消息栏

在 PowerPoint 2010 中，选中"消息栏"将显示安全警报，提醒用户注意演示文稿中存在的可能不安全的活动内容。

　　如果要隐藏消息栏，用户可以在"视图"面板中的"显示"选项板中取消选中"消息栏"复选框即可。

2.6.5　显示《填词语》课件的网格线

　　网格线是在普通视图模式下出现在幻灯片编辑区域的一组细线，在打印文稿时网格线不会被打印出来。

素材文件	光盘\素材\第 2 章\填词语.pptx
效果文件	无
视频文件	光盘\视频\第 2 章\2.6.5　显示《填词语》课件的网格线

　　（1）单击"文件"|"打开"命令，打开一个素材文件，如图 2-51 所示。
　　（2）切换至"视图"面板，在"显示"选项板中选中"网格线"复选框，如图 2-52 所示。

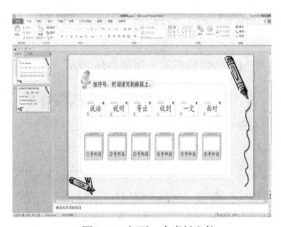

图 2-51　打开一个素材文件

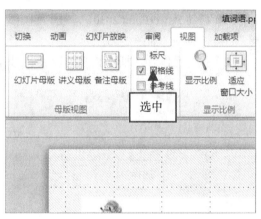

图 2-52　选中"网格线"复选框

　　（3）执行操作后，即可显示网格线，如图 2-53 所示。
　　（4）用户如果想要将网格线隐藏，在"显示"选项板中取消选中"网格线"复选框即可，效果如图 2-54 所示。

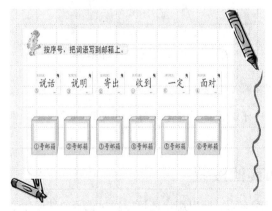

图 2-53　显示网格线

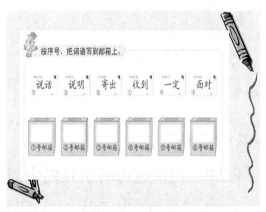

图 2-54　取消网格线

2.7　自定义快速访问工具栏

在 PowerPoint 2010 中，用户可以根据自己的需要设置"快速访问工具栏"中的按钮，将常用按钮添加到其中，也可以删除不需要的按钮。

2.7.1　在快速访问工具栏中添加常用按钮

在 PowerPoint 2010 工作界面中的快速访问工具栏中，用户可以添加一些常用的按钮，以方便运用演示文稿制作课件。

素材文件	无
效果文件	无
视频文件	光盘\视频\第 2 章\2.7.1　在"快速访问工具栏"中添加常用按钮

（1）启动 PowerPoint 2010，单击"自定义快速访问工具栏"下拉按钮，在弹出的列表框中选择"打开"选项，如图 2-55 所示。

（2）执行操作后，即可在"快速访问工具栏"中显示添加的按钮，如图 2-56 所示。

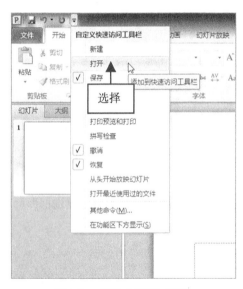

图 2-55　选择"打开"选项　　　　　　　　图 2-56　显示添加的按钮

▶ 专家指点

在"自定义快速访问工具栏"列表框中，用户可以将在制作课件时常用的选项逐一添加到快速访问工具栏中。

2.7.2　在快速访问工具栏中添加其他按钮

由于在"自定义快速访问工具栏"中的按钮相对有限，所以用户还可以通过选择"其他命令"选项，在弹出的相应对话框中选择需要添加的按钮。

素材文件	无
效果文件	无
视频文件	光盘\视频\第 2 章\2.7.2　在"快速访问工具栏"中添加其他按钮

（1）启动 PowerPoint 2010，单击"自定义快速访问工具栏"下拉按钮，在弹出的列表框中选择"其他命令"选项，如图 2-57 所示。

（2）弹出"PowerPoint 选项"对话框，在"自定义"选项卡中单击"从下列位置选择命令"下方的下拉按钮，在弹出的下拉列表框中选择"所有命令"选项，如图 2-58 所示。

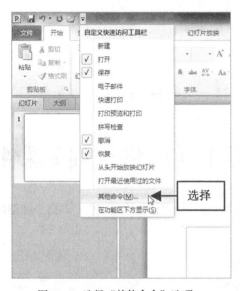

图 2-57　选择"其他命令"选项

图 2-58　选择"所有命令"选项

（3）在"所有命令"下方的下拉列表框中选择"编辑形状"选项，如图 2-59 所示。

（4）单击"添加"按钮，即可在右侧的列表框中显示添加到"快速访问工具栏"中的选项，如图 2-60 所示。

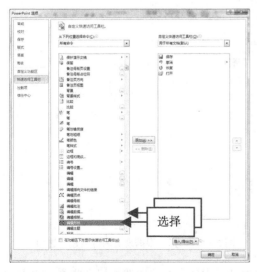

图 2-59　选择"编辑形状"选项

图 2-60　显示添加的选项

（5）单击"确定"按钮，如图 2-61 所示，返回到 PowerPoint 2010 工作界面。

（6）在快速访问工具栏中显示出添加的"编辑形状"按钮，如图 2-62 所示。

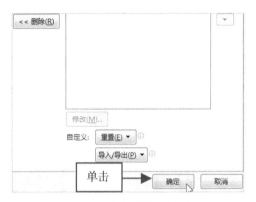

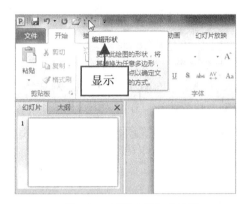

图 2-61　单击"确定"按钮　　　　　　　　　图 2-62　显示出添加的按钮

2.8　综合练兵——创建并保存《销售培训》课件

在 PowerPoint 2010 中，用户可以运用现有演示文稿创建并保存销售培训课件。下面介绍创建并保存《销售培训》课件的操作方法。

素材文件	光盘\素材\第 2 章\销售培训.pptx
效果文件	光盘\效果\第 2 章\销售培训.pptx
视频文件	光盘\视频\第 2 章\2.8　综合练兵——创建并保存《销售培训》课件

（1）单击"文件"|"新建"命令，如图 2-63 所示，切换至"新建"选项卡。

（2）在中间的列表框中选择"根据现有内容新建"选项，如图 2-64 所示。

图 2-63　单击"新建"命令　　　　　　　　　图 2-64　选择"根据现有内容新建"选项

（3）弹出"根据现有演示文稿新建"对话框，在对话框中的合适位置选择相应选项，如图 2-65

所示。

（4）单击"新建"按钮，即可运用现有演示文稿新建销售培训课件，如图 2-66 所示。

图 2-65　选择相应选项

图 2-66　新建销售培训课件

（5）单击"文件"|"另存为"命令，如图 2-67 所示，弹出"另存为"对话框。

（6）单击下方的"工具"按钮，在弹出的列表框中选择"常规选项"选项，如图 2-68 所示。

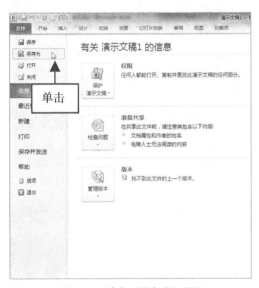

图 2-67　单击"另存为"按钮

图 2-68　选择"常规选项"选项

（7）弹出"常规选项"对话框，在"打开权限密码"文本框和"修改权限密码"文本框中输入密码（987654321），如图 2-69 所示。

（8）单击"确定"按钮，弹出"确认密码"对话框，如图 2-70 所示。

（9）重新输入打开权限密码，单击"确定"按钮，再次弹出"确认密码"对话框，再次输入密码，如图 2-71 所示。

（10）单击"确定"按钮，返回到"另存为"对话框，设置文档保存位置与文档名称，单击"保存"按钮，如图 2-72 所示，即可加密保存《销售培训》课件。

（11）新建一个演示文稿，单击"文件"|"打开"命令，如图 2-73 所示。

（12）在弹出的"打开"对话框中选择保存的《销售培训》课件，如图 2-74 所示。

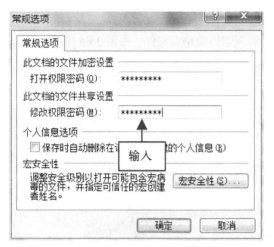

图 2-69　输入密码

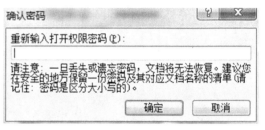

图 2-70　弹出"确认密码"对话框

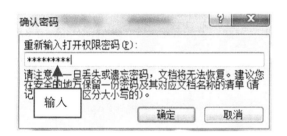

图 2-71　再次输入密码

图 2-72　单击"保存"按钮

图 2-73　单击"打开"命令

图 2-74　选择《销售培训》课件

（13）单击"打开"按钮，弹出"密码"对话框，在其中的文本框中输入打开文件的密码（987654321），如图 2-75 所示。

（14）单击"确定"按钮，再次弹出"密码"对话框，在"密码"文本框中输入密码（987654321），如图 2-76 所示。

图 2-75　输入打开文件的密码

图 2-76　输入密码

（15）单击"确定"按钮，即可打开演示文稿。

2.9　上机练习

本章重点介绍了 PowerPoint 课件的基础入门知识，本节将通过上机练习题，对本章的知识点进行回顾。

2.9.1　上机练习 1：另存为《化学方程式的意义》课件

打开"光盘\素材\第 2 章"文件夹下的化学方程式的意义.pptx，如图 2-77 所示，尝试另存为《化学方程式的意义》课件，如图 2-78 所示。

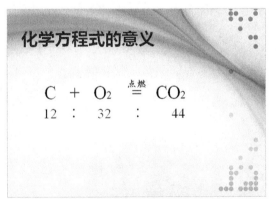

图 2-77　打开一个素材文件

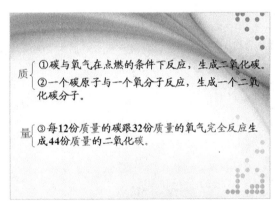

图 2-78　创建化学方程式的意义课件效果

2.9.2　上机练习 2：另存为《月亮与云彩》课件

打开"光盘\素材\第 2 章"文件夹下的月亮与云彩.pptx，如图 2-79 所示，尝试另存为《月亮与云彩》课件，如图 2-80 所示。

图 2-79　打开一个素材文件

小豆豆说："月亮在云彩里跑得真快！"小叮说："跑得快的是云彩，不是月亮。"

图 2-80　创建月亮与云彩课件效果

课件片头的制作

第3章

学习提示

　　主题方案和背景画面是决定一份演示文稿是否吸引人的首要因素，PowerPoint 提供了大量的模板预设格式，通过这些格式，可以轻松制作出具有专业效果的演示文稿。本章主要向读者介绍课件片头的制作方法，希望读者可以熟练掌握。

本章重点

- 新建课件中的幻灯片
- 设置课件幻灯片中的段落文本
- 制作课件幻灯片中的文本框
- 设置课件中的主题
- 设置课件中的背景

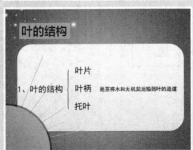

物理实验步骤

1.按装置图安装实验仪器。

2.用酒精灯给水加热并观察。

3.当水温接近90℃时每隔1min 记录一次温度，并观察水的沸腾现象。

4.完成水沸腾时温度和时间关系的曲线。

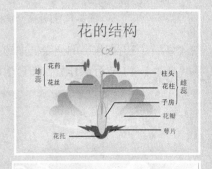

视觉图形

一.同构图形
　　是指把不同的但相互间有联系的元素巧妙地结合在一起。

二.元素替代
　　指保持图形的基本特征，但其中某一部分被其他相类似的形状所替换的组合方式。

3.1 新建课件中的幻灯片

演示文稿是由一张张幻灯片组成的，它的数量是不固定的，用户可以根据需要增加或减少幻灯片数量，如果创建的是空白演示文稿，则用户只能看到一张幻灯片，其他幻灯片都需要自行添加。在 PowerPoint 2010 中，用户要制作课件片头，首先得新建幻灯片。

3.1.1 通过选项新建《蜀道难》幻灯片

在 PowerPoint 2010 中制作课件时，如原有幻灯片的页数不能满足制作的需要，用户可以通过新建幻灯片来实现。下面介绍通过选项新建《蜀道难》幻灯片的操作方法。

素材文件	光盘\素材\第 3 章\蜀道难.pptx	
效果文件	光盘\效果\第 3 章\蜀道难.pptx	
视频文件	光盘\视频\第 3 章\3.1.1 通过选项新建《蜀道难》幻灯片	

（1）单击"文件"|"打开"命令，打开一个素材文件，如图 3-1 所示。

（2）在"开始"面板中的"幻灯片"选项板中单击"新建幻灯片"下拉按钮，如图 3-2 所示。

图 3-1 打开一个素材文件

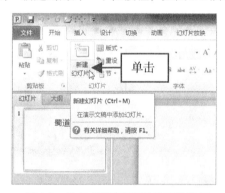

图 3-2 单击"新建幻灯片"下拉按钮

（3）在弹出的列表框中选择"标题和内容"选项，如图 3-3 所示。

（4）执行操作后，即可通过选项新建幻灯片，如图 3-4 所示。

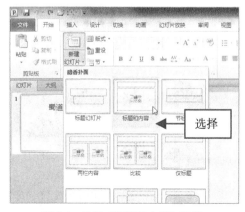

图 3-3 选择"标题和内容"选项

图 3-4 新建幻灯片

　　在弹出的"新建幻灯片"列表框中还包括"标题幻灯片"、"节标题"、"两栏内容"、"比较"、"仅标题"、"空白"、"内容与标题"、"图片与标题"、"标题和竖排文字"和"垂直排列标题与文本"等多种幻灯片样式。

3.1.2　通过命令新建《成功商务》幻灯片

　　在 PowerPoint 2010 中，用户不仅可以通过选项新建幻灯片，还可以在幻灯片浏览视图中，运用命令新建幻灯片。

素材文件	光盘\素材\第 3 章\成功商务.pptx
效果文件	光盘\效果\第 3 章\成功商务.pptx
视频文件	光盘\视频\第 3 章\3.1.2　通过命令新建《成功商务》幻灯片

　　（1）单击"文件"|"打开"命令，打开一个素材文件，如图 3-5 所示。
　　（2）切换至"视图"面板，在"演示文稿视图"选项板中单击"幻灯片浏览"按钮，如图 3-6 所示。
　　（3）执行操作后，即可切换到幻灯片浏览视图，如图 3-7 所示。
　　（4）在幻灯片中单击鼠标右键，在弹出的快捷菜单中选择"新建幻灯片"选项，效果如图 3-8 所示。

图 3-5　打开一个素材文件

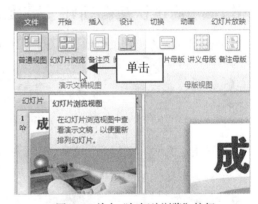

图 3-6　单击"幻灯片浏览"按钮

图 3-7　切换到幻灯片浏览视图

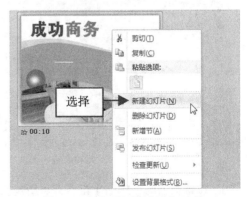

图 3-8　选择"新建幻灯片"选项

（5）执行操作后，即可通过命令新建幻灯片，如图 3-9 所示。

（6）用以上方法，再次新建幻灯片，效果如图 3-10 所示。

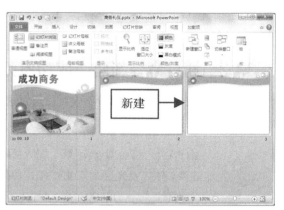

图 3-9　切换到幻灯片浏览视图

图 3-10　再次新建幻灯片

▶ 专家指点

　　新建幻灯片后，有的幻灯片只包含标题，有的包含标题和内容，也可以是图形、表格、剪贴画，或是文件的排列，如果不满意软件提供的版式，用户还可以选择一个相近的版式，然后进行修改。

3.1.3　通过快捷键新建《雷雨》幻灯片

在 PowerPoint 2010 中的普通视图中，用户可以用键盘上的【Enter】键，快速新建幻灯片。

素材文件	光盘\素材\第 3 章\雷雨.pptx
效果文件	光盘\效果\第 3 章\雷雨.pptx
视频文件	光盘\视频\第 3 章\3.1.3　通过快捷键新建《雷雨》幻灯片

（1）单击"文件"|"打开"命令，打开一个素材文件，如图 3-11 所示。

（2）在"幻灯片"窗格中选择幻灯片，如图 3-12 所示。

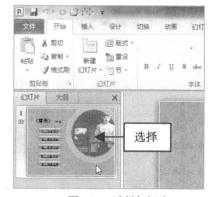

图 3-11　打开一个素材文件

图 3-12　选择幻灯片

（3）按键盘上的【Enter】键，即可新建幻灯片，如图 3-13 所示。

（4）用以上方法，再次新建一张幻灯片，切换至"视图"面板，单击"演示文稿视图"选项板中的"幻灯片浏览"按钮，预览新建的幻灯片，效果如图 3-14 所示。

图 3-13　新建幻灯片

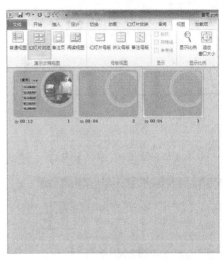

图 3-14　预览新建的幻灯片

▶ **专家指点**

　　用户可以在普通视图的"幻灯片"窗格中，选择任意一张幻灯片，然后按【Ctrl＋M】组合键，新建幻灯片。

3.2　设置课件幻灯片中的段落文本

在演示文稿中，用户可以为幻灯片中的文字段落设置格式，即对段落进行行距、段落对齐和段落缩进等设置。本节主要向读者介绍设置段落文本的各种操作方法。

3.2.1　设置《古巴音乐》课件片头段落行距和间距

在 PowerPoint 2010 中，用户可以设置行距及段落之间的间距大小，设置行距可以改变PowerPoint 默认的行距，能使演示文稿的内容条理更为清晰；设置段落间距，可以使文本以用户规划的格式分段。

素材文件	光盘\素材\第 3 章\古巴音乐.pptx
效果文件	光盘\效果\第 3 章\古巴音乐.pptx
视频文件	光盘\视频\第 3 章\3.2.1　设置《古巴音乐》课件片头段落行距和间距

（1）单击"文件"|"打开"命令，打开一个素材文件，如图 3-15 所示。
（2）选择幻灯片中的文本，如图 3-16 所示。
（3）在"开始"面板中的"段落"选项板中单击右下角的"段落"按钮，如图 3-17 所示。
（4）弹出"段落"对话框，在"缩进和间距"选项卡中的"间距"选项区中设置"段前"和"段后"都为"2 磅"，如图 3-18 所示。

图 3-15　打开一个素材文件

图 3-16　选择文本

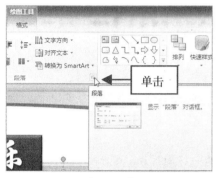

图 3-17　单击"段落"按钮

图 3-18　设置间距值

（5）单击"行距"右侧的下拉按钮，在弹出的列表框中选择"1.5 倍行距"选项，如图 3-19 所示。

（6）单击"确定"按钮，即可设置课件段落行距和间距，并对幻灯片中的文本进行相应调整，效果如图 3-20 所示。

图 3-19　选择"1.5 倍行距"选项

图 3-20　设置课件段落行距和间距效果

▶ 专家指点

"间距"选项区中各选项的含义如下。

➤　段前：用于设置当前段落与前一段之间的距离。

➤　段后：用于设置当前段落与下一段之间的距离。

➤　行距：用于设置段落中行与行之间的距离，默认的行距是"单倍行距"，用户可以根据需要选择其他行距，并可以通过"设置值"对行距进行设置。

3.2.2　设置《英语》课件片头换行格式

在 PowerPoint 2010 中，用户还可以设置换行的格式，通过对换行格式的设置，可以方便字符、英文字母以及标点符号在文本框中的编辑。

素材文件	光盘\素材\第 3 章\英语.pptx
效果文件	光盘\效果\第 3 章\英语.pptx
视频文件	光盘\视频\第 3 章\3.2.2　设置《英语》课件片头换行格式

（1）单击"文件"|"打开"命令，打开一个素材文件，如图 3-21 所示。

（2）选择幻灯片中的文本，如图 3-22 所示。

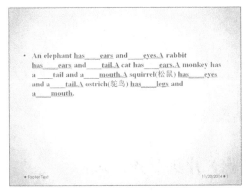
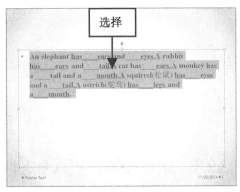

图 3-21　打开一个素材文件　　　　　　　　　图 3-22　选择幻灯片中的文本

（3）在"开始"面板中的"段落"选项板中单击右下角的"段落"按钮，如图 3-23 所示。

（4）弹出"段落"对话框，切换至"中文版式"选项卡，在"常规"选项区中，选中"允许西文在单词中间换行"复选框，如图 3-24 所示。

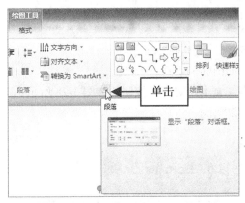

图 3-23　单击"段落"按钮　　　　　　图 3-24　选中"允许西文在单词中间换行"复选框

▶ 专家指点

　　"常规"选项区中的 3 个复选框含义如下。

　　➤　按中文习惯控制首尾字符：可以使段落中的首尾字符按中文习惯显示。

　　➤　允许西文在单词中间换行：可以使行尾的单词有可能被分为两部分显示。

　　➤　允许标点溢出边界：可以使行尾的标点位置超过文本框边界，而不会被移动到下一行。

（5）单击"确定"按钮，即可设置课件换行格式，对幻灯片中的文本进行相应调整，效果如图 3-25 所示。

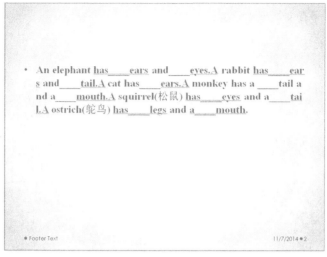

图 3-25　设置课件换行格式效果

3.2.3　运用按钮设置《物理实验步骤》片头对齐方式

段落对齐是指段落边缘的对齐方式，包括左对齐、右对齐、居中对齐、两端对齐和分散对齐。下面介绍运用按钮设置《物理实验步骤》对齐方式的操作方法。

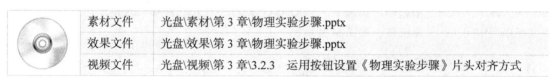

素材文件	光盘\素材\第 3 章\物理实验步骤.pptx
效果文件	光盘\效果\第 3 章\物理实验步骤.pptx
视频文件	光盘\视频\第 3 章\3.2.3　运用按钮设置《物理实验步骤》片头对齐方式

（1）单击"文件"|"打开"命令，打开一个素材文件，如图 3-26 所示。
（2）在编辑区中选择需要设置对齐方式的段落，如图 3-27 所示。
（3）在"开始"面板中的"段落"选项板中单击"文本左对齐"按钮，如图 3-28 所示。
（4）执行操作后，即可设置段落左对齐，如图 3-29 所示。

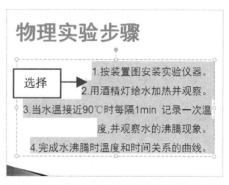

图 3-26　打开一个素材文件　　　　　　　　　　图 3-27　选择需要的段落

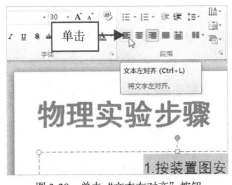

图 3-28　单击"文本左对齐"按钮

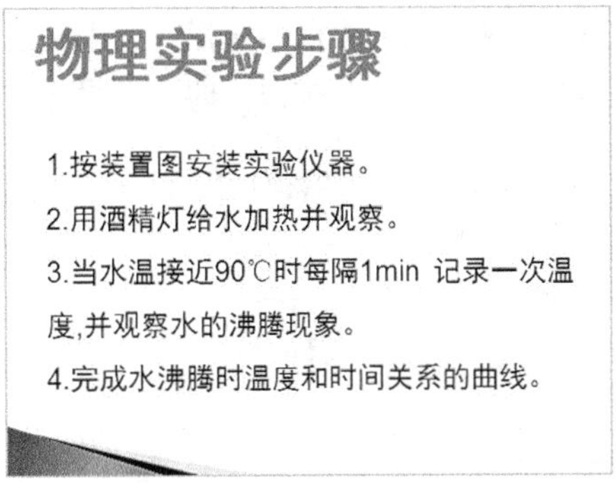

图 3-29　设置段落左对齐效果

3.2.4　运用对话框设置《竹里馆》片头对齐方式

在 PowerPoint 2010 中，用户不但可以使用"段落"选项板中的按钮设置对齐方式，还可以使用"段落"对话框设置文本对齐方式。

素材文件	光盘\素材\第 3 章\竹里馆.pptx
效果文件	光盘\效果\第 3 章\竹里馆.pptx
视频文件	光盘\视频\第 3 章\3.2.4　运用对话框设置《竹里馆》片头对齐方式

（1）单击"文件"|"打开"命令，打开一个素材文件，如图 3-30 所示。

（2）在编辑区中选择需要设置对齐方式的段落，如图 3-31 所示。

图 3-30　打开一个素材文件

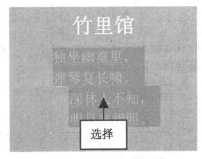

图 3-31　选择需要的段落

（3）在"开始"面板中，单击"段落"选项板右下角的"段落"按钮，弹出"段落"对话框，如图 3-32 所示。

（4）在"缩进和间距"选项卡中的"常规"选项区中单击"对齐方式"右侧的下拉按钮，如图 3-33 所示。

图 3-32　弹出"段落"对话框

图 3-33　单击"对齐方式"右侧的下拉按钮

（5）在弹出的列表框中选择"居中"选项，如图 3-34 所示。

（6）单击"确定"按钮，即可设置《竹里馆》课件对齐方式，如图 3-35 所示。

图 3-34 选择"居中"选项

图 3-35 设置对齐方式后的效果

▶ 专家指点

"对齐方式"下拉列表框中各对齐方式的含义如下。

➢ 左对齐：段落左边对齐，右边可参差不齐。

➢ 居中：段落居中排列。

➢ 右对齐：段落右边对齐，左边可参差不齐。

➢ 两端对齐：段落左右两端都对齐分布，但是段落最后不满一行文字时，右边是不对齐的。

➢ 分散对齐：段落左右两端都对齐，而且当每个段落的最后一行不满一行时，将自动拉开字符间距使该行均匀分布。

3.2.5 设置《年度总结》课件片头段落缩进

段落缩进有助于对齐幻灯片中的文本，对于编号和项目符号都有预设的缩进。段落缩进方式包括首行缩进和悬挂缩进两种。

素材文件	光盘\素材\第 3 章\年度总结.pptx
效果文件	光盘\效果\第 3 章\年度总结.pptx
视频文件	光盘\视频\第 3 章\3.2.5 设置《年度总结》课件片头段落缩进

（1）单击"文件" | "打开"命令，打开一个素材文件，如图 3-36 所示。

（2）在编辑区中选择需要设置段落缩进的文本，如图 3-37 所示。

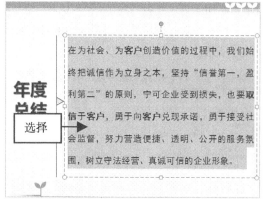

图 3-36 打开一个素材文件   图 3-37 选择需要的文本

（3）单击鼠标右键，在弹出的快捷菜单中选择"段落"选项，如图 3-38 所示。

（4）弹出"段落"对话框，在"缩进和间距"选项卡中的"缩进"选项区中，单击"特殊格式"下拉按钮，在弹出的列表框中选择"首行缩进"选项，如图 3-39 所示。

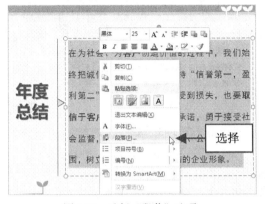

图 3-38　选择"段落"选项

图 3-39　选择"首行缩进"选项

（5）在激活的"度量值"文本框中输入"2 厘米"，如图 3-40 所示。

（6）执行操作后，单击"确定"按钮，即可设置文本段落缩进，效果如图 3-41 所示。

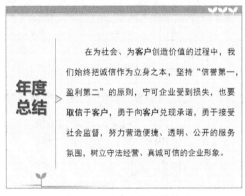

图 3-40　输入"2 厘米"

图 3-41　设置文本段落缩进

▶ 专家指点

　　将鼠标移至首行第一个文字前，按【Tab】键，也可设置文本首行缩进效果。

3.2.6　设置《祖国山川颂》课件片头文字对齐

在演示文稿中输入文字后，就可以对文字进行对齐方式的设置，从而使要突出的文本更加醒目、有序。

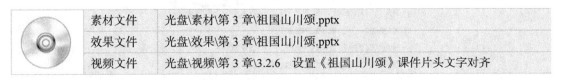

	素材文件	光盘\素材\第 3 章\祖国山川颂.pptx
	效果文件	光盘\效果\第 3 章\祖国山川颂.pptx
	视频文件	光盘\视频\第 3 章\3.2.6　设置《祖国山川颂》课件片头文字对齐

（1）单击"文件"|"打开"命令，打开一个素材文件，如图 3-42 所示。

（2）在编辑区中选择需要设置文本对齐的文字，如图 3-43 所示。

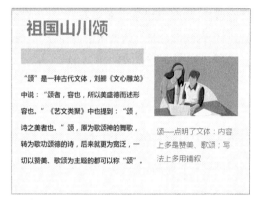
图 3-42　打开一个素材文件

图 3-43　选择需要的文本

▶ 专家指点

在 PowerPoint 2010 中，设置文本对齐是指文本相对于文本框的对齐效果。

（3）在"段落"选项板中单击"对齐文本"下拉按钮，如图 3-44 所示。

（4）在弹出的列表框中选择"中部对齐"选项，如图 3-45 所示。

图 3-44　单击"对齐文本"下拉按钮

图 3-45　选择"中部对齐"选项

（5）执行操作后，即可设置文本中部对齐，效果如图 3-46 所示。

图 3-46　设置文本中部对齐效果

3.2.7　设置《化学反应习题》课件片头文字方向

在 PowerPoint 2010 中，设置文字方向是指将水平排列的文本变成垂直排列的文本，也可以使垂直排列的文本变成水平排列。

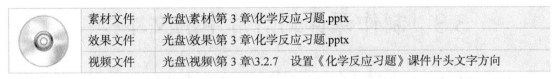

素材文件	光盘\素材\第 3 章\化学反应习题.pptx
效果文件	光盘\效果\第 3 章\化学反应习题.pptx
视频文件	光盘\视频\第 3 章\3.2.7　设置《化学反应习题》课件片头文字方向

（1）单击"文件"│"打开"命令，打开一个素材文件，如图 3-47 所示。

（2）在编辑区中选择需要设置文字方向的文本，如图 3-48 所示。

（3）在"段落"选项板中单击"文字方向"下拉按钮，在弹出的列表框中选择"竖排"选项，如图 3-49 所示。

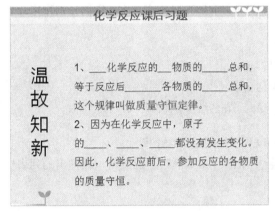

图 3-47　打开一个素材文件

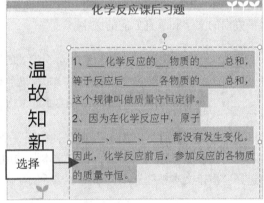

图 3-48　选择需要的文本

（4）执行操作后，即可设置化学反应习题课件文字方向为竖排显示，如图 3-50 所示。

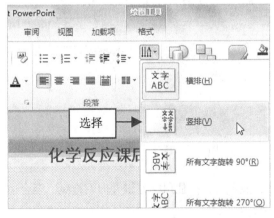

图 3-49　选择"竖排"选项

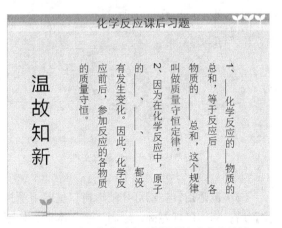

图 3-50　设置化学反应习题课件文字方向效果

在"文字方向"列表框中，用户还可以设置文本方向为旋转，并且可以选择合适的角度进行旋转。

3.3 制作课件幻灯片中的文本框

文本框是一种可移动、可调整大小的文字容器，它与文本占位符非常相似。使用文本框可以在幻灯片中放置多个文字块，并且使文字按照不同的方向排列；也可以更改幻灯片版式的制约，实现在幻灯片任意位置添加文字信息的目的。

3.3.1 绘制《花的结构》课件片头中的文本框

在 PowerPoint 2010 中，有两种形式的文本框，横排文本框和竖排文本框，它们分别用来放置水平方向的文字和垂直方向的文字。

素材文件	光盘\素材\第 3 章\花的结构.pptx
效果文件	光盘\效果\第 3 章\花的结构.pptx
视频文件	光盘\视频\第 3 章\3.3.1 绘制《花的结构》课件片头中的文本框

（1）单击"文件"|"打开"命令，打开一个素材文件，如图 3-51 所示。

（2）切换至"插入"面板，在"文本"选项板中单击"文本框"下拉按钮，在弹出的列表框中选择"横排文本框"选项，如图 3-52 所示。

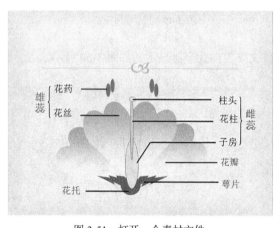

图 3-51 打开一个素材文件

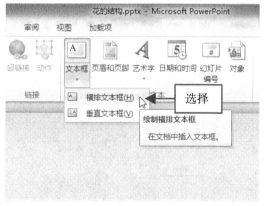

图 3-52 选择"横排文本框"选项

（3）鼠标指针在幻灯片编辑窗口呈向下箭头形状显示时，按住鼠标左键并向右拖曳，至合适位置后，释放鼠标左键，绘制一个文本框，如图 3-53 所示。

（4）在绘制的文本框中输入文本"花的结构"，并设置"字号"为 60、"字体颜色"为深红，效果如图 3-54 所示。

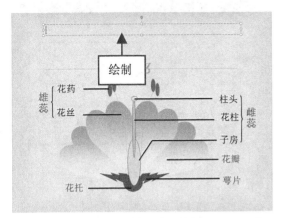

图 3-53 绘制一个文本框

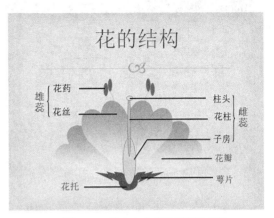

图 3-54 输入文本并设置字体属性

3.3.2 调整《青铜铸造业》课件片头文本框格式

在 PowerPoint 2010 中，绘制完文本框后，用户可以根据需要在文本的 4 个对角上拖动鼠标调整文本框的大小。

素材文件	光盘\素材\第 3 章\青铜铸造业.pptx
效果文件	光盘\效果\第 3 章\青铜铸造业.pptx
视频文件	光盘\视频\第 3 章\3.3.2 调整《青铜铸造业》课件片头文本框格式

（1）单击"文件"|"打开"命令，打开一个素材文件，如图 3-55 所示。
（2）在编辑区中选择需要调整大小的文本框，如图 3-56 所示。

图 3-55 打开一个素材文件

图 3-56 选择文本框

（3）在"开始"面板的"字体"选项板中单击"文字阴影"按钮，切换至"格式"面板，如图 3-57 所示。
（4）在"大小"选项板中，设置"形状高度"为"6 厘米"、"形状宽度"为"2 厘米"，如图 3-58 所示。
（5）执行操作后，调整文本框，如图 3-59 所示。

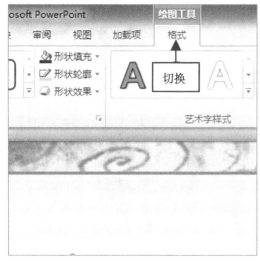

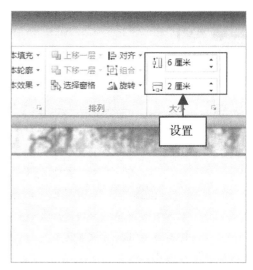

图 3-57　切换至"格式"面板　　　　　　　　　　　图 3-58　设置各选项

（6）在编辑区中的文本框上单击鼠标左键，并拖曳至合适位置，即可调整青铜铸造业文本框，效果如图 3-60 所示。

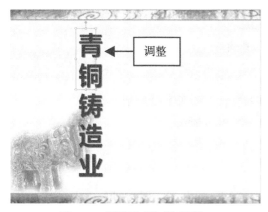

图 3-59　切换至"格式"面板　　　　　　　　　　　图 3-60　调整文本框效果

▶ 专家指点

在 PowerPoint 2010 中，除了运用以下方法调整文本框格式以外，用户还可以通过鼠标直接拖曳来调整文本框的大小。

3.3.3　设置《了解感觉》课件片头文本框格式

在 PowerPoint 2010 中，用户还可以对文本框中的文字环绕方式、边框和底纹、大小和版式等进行设置。

素材文件	光盘\素材\第 3 章\了解感觉.pptx
效果文件	光盘\效果\第 3 章\了解感觉.pptx
视频文件	光盘\视频\第 3 章\3.3.3　设置《了解感觉》课件片头文本框格式

（1）单击"文件"|"打开"命令，打开一个素材文件，如图 3-61 所示。

（2）在编辑区中选择需要设置的文本框，如图 3-62 所示。

图 3-61　打开一个素材文件　　　　　　　　图 3-62　选择需要设置的文本框

（3）单击鼠标右键，在弹出的快捷菜单中选择"设置形状格式"选项，如图 3-63 所示。

（4）弹出"设置形状格式"对话框，如图 3-64 所示。

图 3-63　选择"设置形状格式"选项　　　　图 3-64　弹出"设置形状格式"对话框

（5）在"填充"选项卡中的"填充"选项区中选中"图片或纹理填充"单选按钮，如图 3-65 所示。

（6）单击下方的"纹理"右侧的下拉按钮，在弹出的列表框中选择"花束"选项，如图 3-66 所示。

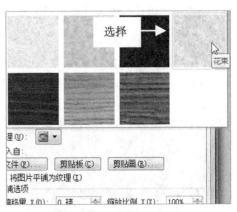

图 3-65　选中"图片或纹理填充"单选按钮　　图 3-66　选择"花束"选项

（7）单击"关闭"按钮，即可设置《了解感觉》课件文本框格式，效果如图 3-67 所示。

图 3-67　设置《了解感觉》课件文本框格式

3.4　设置课件中的主题

PowerPoint 2010 提供了很多种幻灯片主题，用户可以直接在演示文稿中应用这些主题，色彩漂亮且与演示文稿内容协调是评判幻灯片成功的标准之一，所以用幻灯片配色来烘托主题是制作演示文稿的一项重要操作。

3.4.1　为《渡荆门送别》课件片头设置内置主题模板

在制作演示文稿时，用户如果需要快速设置幻灯片的主题，可以直接使用 PowerPoint 中自带的主题效果。

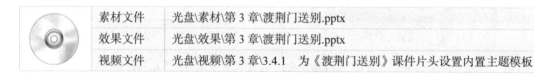

素材文件	光盘\素材\第 3 章\渡荆门送别.pptx
效果文件	光盘\效果\第 3 章\渡荆门送别.pptx
视频文件	光盘\视频\第 3 章\3.4.1　为《渡荆门送别》课件片头设置内置主题模板

（1）单击"文件"|"打开"命令，打开一个素材文件，如图 3-68 所示。
（2）切换至"设计"面板，单击"主题"选项面板中的"其他"下拉按钮，如图 3-69 所示。

图 3-68　打开一个素材文件

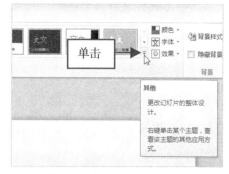

图 3-69　单击"其他"下拉按钮

（3）弹出列表框，在"内置"选项区中选择"奥斯汀"选项，如图 3-70 所示。
（4）执行操作后，即可应用内置主题，效果如图 3-71 所示。

图 3-70　选择"奥斯汀"选项

图 3-71　应用内置主题

▶ 专家指点

主题"下拉列表框中包含了 44 种内置主题样式，用户可以根据制作课件的需求，选择相应的内置主题。

3.4.2　将主题应用到《知识特性》课件片头选定幻灯片中

在一般情况下，用户选定主题后，演示文稿中所有的幻灯片都将应用该主题，如果只需要某一张幻灯片应用该主题，可以设置将主题应用到选定的幻灯片中。

素材文件	光盘\素材\第 3 章\知识特性.pptx
效果文件	光盘\效果\第 3 章\知识特性.pptx
视频文件	光盘\视频\第 3 章\3.4.2　将主题应用到《知识特性》课件片头选定幻灯片中

（1）单击"文件"|"打开"命令，打开一个素材文件，如图 3-72 所示。
（2）切换至"设计"面板，单击"主题"选项面板中的"其他"下拉按钮，如图 3-73 所示。

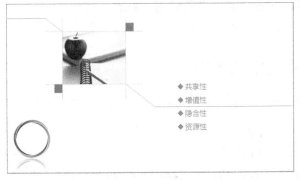

图 3-72　打开一个素材文件

图 3-73　单击"其他"下拉按钮

（3）在弹出的列表框中的"内置"选项区中选择"透视"选项，如图 3-74 所示。

（4）单击鼠标右键，在弹出的快捷菜单中选择"应用于选定幻灯片"选项，如图 3-75 所示。

（5）执行操作后，即可将主题应用到选定幻灯片，效果如图 3-76 所示。

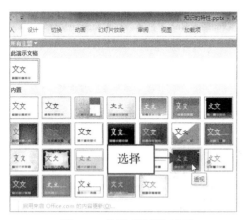 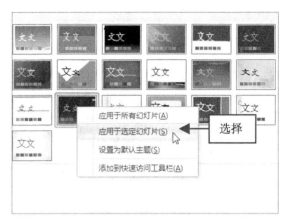

图 3-74　选择"透视"选项　　　　　图 3-75　选择"应用于选定幻灯片"选项

▶ 专家指点

用户在选定的内置主题上，单击鼠标右键，在弹出的快捷菜单中，包含有 3 种应用模式，除了以上使用应用于选定幻灯片外，还包括将选中的内置主题应用于所有幻灯片，如果用户经常使用某一种主题，则可以选择"设置为默认主题"选项。

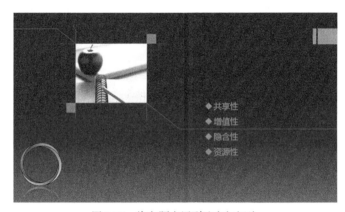

图 3-76　将主题应用到选定幻灯片

3.4.3　保存《谈骨气》课件片头中的主题

在 PowerPoint 2010 中，对于一些比较漂亮的主题，用户可以将其保存下来，方便以后再次使用。

素材文件	光盘\素材\第 3 章\谈骨气.pptx
效果文件	光盘\效果\第 3 章\谈骨气.pptx
视频文件	光盘\视频\第 3 章\3.4.3　保存《谈骨气》课件片头中的主题

（1）单击"文件"|"打开"命令，打开一个素材文件，如图 3-77 所示。

（2）切换至"设计"面板，单击"主题"选项板中的"其他"下拉按钮，在弹出的列表框中，选择"保存当前主题"选项，如图 3-78 所示。

图 3-77　打开一个素材文件　　　　　图 3-78　选择"保存当前主题"选项

（3）弹出"保存当前主题"对话框，选择文件的保存路径，并在"文件名"右侧的文本框中，输入保存的主题名称，如图 3-79 所示。

图 3-79　输入保存的主题名称

（4）单击"保存"按钮，即可将主题进行保存。

▶ 专家指点

　　如果用户需要查看保存的主题文件，只需再次打开"保存当前主题"对话框即可。

3.4.4　为《书籍前言》课件片头应用硬盘中的模板

在 PowerPoint 2010 中，用户在制作演示文稿时，不仅可以应用内置的主题，还可以选择应用存储在硬盘中的幻灯片模板。

素材文件	光盘\素材\第 3 章\书籍前言.pptx、模板.pptx
效果文件	光盘\效果\第 3 章\书籍前言.pptx
视频文件	光盘\视频\第 3 章\3.4.4　为《书籍前言》课件片头应用硬盘中的模板

（1）单击"文件"|"打开"命令，打开一个素材文件，如图 3-80 所示。

（2）切换至"设计"面板，在"主题"选项板中单击"其他"下拉按钮，在弹出的列表框中，选择"浏览主题"选项，如图 3-81 所示。

图 3-80　打开一个素材文件

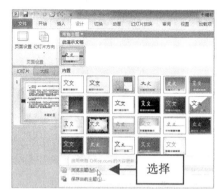

图 3-81　选择"浏览主题"选项

（3）弹出"选择主题或主题文档"对话框，在对话框中的合适位置，选择"模板"素材文件，如图 3-82 所示。

（4）单击"应用"按钮，即可应用硬盘中的模板，调整幻灯片中的文本，效果如图 3-83 所示。

图 3-82　选择相应选项

图 3-83　应用模板

3.5　设置课件中的背景

在设计演示文稿时，除了可以通过使用主题来美化演示文稿以外，还可以通过设置演示文稿的背景来制作具有观赏性的演示文稿。

3.5.1　选择《叶的结构》片头背景样式

PowerPoint 2010 中的"背景样式"列表框提供了多种背景颜色样式，用户可根据需要设置背景样式。

素材文件	光盘\素材\第 3 章\叶的结构.pptx
效果文件	光盘\效果\第 3 章\叶的结构.pptx
视频文件	光盘\视频\第 3 章\3.5.1　选择《叶的结构》片头背景样式

（1）单击"文件"|"打开"命令，打开一个素材文件，如图 3-84 所示。

（2）切换至"设计"面板，在"背景"选项板中单击"背景样式"下拉按钮，如图 3-85 所示。

图 3-84 打开一个素材文件

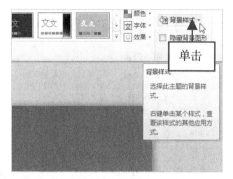

图 3-85 单击"背景样式"下拉按钮

（3）弹出列表框，选择"样式 11"选项，如图 3-86 所示。

（4）执行操作后，即可应用选择的背景样式，如图 3-87 所示。

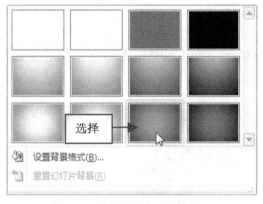

图 3-86 选择"样式 11"选项

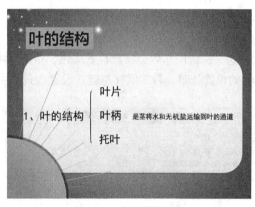

图 3-87 应用背景样式

▶ 专家指点

　　若对设计的模板背景效果不满意，用户可以通过快速访问工具栏中的"撤销"按钮或按【Ctrl＋Z】组合键，撤销背景设置操作。

3.5.2 为《市场营销策略》课件片头自定义纯色背景样式

设置幻灯片的背景可以统一演示文稿中幻灯片的版式，应用主题后，用户还可以根据自己的喜好更改主题背景颜色。

素材文件	光盘\素材\第 3 章\市场营销策略.pptx
效果文件	光盘\效果\第 3 章\市场营销策略.pptx
视频文件	光盘\视频\第 3 章\3.5.2 为《市场营销策略》课件片头自定义纯色背景样式

（1）单击"文件"|"打开"命令，打开一个素材文件，如图 3-88 所示。

（2）切换至"设计"面板，单击"背景"选项板中的"背景样式"下拉按钮，在弹出的列表框中，选择"设置背景格式"选项，如图 3-89 所示。

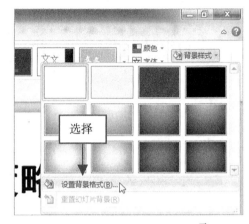

图 3-88　打开一个素材文件

图 3-89　选择"设置背景格式"选项

（3）弹出"设置背景格式"对话框，在"填充"选项区中选中"纯色填充"单选按钮，单击"颜色"右侧的下拉按钮，弹出列表框，在"标准色"选项区中选择"浅绿"选项，如图 3-90 所示。

（4）执行操作后，设置背景颜色，单击"填充颜色"选项区中透明度滑块，并向右拖曳，至20%的位置处时，释放鼠标左键，设置背景透明度，如图 3-91 所示。

图 3-90　选择"浅绿"选项

图 3-91　设置背景透明度

▶ 专家指点

在弹出的"设置背景格式"对话框中，用户在设置背景样式的透明度时，除了拖曳透明度滑块以外，还可以在右侧的文本框中直接输入数值。

（5）单击"关闭"按钮，即可自定义纯色背景样式，效果如图 3-92 所示。

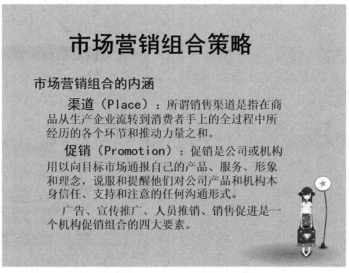

图 3-92　自定义纯色背景样式效果

3.5.3　为《音乐唱法分类》课件片头应用渐变填充背景

背景主题不仅能运用纯色背景，还可以运用渐变色对幻灯片进行填充，应用渐变填充可以丰富幻灯片的视觉效果。

素材文件	光盘\素材\第 3 章\音乐唱法分类.pptx	
效果文件	光盘\效果\第 3 章\音乐唱法分类.pptx	
视频文件	光盘\视频\第 3 章\3.5.3　为《音乐唱法分类》课件片头应用渐变填充背景	

（1）单击"文件"|"打开"命令，打开一个素材文件，如图 3-93 所示。

（2）切换至"设计"面板，单击"背景样式"下拉按钮，在弹出的列表框中选择"设置背景格式"选项，如图 3-94 所示。

图 3-93　打开一个素材文件

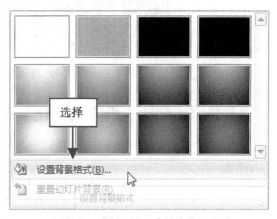

图 3-94　选择"设置背景格式"选项

（3）弹出"设置背景格式"对话框，在"填充"选项区中选中"渐变填充"单选按钮，如图 3-95 所示。

（4）单击"预设颜色"右侧的下拉按钮，在弹出的列表框中选择"金乌坠地"选项，如图 3-96 所示。

图 3-95　选中"渐变填充"单选按钮

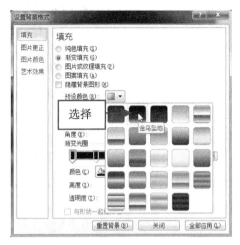

图 3-96　选择"金乌坠地"选项

（5）单击"关闭"按钮，即可填充渐变颜色背景，效果如图 3-97 所示。

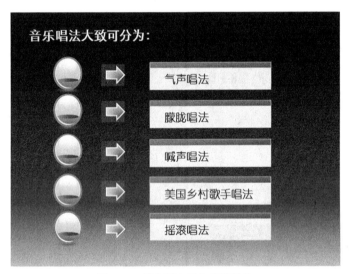

图 3-97　填充渐变颜色背景效果

3.5.4　为《大洋洲音乐文化》课件片头应用纹理填充背景

在 PowerPoint 2010 中，除了可以用以上 3 种方法来设置幻灯片的背景以外，还可以使用纹理作为背景。

素材文件	光盘\素材\第 3 章\大洋洲音乐文化.pptx
效果文件	光盘\效果\第 3 章\大洋洲音乐文化.pptx
视频文件	光盘\视频\第 3 章\3.5.4　为《大洋洲音乐文化》课件片头应用纹理填充背景

（1）单击"文件"|"打开"命令，打开一个素材文件，如图 3-98 所示。

（2）切换至"设计"面板，单击"背景样式"下拉按钮，在弹出的列表框中选择"设置背景格式"选项，弹出"设置背景格式"对话框，如图 3-99 所示。

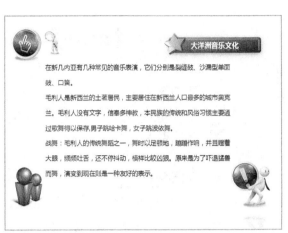

图 3-98　打开一个素材文件

图 3-99　"设置背景格式"对话框

（3）在"填充"选项区中选中"图片或纹理填充"单选按钮，单击"纹理"下拉按钮，在弹出的列表框中选择"蓝色面巾纸"选项，如图 3-100 所示。

（4）单击"关闭"按钮，即可应用纹理填充，效果如图 3-101 所示。

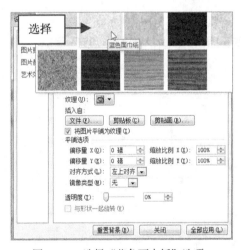

图 3-100　选择"蓝色面巾纸"选项

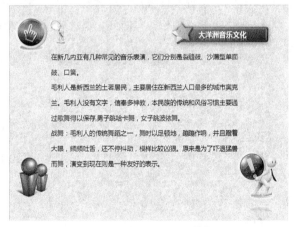

图 3-101　应用纹理填充

3.5.5　为《视觉图形》课件片头应用图片填充背景

除了可以运用颜色作为幻灯片的背景外，用户还可以运用图片对背景进行装饰，一个精美的设计模板少不了背景图片的修饰。

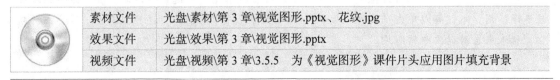

	素材文件	光盘\素材\第 3 章\视觉图形.pptx、花纹.jpg
	效果文件	光盘\效果\第 3 章\视觉图形.pptx
	视频文件	光盘\视频\第 3 章\3.5.5　为《视觉图形》课件片头应用图片填充背景

（1）单击"文件"|"打开"命令，打开一个素材文件，如图3-102所示。

（2）在编辑区中，单击鼠标右键，在弹出的快捷菜单中选择"设置背景格式"选项，如图3-103所示。

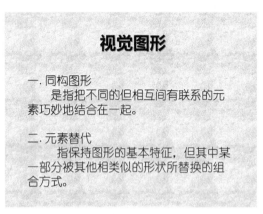

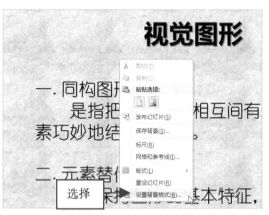

图3-102　打开一个素材文件　　　　　　图3-103　选择"设置背景格式"选项

▶ 专家指点

　　除了可以用以上方法选择"设置背景格式"选项以外，用户还可以在"背景"选项板中，单击"背景样式"下拉按钮，在弹出的列表框中选择"设置背景格式"选项。

（3）弹出"设置背景格式"对话框，单击"文件"按钮，如图3-104所示。

（4）弹出"插入图片"对话框，在合适位置选择需要插入的图片，如图3-105所示。

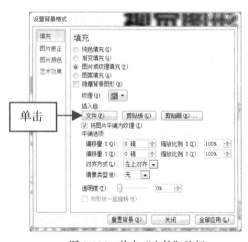

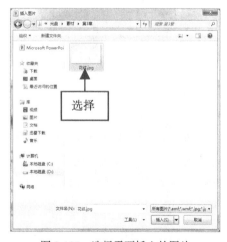

图3-104　单击"文件"按钮　　　　　　图3-105　选择需要插入的图片

▶ 专家指点

　　在"设置背景格式"对话框中，选中"图片或纹理填充"单选按钮以后，在下方将出现相应选项，用户不仅可以单击"文件"按钮，插入来自文件中的图片，还可以单击"剪贴画"按钮，插入来自剪贴画中的图片。

（5）单击"插入"按钮，返回到"设置背景格式"对话框，单击"关闭"按钮，即可应用图片填充背景，效果如图 3-106 所示。

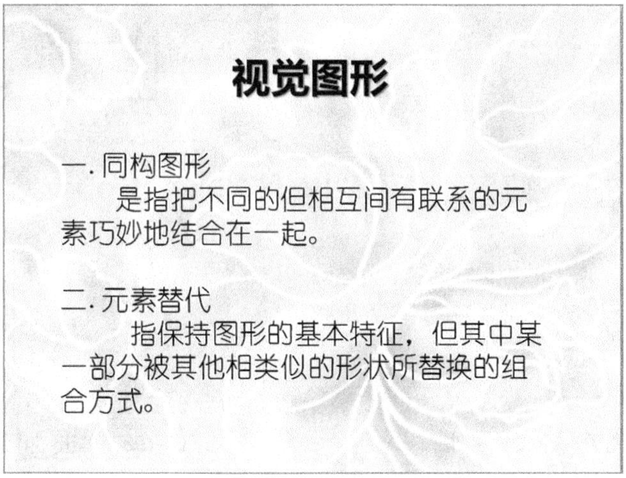

视觉图形

一. 同构图形
　　是指把不同的但相互间有联系的元素巧妙地结合在一起。

二. 元素替代
　　指保持图形的基本特征，但其中某一部分被其他相类似的形状所替换的组合方式。

图 3-106　应用图片填充背景

▶ 专家指点

用户可以根据实际需要在幻灯片视图中添加、删除或移动背景图片，如果希望让艺术图形显示在每张幻灯片中，只需将图形置于幻灯片母版上，此时该对象将出现在每张幻灯片的相同位置上，而不必每张幻灯片中重复添加。

3.6　综合练兵——制作《函数》课件片头

在 PowerPoint 中，用户可以根据需要制作函数课件。下面介绍制作函数课件的操作方法。

素材文件	光盘\素材\第 3 章\函数.pptx
效果文件	光盘\效果\第 3 章\函数.pptx
视频文件	光盘\视频\第 3 章\3.6　综合练兵——制作《函数》课件片头

（1）单击"文件"|"打开"命令，打开一个素材文件，如图 3-107 所示。
（2）切换至"设计"面板，在"主题"选项板中单击"其他"下拉按钮，如图 3-108 所示。

▶ 专家指点

用户在为文本框设置前景色后，如果对文本框的背景色不满意，也可以单击"背景色"下拉按钮，在弹出的列表框中选择合适的颜色。

（3）弹出列表框，在"内置"选项区中选择"图钉"选项，如图 3-109 所示。
（4）执行操作后，即可为幻灯片应用内置主题，效果如图 3-110 所示。
（5）在"主题"选项板中单击"颜色"下拉按钮，在弹出的列表框中选择"凤舞九天"选项，如图 3-111 所示。

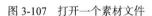

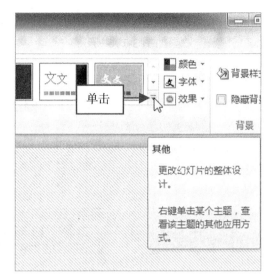

图 3-107　打开一个素材文件　　　　　　图 3-108　单击"其他"下拉按钮

（6）执行操作后，即可设置主题颜色，效果如图 3-112 所示。

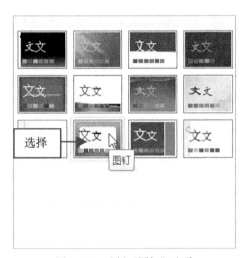

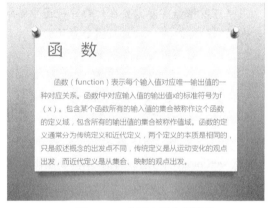

图 3-109　选择"图钉"选项　　　　　　图 3-110　应用内置主题效果

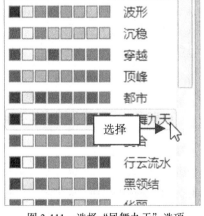

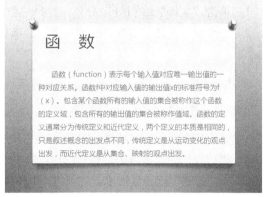

图 3-111　选择"凤舞九天"选项　　　　图 3-112　设置主题颜色

（7）在"背景"选项板中单击"背景样式"下拉按钮，在弹出的列表框中选择"设置背景格式"选项，如图 3-113 所示。

（8）弹出"设置背景格式"对话框，在"填充"选项区中选中"图案填充"单选按钮，如图 3-114 所示。

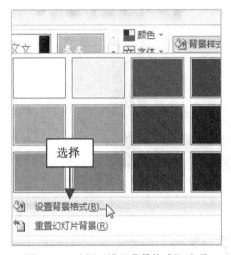

图 3-113　选择"设置背景格式"选项

图 3-114　选中"图案填充"单选按钮

（9）单击"前景色"右侧的下拉按钮，弹出列表框，在"标准色"选项区中选择"浅蓝"选项，如图 3-115 所示。

（10）在上方的列表框中，选择相应选项，如图 3-116 所示。

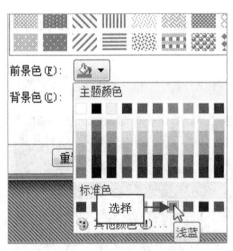

图 3-115　选择浅蓝选项

图 3-116　选择相应选项

（11）单击"关闭"按钮，即可设置背景格式，效果如图 3-117 所示。

▶ 专家指点

在弹出的"颜色"下拉列表框中，包含有 21 种主题颜色，如果用户对软件自带的颜色不满意，则可以选择"新建主题颜色"选项，在弹出的"新建主题颜色"对话框中，用户可以自行设置主题颜色。

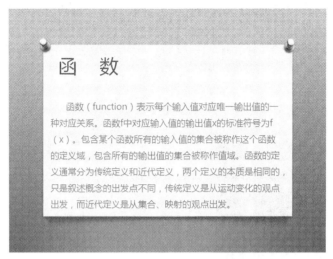

图 3-117   效果图

3.7   上机练习

本章重点介绍了课件片头的制作，本节将通过上机练习题，对本章的知识点进行回顾。

3.7.1   上机练习1：制作《数学公式》课件

打开"光盘\素材\第 3 章"文件夹下的数学公式.pptx，如图 3-118 所示，尝试为《数学公式》课件应用选定的幻灯片，效果如图 3-119 所示。

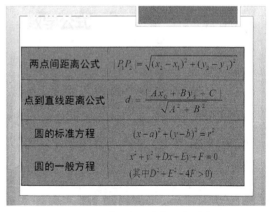

图 3-118   打开一个素材文件   图 3-119   《教学公式》课件效果

3.7.2   上机练习2：设置《星座解读》课件的文本框格式

打开"光盘\素材\第 3 章"文件夹下的星座解读.pptx，如图 3-120 所示，尝试设置《星座解读》课件的文本框格式，效果如图 3-121 所示。

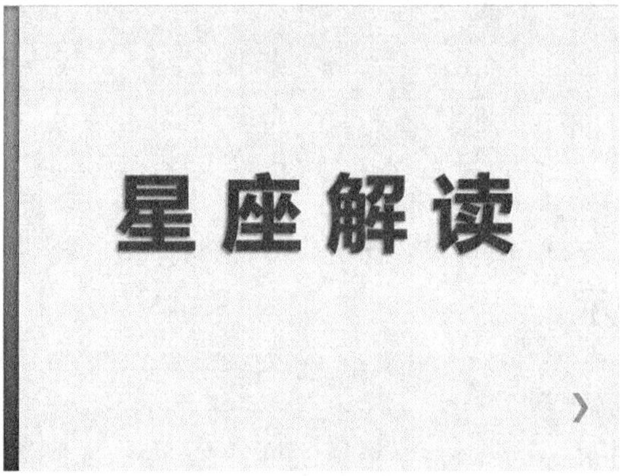

图 3-120　打开一个素材文件

图 3-121　《星座讲解》课件效果

课件导航的制作

第4章

学习提示

超链接是指向特定位置或文件的一种链接方式，运用超链接可以指定程序的跳转位置，当放映幻灯片时，在添加了动作的按钮或者超链接的文本上单击鼠标左键，程序就会跳至指定的幻灯片页面。本章主要向读者介绍创建超链接、编辑超链接以及链接到其他对象的操作方法。

本章重点

- 创建课件中的超链接
- 编辑课件中的超链接
- 将课件链接到其他对象

聚落精讲

A、自主学习目标

B、影响聚落形成和发展的因素

图表与图形的合成

1 图表的构成

2 图表的方向

3 台阶式图形

4 圆球图形

时间管理

- 个人价值管理
- 个人习惯管理
- 整体团队管理

桃花源记

A、描写桃花源环境美的句子有哪些?

B、桃源奇在何处?

目标定位

1.掌握PH的简单计算。

2.了解各类混合溶液PH的计算。

3.了解溶液稀释时PH的变化规律。

世袭制取代禅让制

尧 ⇨ 舜 ⇨ 禹 ⇨ 启

禅让制 　 世袭制

4.1　创建课件中的超链接

超链接是指向特定位置或文件的一种链接方式，可以利用它指定程序的跳转位置。当放映幻灯片时，在添加了动作按钮或者超链接的文本上单击该动作按钮，程序就会跳至指定的幻灯片页面。

4.1.1　为《四季如歌》课件插入超链接

在 PowerPoint 2010 中放映演示文稿时，为了方便切换到目标幻灯片中，可以在演示文稿中插入超链接。

素材文件	光盘\素材\第 4 章\四季如歌.pptx
效果文件	光盘\效果\第 4 章\四季如歌.pptx
视频文件	光盘\视频\第 4 章\4.1.1　为《四季如歌》课件插入超链接

（1）按【Ctrl + O】组合键，打开一个素材文件，如图 4-1 所示。
（2）在编辑区中选择"教学目标"文本，如图 4-2 所示。
（3）切换至"插入"面板，在"链接"选项板中单击"超链接"按钮，如图 4-3 所示。
（4）弹出"插入超链接"对话框，在"链接到"列表框中单击"本文档中的位置"按钮，如图 4-4 所示。
（5）在"请选择文档中的位置"选项区中的"幻灯片标题"下方，选择"教学目标"选项，如图 4-5 所示。
（6）单击"确定"按钮，即可在幻灯片中插入超链接，如图 4-6 所示。

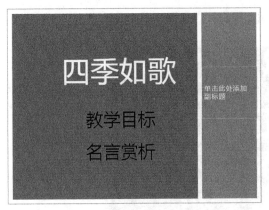

图 4-1　打开一个素材文件

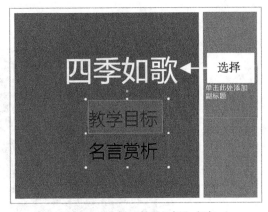

图 4-2　选择"教学目标"文本

▶ 专家指点

　　除了可以运用以上方法弹出"插入超链接"对话框以外，用户还可以在选中的文本上单击鼠标右键，在弹出的快捷菜单中，选择"超链接"选项，即可弹出"插入超链接"对话框。

图 4-3　单击"超链接"按钮

图 4-4　单击"本文档中的位置"按钮

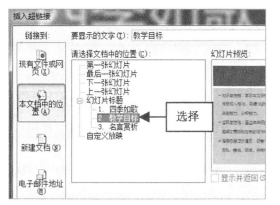

图 4-5　选择"教学目标"选项

图 4-6　插入超链接

（7）用以上的方法，为幻灯片中的其他内容添加超链接，效果如图 4-7 所示。

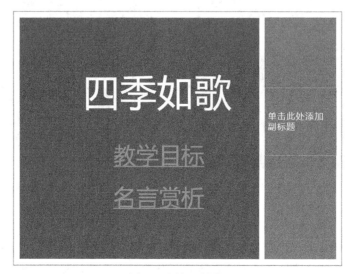

图 4-7　添加超链接

4.1.2　运用按钮删除《聚落精讲》课件中的超链接

在 PowerPoint 2010 中，用户可以通过单击"链接"选项板中单击"超链接"按钮，达到删除超链接的目的。

素材文件	光盘\素材\第 4 章\聚落精讲.pptx
效果文件	光盘\效果\第 4 章\聚落精讲.pptx
视频文件	光盘\视频\第 4 章\4.1.2　运用按钮删除《聚落精讲》课件中的超链接

（1）按【Ctrl + O】组合键，打开一个素材文件，如图 4-8 所示。

（2）在编辑区中，选择"自主学习目标"文本，如图 4-9 所示。

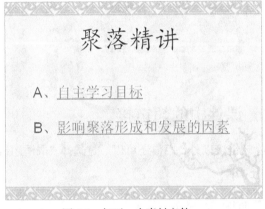

图 4-8　打开一个素材文件

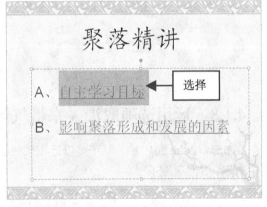

图 4-9　选择"自主学习目标"文本

（3）切换至"插入"面板，在"链接"选项板中单击"超链接"按钮，如图 4-10 所示。

（4）弹出"编辑超链接"对话框，单击"删除链接"按钮，如图 4-11 所示。

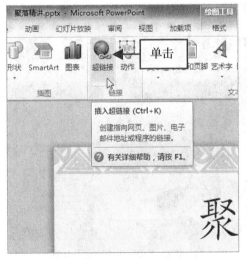

图 4-10　单击"超链接"按钮

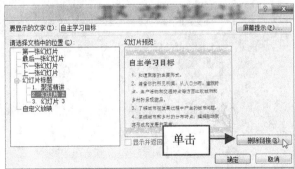

图 4-11　单击"删除链接"按钮

（5）执行操作后，即可删除超链接，效果如图 4-12 所示。

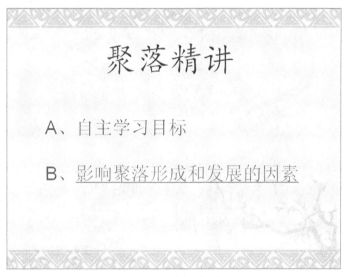

图 4-12　删除超链接

4.1.3　运用选项取消《寒带气候》课件中的超链接

在 PowerPoint 2010 中，除了可以运用按钮删除超链接以外，用户还可以通过选择"取消超链接"选项，删除超链接。

素材文件	光盘\素材\第 4 章\寒带气候.pptx
效果文件	光盘\效果\第 4 章\寒带气候.pptx
视频文件	光盘\视频\第 4 章\4.1.3　运用选项取消《寒带气候》课件中的超链接

（1）按【Ctrl＋O】组合键，打开一个素材文件，如图 4-13 所示。

（2）在编辑区中，选择"寒带气候特点"文本，如图 4-14 所示。

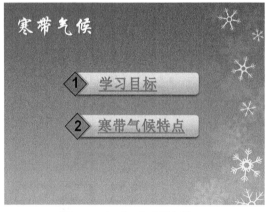

图 4-13　打开一个素材文件

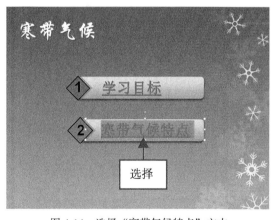

图 4-14　选择"寒带气候特点"文本

（3）单击鼠标右键，在弹出的快捷菜单中选择"取消超链接"选项，如图 4-15 所示。

（4）执行操作后，即可取消超链接，如图 4-16 所示。

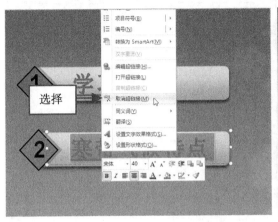

图 4-15 选择"取消超链接"选项

图 4-16 取消超链接

4.1.4 运用形状在《桃花源记》课件中添加动作按钮

动作按钮是一种带有特定动作的图形按钮，应用这些按钮，可以快速实现在放映幻灯片时跳转的目的。

素材文件	光盘\素材\第 4 章\桃花源记.pptx
效果文件	光盘\效果\第 4 章\桃花源记.pptx
视频文件	光盘\视频\第 4 章\4.1.4 运用形状在《桃花源记》课件中添加动作按钮

（1）按【Ctrl＋O】组合键，打开一个素材文件，如图 4-17 所示。

（2）切换至"插入"面板，在"插图"选项板中单击"形状"下拉按钮，如图 4-18 所示。

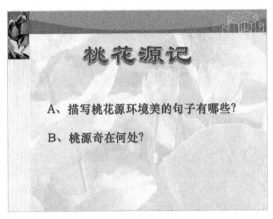

图 4-17 打开一个素材文件

图 4-18 单击"形状"下拉按钮

（3）弹出列表框，在"动作按钮"选项区中单击"前进或下一项"按钮，如图 4-19 所示。

（4）鼠标指针呈十字形，在幻灯片的右下角绘制图形，释放鼠标左键，弹出"动作设置"对话框，如图 4-20 所示。

图 4-19　单击"前进或下一项"按钮

图 4-20　弹出"动作设置"对话框

（5）各选项为默认设置，单击"确定"按钮，插入形状，并调整形状的大小和位置，如图 4-21 所示。

（6）选中添加的动作按钮，切换至"绘图工具"中的"格式"面板，如图 4-22 所示。

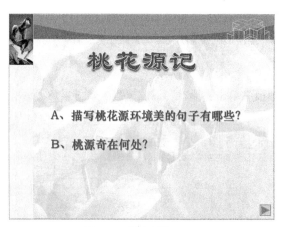

图 4-21　插入形状

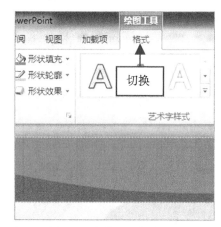

图 4-22　切换至"格式"面板

▶ 专家指点

　　动作与超链接的区别：超链接是将幻灯片中的某一部分与另一部分链接起来，它可以与本文档中的幻灯片链接，也可以链接到其他文件；插入动作只能与指定的幻灯片进行链接，它突出的是完成某一个动作。

（7）在"形状样式"选项板中，单击"其他"下拉按钮，在弹出的列表框中选择"强烈效果-蓝色，强调颜色2"选项，如图 4-23 所示。

（8）执行操作后，即可设置动作按钮，效果如图 4-24 所示。

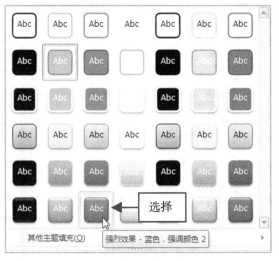

图 4-23 选择"强烈效果-蓝色，强调颜色 2"选项　　　　图 4-24 设置动作按钮

4.1.5 运用"动作"按钮在《时间管理》课件中添加动作

在 PowerPoint 2010 中，除了运用形状添加动作按钮以外，还可以选中对象，再插入"动作"按钮。

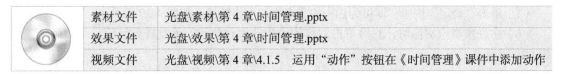

素材文件	光盘\素材\第 4 章\时间管理.pptx
效果文件	光盘\效果\第 4 章\时间管理.pptx
视频文件	光盘\视频\第 4 章\4.1.5　运用"动作"按钮在《时间管理》课件中添加动作

（1）按【Ctrl＋O】组合键，打开一个素材文件，如图 4-25 所示。
（2）在编辑区中，选择需要添加动作的文本，如图 4-26 所示。

图 4-25 打开一个素材文件　　　　图 4-26 选择需要添加动作的文本

（3）切换至"插入"面板，在"链接"选项板中单击"动作"按钮，如图 4-27 所示。
（4）弹出"动作设置"对话框，选中"超链接到"单选按钮，单击下方的下拉按钮，在弹出的下拉列表框中选择"最后一张幻灯片"选项，如图 4-28 所示。

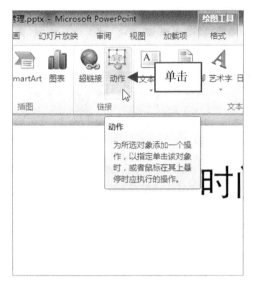

图 4-27　单击"动作"按钮　　　　　图 4-28　选择"最后一张幻灯片"选项

▶ 专家指点

　　用户可以根据选择课件中文本的实际情况，在"超链接到"下拉列表框中，选择相对应的幻灯片进行链接。

　　（5）单击"确定"按钮，即可为选中的文本添加动作链接，如图 4-29 所示。
　　（6）在放映演示文稿时，只需单击幻灯片中的动作对象，即可跳转到最后一张幻灯片，如图 4-30 所示。

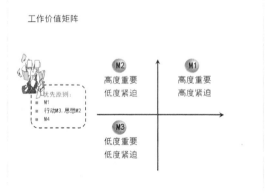

图 4-29　添加动作链接　　　　　　图 4-30　跳转到最后一张幻灯片

4.2　编辑课件中的超链接

　　在 PowerPoint 2010 中，设置完超链接后，若用户对设置的结果不满意，可以对超链接进行修改，让链接更完整。

4.2.1　更改《溶液 PH 的计算》课中的超链接

"编辑超链接"对话框和"插入超链接"对话框是相同的，用户在选中已设置的超链接对象上单击鼠标右键，即可进入"编辑超链接"对话框，在此对话框中进行修改与编辑操作。

素材文件	光盘\素材\第 4 章\溶液 PH 的计算.pptx
效果文件	光盘\效果\第 4 章\溶液 PH 的计算.pptx
视频文件	光盘\视频\第 4 章\4.2.1　更改《溶液 PH 的计算》课件中的超链接

（1）按【Ctrl+O】组合键，打开一个素材文件，如图 4-31 所示。
（2）在编辑区中，选择需要进行更改的超链接文本，如图 4-32 所示。

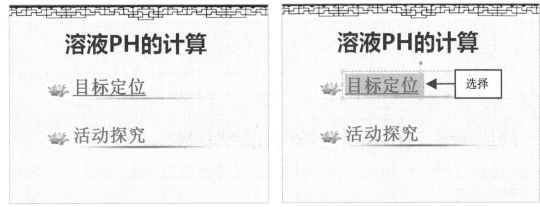
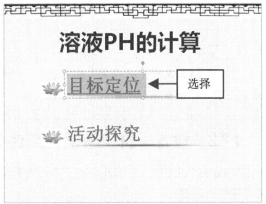

图 4-31　打开一个素材文件　　　　图 4-32　选择需要更改的超链接文本

（3）切换至"插入"面板，在"链接"选项面板中单击"超链接"按钮，如图 4-33 所示。
（4）弹出"编辑超链接"对话框，在"请选择文档中的位置"选项区中选择"幻灯片 2"选项，如图 4-34 所示。

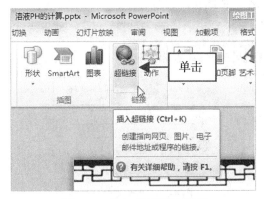
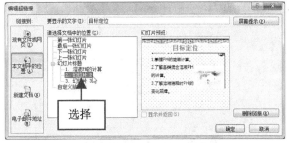

图 4-33　单击"超链接"按钮　　　　图 4-34　选择"幻灯片 2"选项

（5）单击"确定"按钮，即可更改链接目标。在放映演示文稿时，只需单击幻灯片中的动作对象，即可跳转到链接的新幻灯片位置，如图 4-35 所示。

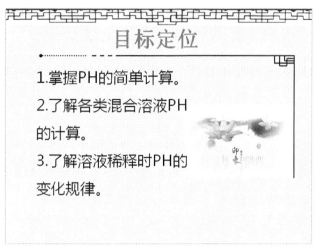

图 4-35　链接到新幻灯片位置

4.2.2　设置《自我激励》课件中的超链接格式

　　在 PowerPoint 中，为课件中的文本设置超链接以后，同样可以为超链接设置格式，以达到美化超链接的目的。

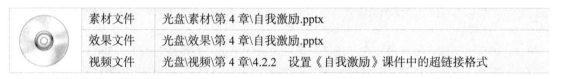

素材文件	光盘\素材\第 4 章\自我激励.pptx
效果文件	光盘\效果\第 4 章\自我激励.pptx
视频文件	光盘\视频\第 4 章\4.2.2　设置《自我激励》课件中的超链接格式

（1）按【Ctrl + O】组合键，打开一个素材文件，如图 4-36 所示。
（2）在编辑区中，选择需要设置超链接格式的文本，如图 4-37 所示。

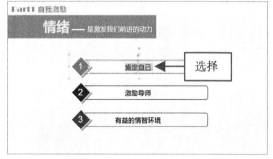

图 4-36　打开一个素材文件　　　　　　　　　　　　图 4-37　选择文本

　　（3）切换至"绘图工具"中的"格式"面板，在"艺术字样式"选项板中单击"其他"下拉按钮，如图 4-38 所示。
　　（4）在弹出的列表框中选择"渐变填充-蓝色，强调文字颜色 1，轮廓-白色"选项，如图 4-39 所示。

（5）在"艺术字样式"选项板中单击"文本效果"下拉按钮，如图 4-40 所示。

（6）弹出列表框，选择"发光"|"蓝色，5pt 发光，强调文字颜色 1"选项，如图 4-41 所示。

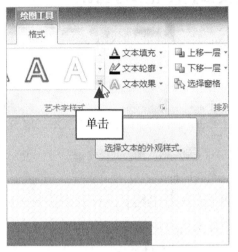

图 4-38　单击"其他"下拉按钮

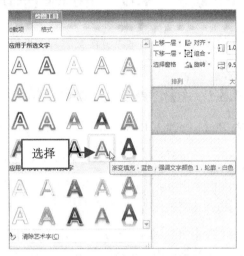

图 4-39　选择相应选项

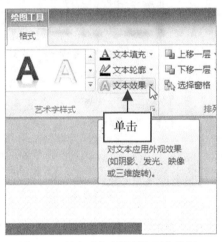

图 4-40　单击"文本效果"下拉按钮

图 4-41　选择相应选项

（7）执行操作后，即可设置超链接格式，效果如图 4-42 所示。

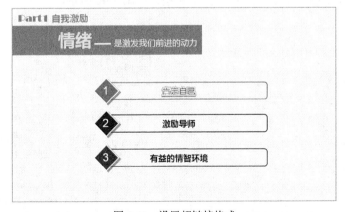

图 4-42　设置超链接格式

4.3　将课件链接到其他对象

在幻灯片中，除了可以链接文本和图形以外，还可以链接到其他的对象，例如网页、电子邮件、其他的演示文稿等。

4.3.1　链接到其他演示文稿

在 PowerPoint 2010 中，用户可以在选择的对象上添加超链接到文件或其他演示文稿中。

素材文件	光盘\素材\第 4 章\图表与图形的合成.pptx、图表的构成.pptx
效果文件	光盘\效果\第 4 章\图表与图形的合成.pptx
视频文件	光盘\视频\第 4 章\4.3.1　链接到其他演示文稿

（1）按【Ctrl+O】组合键，打开一个素材文件，如图 4-43 所示。

（2）在编辑区中，选择需要进行超链接的对象文本，如图 4-44 所示。

图 4-43　打开一个素材文件

图 4-44　选择对象文本

（3）切换至"插入"面板，在"链接"选项板中单击"超链接"按钮，弹出"插入超链接"对话框，如图 4-45 所示。

（4）在"链接到"选项区中单击"现有文件或网页"按钮，在"查找范围"下拉列表框中选择需要链接演示文稿的位置，选择相应的演示文稿，如图 4-46 所示。

图 4-45　弹出"插入超链接"对话框

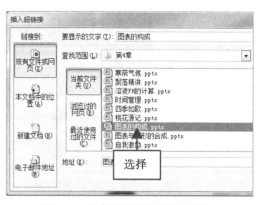

图 4-46　选择需要链接的演示文稿

（5）单击"确定"按钮，即可插入超链接，切换至"幻灯片放映"面板，在"开始放映幻灯片"选项板中单击"从头开始"按钮，将鼠标移至"图表的构成"文本对象上，如图 4-47 所示，鼠标呈 形状。

（6）在文本上单击鼠标左键，即可链接到相应演示文稿，如图 4-48 所示。

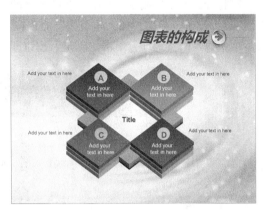

图 4-47　鼠标位置　　　　　　　　　　图 4-48　链接到相应演示文稿

▶ 专家指点

　　只有在幻灯片中的对象才能添加超链接，讲义和备注等内容不能添加超链接。添加或修改超链接的操作只有在普通视图中的幻灯片中才能进行。

4.3.2　链接到电子邮件

　　用户可以在幻灯片中加入电子邮件的链接，在放映幻灯片时，可以将其直接发送到对方的邮箱中。下面介绍链接到电子邮件的操作方法。

　　在打开的演示文稿中，选中需要设置超链接的对象，如图 4-49 所示，切换至"插入"面板，在"链接"选项板中单击"超链接"按钮，弹出"插入超链接"对话框，在"插入超链接"对话框中选择"电子邮件地址"选项，在"电子邮件地址"文本框中输入邮件地址，然后在"主题"文本框中输入演示文稿的主题，如图 4-50 所示，单击"确定"按钮即可。

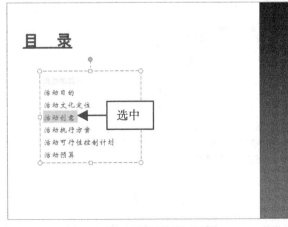

图 4-49　选中需要超链接的对象　　　　　图 4-50　输入演示文稿的主题

4.3.3　链接到网页

用户还可以在幻灯片中加入指向 Internet 的链接，在放映幻灯片时可直接打开网页。下面介绍链接到网页的操作方法。

在打开的演示文稿中，选中需要超链接的对象，如图 4-51 所示，切换至"插入"面板，单击"超链接"按钮，弹出"插入超链接"对话框，选择"原有文件或网页"链接类型，在"地址"文本框中输入网页地址，单击"确定"按钮即可。

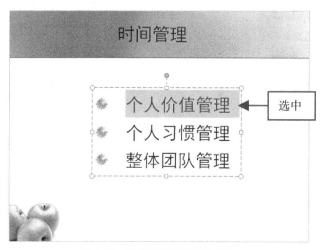

图 4-51　选中需要超链接的对象

4.3.4　链接到新建文档

用户还可以添加超链接到新建的文档，在调出的"插入超链接"对话框中，选择"新建文档"选项，如图 4-52 所示，在"新建文档名称"文本框中输入名称，单击"更改"按钮，即可更改文件路径，单击"确定"按钮，即可链接到新建文档。

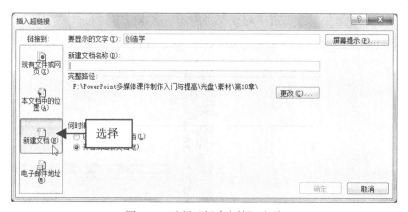

图 4-52　选择"新建文档"选项

4.3.5　设置屏幕提示

在幻灯片中插入超链接后，还可以设置屏幕提示，以便在幻灯片放映时显示。

选中需要超链接的对象，切换至"插入"面板，单击"超链接"按钮，弹出"插入超链接"对话框，单击"屏幕提示"按钮，弹出"设置超链接屏幕提示"对话框，在文本框中输入文字，如图 4-53 所示，单击"确定"按钮，返回到"插入超链接"对话框，选择插入超链接对象，即可插入屏幕提示文字。

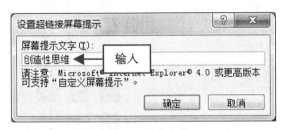

图 4-53　输入文字

4.4　综合练兵——制作《夏商西周知识》课件

在 PowerPoint 中，用户可以根据需要制作《夏商西周知识》课件，下面介绍具体的操作方法。

素材文件	光盘\素材\第 4 章\夏商西周知识.pptx
效果文件	光盘\效果\第 4 章\夏商西周知识.pptx
视频文件	光盘\视频\第 4 章\4.4　综合练兵——制作《夏商西周知识》课件

（1）按【Ctrl + O】组合键，打开一个素材文件，如图 4-54 所示。

（2）在编辑区中，选择标题文本，如图 4-55 所示。

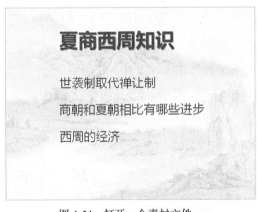

图 4-54　打开一个素材文件

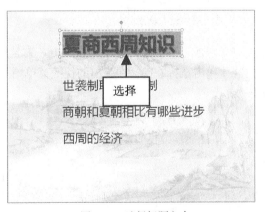

图 4-55　选择标题文本

（3）切换至"绘图工具"中的"格式"面板，单击"形状样式"选项板中的"其他"下拉按钮，如图 4-56 所示。

（4）弹出列表框，选择"强烈效果-黑色，深色 1"选项，如图 4-57 所示。

（5）执行操作后，设置文本形状样式，效果如图 4-58 所示。

（6）用以上方法，为另外 3 张幻灯片中的标题文本设置相应样式，如图 4-59 所示。

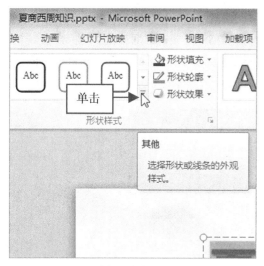

图 4-56　单击"其他"下拉按钮

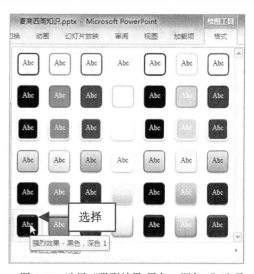

图 4-57　选择"强烈效果-黑色，深色 1"选项

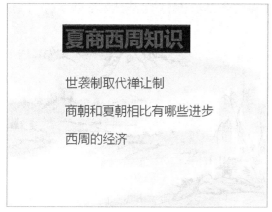

图 4-58　设置文本形状样式

图 4-59　设置其他幻灯片文本样式

（7）切换至第 1 张幻灯片，选择相应文本，如图 4-60 所示。

（8）单击鼠标右键，在弹出的快捷菜单中选择"超链接"选项，如图 4-61 所示。

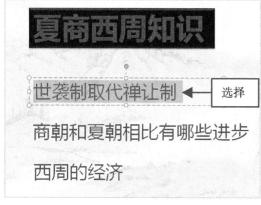

图 4-60　选择相应文本

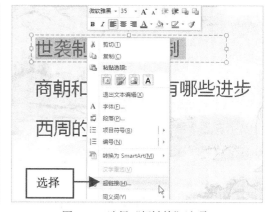

图 4-61　选择"超链接"选项

（9）弹出"插入超链接"对话框，在"链接到"选项区中单击"本文档中的位置"按钮，如

图 4-62 所示。

（10）在"请选择文档中的位置"选项区中选择"幻灯片 2"选项，如图 4-63 所示。

图 4-62 单击"本文档中的位置"按钮　　　　图 4-63 选择"幻灯片 2"选项

（11）单击"确定"按钮，即可为选择的文本添加超链接，如图 4-64 所示。

（12）在第 1 张幻灯片中，选择相应文本，如图 4-65 所示。

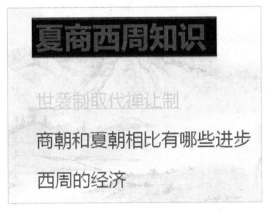

图 4-64 添加超链接　　　　　　　　图 4-65 选择相应文本

（13）切换至"插入"面板，单击"链接"选项板中的"超链接"按钮，如图 4-66 所示。

（14）弹出"插入超链接"对话框，在"请选择文档中的位置"选项区中选择"幻灯片 3"选项，如图 4-67 所示。

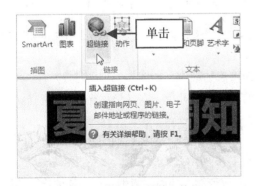

图 4-66 单击"超链接"按钮

图 4-67 选择"幻灯片 3"选项

（15）单击"确定"按钮，即可插入超链接，如图 4-68 所示。

（16）用以上方法，为"西周的经济"文本插入超链接，效果如图 4-69 所示。

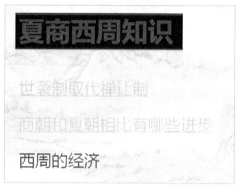

图 4-68　插入超链接

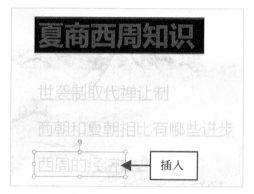

图 4-69　插入超链接效果

（17）切换至第 4 张幻灯片，在"插入"面板中的"插图"选项板中单击"形状"下拉按钮，如图 4-70 所示。

（18）弹出列表框，在"动作按钮"选项区中选择"第一张"选项，如图 4-71 所示。

图 4-70　单击"形状"下拉按钮

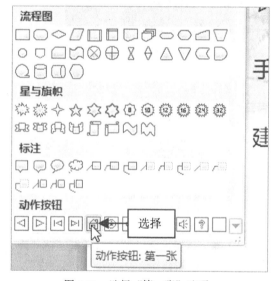

图 4-71　选择"第一张"选项

（19）鼠标指针呈十字形，在幻灯片的左下角绘制图形，释放鼠标左键，弹出"动作设置"对话框，如图 4-72 所示。

（20）各选项为默认设置，单击"确定"按钮，即可添加动作，如图 4-73 所示。

（21）选择添加的动作，切换至"绘图工具"中的"格式"面板，在"形状样式"选项板中，单击"其他"下拉按钮，如图 4-74 所示。

（22）在弹出的列表框中，选择"细微效果-蓝色，强调颜色 2"选项，如图 4-75 所示。

（23）执行操作后，即可设置动作按钮样式，如图 4-76 所示。

（24）单击"形状样式"选项板中的"形状填充"下拉按钮，弹出列表框，在"标准色"选项区中，选择"红色"选项，如图 4-77 所示。

图 4-72　弹出"动作设置"对话框

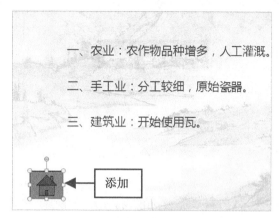

图 4-73　添加动作

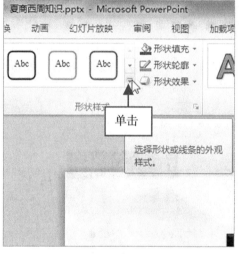

图 4-74　单击"其他"下拉按钮

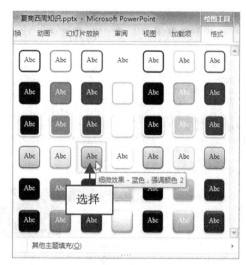

图 4-75　选择"细微效果-蓝色，强调颜色 2"选项

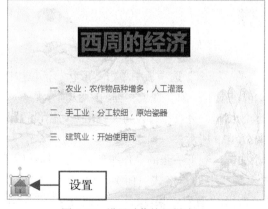

图 4-76　设置动作按钮样式

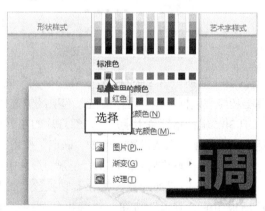

图 4-77　选择"红色"选项

（25）执行操作后，设置形状填充颜色，如图 4-78 所示。

（26）单击"形状样式"选项板中的"形状轮廓"下拉按钮，弹出列表框，在"标准色"选项板中，选择"深蓝"选项，如图 4-79 所示。

图 4-78 设置形状填充颜色

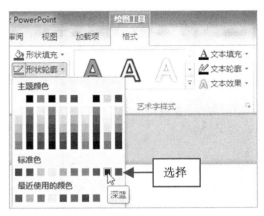

图 4-79 选择"深蓝"选项

（27）在弹出的"形状轮廓"列表框中选择"粗细"|"1.5 磅"选项，如图 4-80 所示。

（28）执行操作后，即可设置形状填充轮廓，效果如图 4-81 所示。

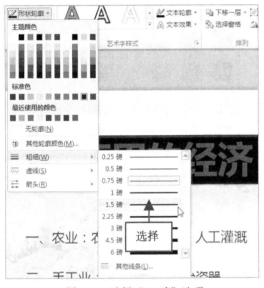

图 4-80 选择"1.5 磅"选项

图 4-81 设置形状填充轮廓

（29）切换至第 3 张幻灯片，在"插入"面板中的"插图"选项板中单击"形状"下拉按钮，弹出相应列表框，在"动作按钮"选项区中选择"前进或下一项"选项，如图 4-82 所示。

（30）鼠标指针呈十字形，在幻灯片的左下角绘制图形，释放鼠标左键，弹出"动作设置"对话框，各选项为默认设置，单击"确定"按钮，如图 4-83 所示。

（31）执行操作后，即可在第 3 张幻灯片中，添加链接到下一张的动作按钮，如图 4-84 所示。

（32）选中添加的动作按钮，切换至"绘图工具"中的"格式"面板，单击"形状样式"选项板中的"其他"按钮，在弹出的列表框中，选择"强烈效果-绿色，强调颜色 1"选项，如图 4-85 所示。

（33）执行操作后，即可设置形状样式，单击"形状样式"选项板中的"形状效果"下拉按钮，如图 4-86 所示。

（34）弹出列表框，选择"预设"|"预设 2"选项，如图 4-87 所示。

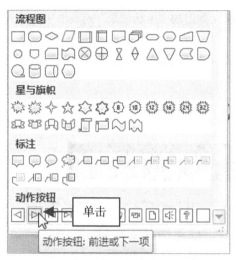

图 4-82　选择"前进或下一项"选项

图 4-83　单击"确定"按钮

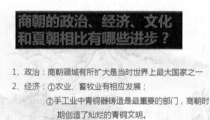

图 4-84　添加动作按钮

图 4-85　选择"强烈效果-绿色，强调颜色 1"选项

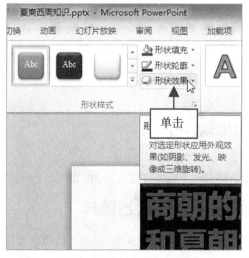

图 4-86　单击"形状效果"下拉按钮

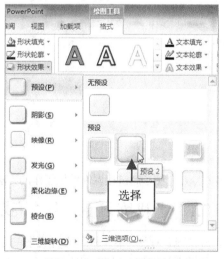

图 4-87　选择"预设 2"选项

（35）执行操作后，设置动作按钮的预设样式，再次在弹出的"形状效果"列表框中选择"映像"|"紧密映像，4pt 偏移量"选项，如图 4-88 所示。

（36）执行操作后，即可设置动作按钮的效果，如图 4-89 所示。

图 4-88　选择"紧密映像，4pt 偏移量"选项　　　　　图 4-89　设置动作按钮的效果

（37）用以上方法，为第 1 张和第 2 张幻灯片插入与第 3 张幻灯片相同样式的动作按钮，效果如图 4-90 所示，即可完成《夏商西周知识》课件的制作。

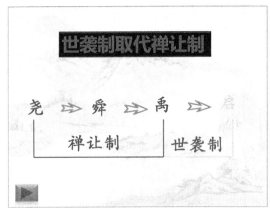

图 4-90　插入动作按钮

4.5　上机练习

本章重点介绍了超链接课件模板制作的方法。本节将通过上机练习题对本章的知识点进行回顾。

4.5.1　上机练习 1：为《策划方案》课件插入超链接

打开"光盘\素材\第 4 章"文件夹下的策划方案课件.pptx，如图 4-91 所示，尝试为《策划方案》课件插入超链接，效果如图 4-92 所示。

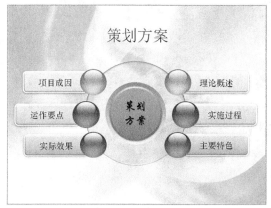
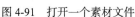

图 4-91　打开一个素材文件

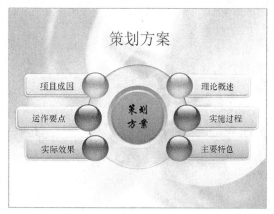

图 4-92　《策划方案》课件效果

4.5.2　上机练习 2：为《英语名词复习》课件插入超链接

打开"光盘\素材\第 4 章"文件夹下的英语名词复习课件.pptx，如图 4-93 所示，尝试为《英语名词复习》课件插入超链接，效果如图 4-94 所示。

图 4-93　打开一个素材文件

图 4-94　《英语名词复习》课件效果

课件内容的制作

第 5 章

学习提示

　　在幻灯片中添加图片，可以更生动形象地阐述主题和表达思想，插入图片时，应注意图片与幻灯片之间的联系，使图片与主题统一。本章主要向读者介绍制作剪贴画课件、插入与管理课件图片、插入和编辑艺术字、编辑课件文本内容以及插入和剪辑课件中的声音和视频的操作方法。

本章重点

- 制作剪贴画课件
- 插入与管理课件图片
- 文字的输入与编排
- 插入和编辑艺术字
- 编辑课件文本内容
- 制作课件项目符号和编号
- 插入和剪辑课件中的声音
- 插入和剪辑课件中的视频

历史古迹

数学公式

判别式

A. $\Delta = b^2 - 4ac = 0$ 注：方程有两个相等的实根

B. $\Delta = b^2 - 4ac > 0$ 注：方程有两个不等的实根

C. $\Delta = b^2 - 4ac < 0$ 注：方程没有实根，有共轭复数根

英语语法

英语语法基于日耳曼语源，英语与其他所有的印欧语系语言相比，它更强调词语间相对固定的顺序，也就是说英语正顺向分析语的方向发展。

1. 所有格：He is Fred'sbest friend（'s）
2. 动词现在时的第三人称单数：Alfredo works（'s）
3. 动词过去式：Fred worked（'s），但亦有不规则变化。
4. 现在分词/进行时态：Fred is working（'ing）（'注）如果动词的末音节为辅音结尾的闭音节，则须双写末辅音，如running）
5. 过去分词：The car was stolen（'en）Fred has talkedto the police（'red），但亦有不规则变化。
6. 过去分词：The car was stolen（'en）Fred has talkedto the police（'red），但亦有不规则变化。

美 学

在索寨，我吃到别样余我时代流传千年美味细致的果子。
在巴黎，我从路旁小班身上的桃草衫通见一种川久保玲的风格。
在纽约，我从苏活区旧公寓楼上发现了世界上最精彩的涂鸦壁画。
但在台湾，我只看到城市的繁乱及混扰，看到快速清长的流行，看见恼人的演教力，却看不见一种历久弥新的美学。
在索寨，我吃到别样余我时代流传千年美味细致的果子。
在巴黎，我从路旁小班身上的桃草衫通见一种川久保玲的风格。

　　中国古代的陶器，以彩陶最为著名。这些彩陶或是以造型优美见长，或是以纹饰丰富引人喜爱，或者是造型和纹饰都很优美。

彩陶艺术

海洋生物

5.1　制作剪贴画课件

在 PowerPoint 2010 中，用户可以根据需要在幻灯片中添加软件自带的剪贴画，并可以对添加的剪贴画进行相应的编辑。

5.1.1　在《化学反应》课件中的非占位符中插入剪贴画

PowerPoint 2010 中附带的剪贴画库非常丰富，用户可以根据需要在《化学反应》课件中的非占位符中插入剪贴画。

素材文件	光盘\素材\第 5 章\化学反应.pptx
效果文件	光盘\效果\第 5 章\化学反应.pptx
视频文件	光盘\视频\第 5 章\5.1.1　在《化学反应》课件中的非占位符中插入剪贴画

（1）按【Ctrl + O】组合键，打开一个素材文件，如图 5-1 所示。

（2）切换至"插入"面板，在"图像"选项板中单击"剪贴画"按钮，如图 5-2 所示。

（3）弹出"剪贴画"任务窗格，在"剪贴画"任务窗格中的"搜索文字"文本框的右侧，单击"搜索"按钮，如图 5-3 所示。

（4）在下方的下拉列表框中显示出剪贴画的缩略图，选择需要插入的剪贴画，如图 5-4 所示。

（5）执行操作后，即可将剪贴画插入到幻灯片中，如图 5-5 所示。

（6）在编辑区中选择插入的剪贴画，调整剪贴画的位置与大小，如图 5-6 所示。

图 5-1　打开一个素材文件

图 5-2　单击"剪贴画"按钮

图 5-3　单击"搜索"按钮

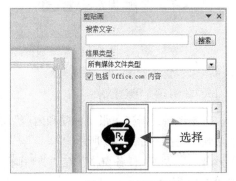

图 5-4　选择剪贴画

图 5-5 插入剪贴画   图 5-6 调整剪贴画

▶ 专家指点

插入剪贴画以后，单击"剪贴画"任务窗格上的"关闭"按钮，即可关闭"剪贴画"任务窗格。

5.1.2 在《不等式练习题》中的占位符中插入剪贴画

PowerPoint 2010 的很多版本中都提供了插入剪贴画、形状、图片、表格和图表等功能，利用这些图表可以快速插入相应的对象。

素材文件	光盘\素材\第 5 章\不等式练习题.pptx
效果文件	光盘\效果\第 5 章\不等式练习题.pptx
视频文件	光盘\视频\第 5 章\5.1.2 在《不等式练习题》中的占位符中插入剪贴画

（1）按【Ctrl + O】组合键，打开一个素材文件，如图 5-7 所示。

（2）单击"幻灯片"选项板中的"新建幻灯片"下拉按钮，在弹出的列表框中选择"标题和内容"选项，如图 5-8 所示。

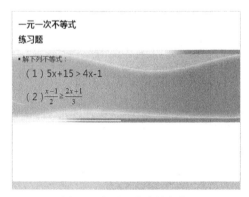

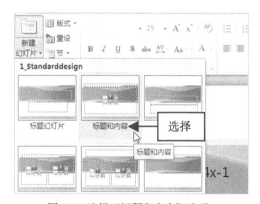

图 5-7 打开一个素材文件   图 5-8 选择"标题和内容"选项

（3）执行操作后，新建一张"标题和内容"的幻灯片，在"单击此处添加文本"占位符中，单击"剪贴画"按钮，如图 5-9 所示。

（4）弹出"剪贴画"任务窗格，在"剪贴画"任务窗格的"搜索文字"文本框中输入"人物"文本，如图 5-10 所示。

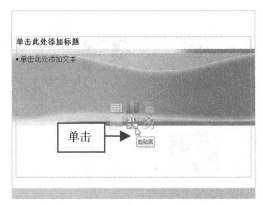

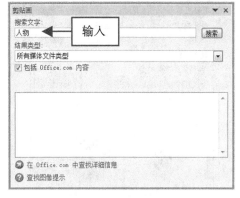

图 5-9　单击"剪贴画"按钮

图 5-10　输入文本

（5）单击"搜索"按钮，在下方的下拉列表框中选择相应剪贴画，如图 5-11 所示。

（6）执行操作后，即可将剪贴画插入到幻灯片中，调整剪贴画的大小和位置，效果如图 5-12 所示。

图 5-11　选择相应剪贴画

图 5-12　插入并调整剪贴画

▶ 专家指点

"剪贴画"任务窗格中的"搜索文字"、"搜索范围"和"结果类型"3 个选项的含义如下。

➢ "搜索文字"文本框。在"搜索文字"文本框中输入剪贴画的名称后，单击"搜索"按钮，即可查找与之对应的剪贴画。

➢ "结果类型"下拉列表框。可以将搜索的结果限制为特定媒体文件类型。

5.1.3　将剪贴画复制到收藏集

在"剪贴画"窗格中，用户可以将软件自带的剪贴画通过"复制到收藏集"选项，将其收藏。

	素材文件	无
	效果文件	无
	视频文件	光盘\视频\第 5 章\5.1.3　将剪贴画复制到收藏集

（1）展开"剪贴画"任务窗格，在"搜索文字"文本框中输入"人物"，单击"搜索"按钮，如图 5-13 所示。

（2）执行操作后，将显示出搜索结果，选择合适的剪贴画，如图 5-14 所示。

图 5-13　单击"搜索"按钮

图 5-14　选择合适的剪贴画

（3）单击缩略图右侧的下拉按钮，在弹出的列表框中选择"复制到收藏集"选项，如图 5-15 所示。

（4）弹出"复制到收藏集"对话框，单击"新建"按钮，如图 5-16 所示。

图 5-15　选择"复制到收藏集"选项

图 5-16　单击"新建"按钮

（5）弹出"新建收藏集"对话框，在"名称"文本框中输入文本"娱乐休闲"，如图 5-17 所示。

（6）单击"确定"按钮，返回到"复制到收藏集"对话框，将显示新建的收藏集，如图 5-18 所示。

图 5-17　输入名称文本

图 5-18　显示新建的收藏集

（7）单击"确定"按钮，即可复制剪贴画到收藏集中。

5.1.4　删除剪贴画

在 PowerPoint 2010 中，用户可以对剪贴画任务窗格中不常用到的剪贴画进行删除操作，操作方法非常简单。

素材文件	无	
效果文件	无	
视频文件	光盘\视频\第 5 章\5.1.4　删除剪贴画	

（1）展开"剪贴画"任务窗格，在"搜索文字"文本框中输入"商业"，单击"搜索"按钮，如图 5-19 所示。

（2）在下方的下拉列表框中选择相应剪贴画缩略图，单击鼠标右键，在弹出的快捷菜单中，选择"从剪辑管理器中删除"选项，如图 5-20 所示。

图 5-19　单击"搜索"按钮

图 5-20　选择"从剪辑管理器中删除"选项

（3）执行操作后，即可弹出信息提示框，如图 5-21 所示。

（4）单击"确定"按钮，即可删除剪贴画，此时"剪贴画"任务窗格中已删除选中的剪贴画，如图 5-22 所示。

图 5-21　弹出信息提示框

图 5-22　删除剪贴画

5.1.5 查看剪贴画属性

在 PowerPoint 2010 中，用户可以在软件自带的剪贴画中查看相应的属性，并根据查看到的属性信息，将其添加至合适的课件中。

	素材文件	无
	效果文件	无
	视频文件	光盘\视频\第 5 章\5.1.5 查看剪贴画属性

（1）展开"剪贴画"任务窗格，在"搜索文字"文本框中输入"商业"，如图 5-23 所示。
（2）单击"搜索"按钮，在下方的下拉列表框中选择相应剪贴画缩略图，如图 5-24 所示。

图 5-23 输入"商业"

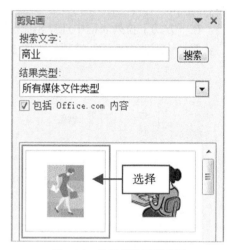

图 5-24 选择剪贴画缩略图

（3）单击鼠标右键，在弹出的快捷菜单中，选择"预览/属性"选项，如图 5-25 所示。
（4）弹出"预览/属性"对话框，如图 5-26 所示，查看完毕后，单击"关闭"按钮即可退出。

图 5-25 选择"预览/属性"选项

图 5-26 弹出"预览/属性"对话框

5.2　插入与管理课件图片

在 PowerPoint 2010 中，如果软件自带的图片不能满足用户制作课件的需求，则可以将外部图片插入到演示文稿中。

5.2.1　为《学会数数》课件插入图片

在制作演示文稿时，有时会需要两张内容相同或相近的幻灯片，此时可以利用幻灯片的复制功能，复制一张相同的幻灯片，以节省工作时间。在 PowerPoint 2010 中，用户可以运用"剪贴板"中的"复制"按钮复制幻灯片。

素材文件	光盘\素材\第 5 章\学会数数.pptx、背景.jpg
效果文件	光盘\效果\第 5 章\学会数数.pptx
视频文件	光盘\视频\第 5 章\5.2.1　为《学会数数》课件插入图片

（1）按【Ctrl＋O】组合键，打开一个素材文件，如图 5-27 所示。
（2）切换至"插入"面板，在"图像"选项板中单击"图片"按钮，如图 5-28 所示。

图 5-27　打开素材文件

图 5-28　单击"图片"按钮

（3）弹出"插入图片"对话框，选择需要插入的图片，如图 5-29 所示。
（4）单击"插入"按钮，即可在幻灯片中插入图片，调整图片位置和大小，如图 5-30 所示。

图 5-29　选择需要插入的图片

图 5-30　插入图片后的效果

（5）选择新插入的图片，单击鼠标右键，弹出快捷菜单，选择"置于底层"|"置于底层"选项，如图 5-31 所示。

（6）执行操作后，即可将图片放置在最底层，效果如图 5-32 所示。

图 5-31　选择"置于底层"选项

图 5-32　将图片放置在最底层

▶ 专家指点

　　在"插入图片"对话框中，按住【Ctrl】键的同时单击鼠标左键，可选择多张图片。

5.2.2　设置《历史古迹》课件图片的大小

在 PowerPoint 2010 中，用户在插入外部图片后，可以对插入的图片进行相应的调整。

素材文件	光盘\素材\第 5 章\历史古迹.pptx
效果文件	光盘\效果\第 5 章\历史古迹.pptx
视频文件	光盘\视频\第 5 章\5.2.2　设置《历史古迹》课件图片的大小

（1）按【Ctrl＋O】组合键，打开一个素材文件，如图 5-33 所示。

（2）在编辑区中选择需要设置大小的图片，切换至"图片工具"中的"格式"面板，如图 5-34 所示。

图 5-33　打开一个素材文件

图 5-34　切换至"格式"面板

（3）在"大小"选项板中，单击右下角的"大小和位置"按钮，如图 5-35 所示。

（4）弹出"设置图片格式"对话框，在"大小"选项卡中的"尺寸和旋转"选项区中，设置"高度"为"12 厘米"，"宽度"自动设置为"18.07 厘米"，如图 5-36 所示。

（5）单击"关闭"按钮，设置图片大小，如图 5-37 所示。

（6）选择图片，调整至合适位置，如图 5-38 所示。

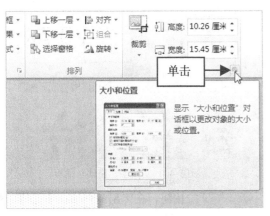

图 5-35　单击"大小和位置"按钮

图 5-36　设置各选项

图 5-37　设置图片大小

图 5-38　调整至合适位置

▶ 专家指点

除了可以运用以上方法设置图片大小以外，还有以下两种方法。

➤ 拖曳。打开演示文稿，选择图片，在图片上单击鼠标左键并拖曳控制点即可。

➤ 选项。打开演示文稿，选择图片，切换至"图片工具"中的"格式"面板，在"大小"选项板中设置"高度"和"宽度"的值，即可设置图片的大小。

5.2.3　设置《梦想起航》课件图片版式

在 PowerPoint 2010 中，可以方便地修改图片版式，"图片版式"列表框中包括 30 种版式，用户可以选择符合当前演示文稿的版式。

素材文件	光盘\素材\第 5 章\梦想起航.pptx
效果文件	光盘\效果\第 5 章\梦想起航.pptx
视频文件	光盘\视频\第 5 章\5.2.3　设置《梦想起航》课件图片版式

（1）按【Ctrl + O】组合键，打开一个素材文件，如图 5-39 所示。

（2）在编辑区中选择需要设置形状的图片，切换至"图片工具"中的"格式"面板，如图 5-40 所示。

图 5-39　打开一个素材文件

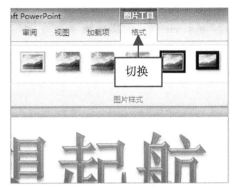

图 5-40　切换至"格式"面板

（3）在"设置图片格式"选项板中单击"图片版式"下拉按钮，在弹出的列表框中选择"蛇形图片块"选项，如图 5-41 所示。

（4）执行操作后，即可设置图片版式，效果如图 5-42 所示。

图 5-41　选择"蛇形图片块"选项

图 5-42　设置图片版式

▶ 专家指点

当用户在图片版式列表框中选择任意选项后，将自动弹出"在此键入文字"对话框，用户可以在该对话框中的文本框中输入相应文本，对图片进行描述；如果用户不需要对图片进行描述，即可直接单击对话框右上角的"关闭"按钮，关闭该对话框。

5.2.4　设置《国家地理》课件图片效果

在 PowerPoint 2010 中，用户可以为图片设置"预设"、"阴影"、"映像"、"发光"、"柔化边缘"、"棱台"和"三维旋转"等效果。

素材文件	光盘\素材\第 5 章\国家地理.pptx
效果文件	光盘\效果\第 5 章\国家地理.pptx
视频文件	光盘\视频\第 5 章\5.2.4　设置《国家地理》课件图片效果

（1）按【Ctrl＋O】组合键，打开一个素材文件，如图 5-43 所示。

（2）在编辑区中，选择需要设置效果的图片，如图 5-44 所示。

图 5-43　打开一个素材文件

图 5-44　选择需要的图片

（3）切换至"图片工具"中的"格式"面板，在"图片样式"选项板中单击"图片效果"按钮，如图 5-45 所示。

（4）在弹出的列表框中，选择"预设"|"预设 10"选项，如图 5-46 所示。

图 5-45　单击"图片效果"按钮

图 5-46　选择"预设 10"选项

（5）执行操作后，即可设置图片预设效果，如图 5-47 所示。

（6）单击"图片效果"按钮，在弹出的列表框中选择"发光"|"蓝色，5pt 发光，强调文字颜色 1"选项，如图 5-48 所示。

图 5-47　设置图片预设效果

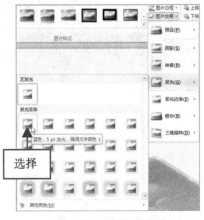

图 5-48　选择相应选项

（7）执行操作后，即可设置图片发光效果，如图 5-49 所示。

（8）选择编辑区中的图片，调整至合适位置，效果如图 5-50 所示。

图 5-49　设置图片发光效果　　　　　　　　　　　图 5-50　调整图片位置

5.2.5　设置《国家公园》课件图片边框

在设置好图片形状以后，为使图片与背景和演示文稿中的其他元素区分开来，用户还可以为图片添加边框。

素材文件	光盘\素材\第 5 章\国家公园.pptx
效果文件	光盘\效果\第 5 章\国家公园.pptx
视频文件	光盘\视频\第 5 章\5.2.5　设置《国家公园》课件图片边框

（1）按【Ctrl＋O】组合键，打开一个素材文件，如图 5-51 所示。

（2）在编辑区中选择需要设置边框效果的图片，如图 5-52 所示。

图 5-51　打开一个素材文件　　　　　　　　　　　图 5-52　选择需要的图片

（3）切换至"格式"面板，在"图片样式"选项板中单击"图片边框"按钮，如图 5-53 所示。

（4）在弹出的列表框中的"标准色"选项区中选择"红色"选项，如图 5-54 所示。

（5）执行操作后，即可设置边框颜色，单击"图片边框"按钮，在弹出的列表框中选择"粗细"|"3 磅"选项，如图 5-55 所示。

（6）执行操作后，即可设置《国家公园》课件图片边框效果，如图 5-56 所示。

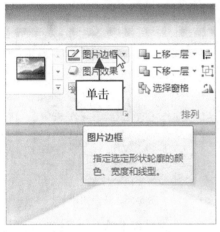

图 5-53　单击"图片边框"按钮

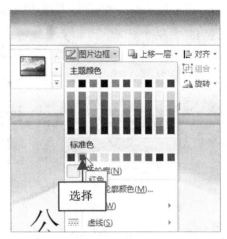

图 5-54　选择"红色"选项

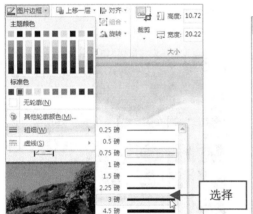

图 5-55　选择"3 磅"选项

图 5-56　设置边框效果

▶ 专家指点

　　在"图片边框"列表框中，除了可以为图片设置颜色与边框线的粗细以外，用户还可以将边框线设置为虚线。

5.2.6　调整《山川河流》课件图片亮度和对比度

　　对于 PowerPoint 2010 中插入的颜色偏暗的图片，用户可以通过"更正"按钮，对图片的亮度和对比度进行相应调整，使插入的图片更加明亮。

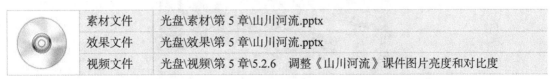

素材文件	光盘\素材\第 5 章\山川河流.pptx
效果文件	光盘\效果\第 5 章\山川河流.pptx
视频文件	光盘\视频\第 5 章\5.2.6　调整《山川河流》课件图片亮度和对比度

（1）按【Ctrl + O】组合键，打开一个素材文件，如图 5-57 所示。

（2）在编辑区中选择需要调整亮度和对比度的图片，如图 5-58 所示。

图 5-57　打开一个素材文件

图 5-58　选择图片

（3）切换至"图片工具"中的"格式"面板，在"调整"选项板中单击"更正"下拉按钮，如图 5-59 所示。

（4）弹出列表框，在"亮度和对比度"选项区中选择"亮度：+20% 对比度：0%（正常）"选项，如图 5-60 所示。

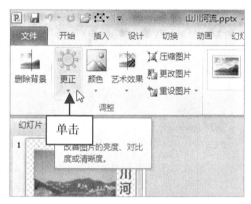

图 5-59　单击"更正"下拉按钮

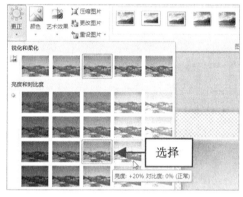

图 5-60　选择相应选项

（5）执行操作后，即可调整《山川河流》课件图片亮度和对比度，效果如图 5-61 所示。

图 5-61　调整图片亮度和对比度效果

5.2.7　重设《海滨风光》课件图片颜色

PowerPoint 2010 不但能够调整图片"亮度"和"对比度"，同时也能够更换图片本身的颜色，实现重新着色。

素材文件	光盘\素材\第 5 章\海滨风光.pptx
效果文件	光盘\效果\第 5 章\海滨风光.pptx
视频文件	光盘\视频\第 5 章\5.2.7　重设《海滨风光》课件图片颜色

（1）按【Ctrl + O】组合键，打开一个素材文件，如图 5-62 所示。

（2）在编辑区中选择需要重新调整颜色的图片，如图 5-63 所示。

图 5-62　打开一个素材文件

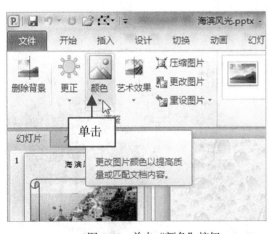
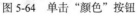

图 5-63　选择需要的图片

（3）切换至"格式"面板，在"调整"选项板中单击"颜色"下拉按钮，如图 5-64 所示。

（4）在弹出的列表框中的"重新着色"选项区中选择"浅蓝，强调文字颜色 3 深色"选项，如图 5-65 所示。

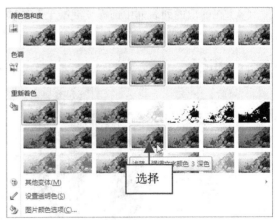

图 5-64　单击"颜色"按钮

图 5-65　选择相应选项

（5）执行操作后，即可重设《海滨风光》课件的图片颜色，效果如图 5-66 所示。

图 5-66　重设图片颜色效果

5.2.8　调整《雕塑艺术》课件图片艺术效果

PowerPoint 2010 中的"艺术效果"列表框中为用户提供了 20 多种艺术效果，选择不同的选项即可制作出不同的艺术效果。

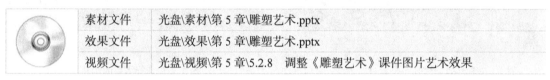

	素材文件	光盘\素材\第 5 章\雕塑艺术.pptx
	效果文件	光盘\效果\第 5 章\雕塑艺术.pptx
	视频文件	光盘\视频\第 5 章\5.2.8　调整《雕塑艺术》课件图片艺术效果

（1）按【Ctrl＋O】组合键，打开一个素材文件，如图 5-67 所示。

（2）在编辑区中选择需要调整艺术效果的图片，如图 5-68 所示。

（3）切换至"格式"面板，在"调整"选项板中单击"艺术效果"下拉按钮，如图 5-69所示。

（4）在弹出的列表框中选择"混凝土"选项，如图 5-70 所示。

图 5-67　打开一个素材文件

图 5-68　选择需要的图片

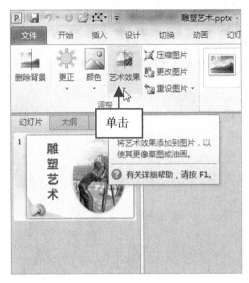
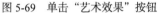

图 5-69　单击"艺术效果"按钮

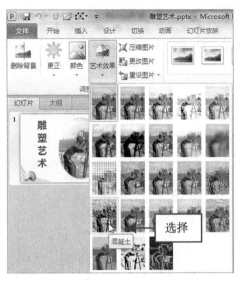

图 5-70　选择"混凝土"选项

（5）执行操作后，即可调整《雕塑艺术》课件图片艺术效果，如图 5-71 所示。

图 5-71　调整《雕塑艺术》课件图片效果

5.3　文字的输入与编排

　　文字是演示文稿的重要组成部分，一个直观明了的演示文稿少不了文字说明，无论是新建的空白演示文稿，还是根据模板新建的演示文稿，都需要用户自己输入文字，并可以根据所设计和制作的演示文稿对文本的格式进行设置。

5.3.1　在占位符中输入《语文》课件文本

　　占位符是一种带有虚线边框的方框，包含文字和图形等内容，大多数占位符中预设了文字的属性和样式，供用户添加标题文字和项目文字等。

素材文件	光盘\素材\第 5 章\语文.pptx
效果文件	光盘\效果\第 5 章\语文.pptx
视频文件	光盘\视频\第 5 章\5.3.1　在占位符中输入《语文》课件文本

（1）按【Ctrl+O】组合键，打开一个素材文件，如图 5-72 所示。

（2）在占位符中的"单击此处添加标题"文本框中单击鼠标左键，鼠标呈指针形状，如图 5-73 所示。

图 5-72　打开一个素材文件　　　　　图 5-73　鼠标呈指针形状

（3）在占位符中输入文本为"语文课件"，设置字体为隶书，如图 5-74 所示。

（4）在占位符中输入副标题文本"第 3 讲"，设置字体为宋体，如图 5-75 所示。

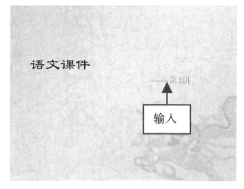

图 5-74　输入相应文本　　　　　图 5-75　输入副标题文本

▶ 专家指点

默认情况下，在占位符中输入文字，PPT 会随着输入的内容自动调整文本大小以适应占位符，如果输入的文本超出了占位符的大小，PPT 将减小字号和行距直到容下所有文本为止。

5.3.2　在文本框中添加《寓言》课件文本

使用文本框，可以使文字按不同的方向进行排列，从而灵活地将文字放置到幻灯片的任何位置。

素材文件	光盘\素材\第 5 章\寓言.pptx
效果文件	光盘\效果\第 5 章\寓言.pptx
视频文件	光盘\视频\第 5 章\5.3.2　在文本框中添加《寓言》课件文本

（1）按【Ctrl＋O】组合键，打开一个素材文件，如图 5-76 所示。

（2）切换至"插入"面板，在"文本"选项板中单击"文本框"下拉按钮，在弹出的列表框中选择"横排文本框"选项，如图 5-77 所示。

图 5-76　打开一个素材文件

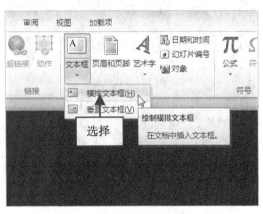

图 5-77　选择"横排文本框"选项

（3）将光标移至编辑区内，在空白处单击鼠标左键并拖曳，至合适位置后释放鼠标左键，绘制一个横排文本框，如图 5-78 所示。

（4）在文本框中输入文本为"寓言"，设置字号为 60，如图 5-79 所示。

图 5-78　绘制横排文本框

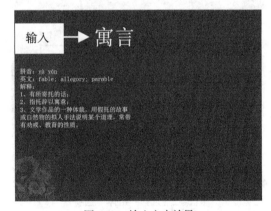

图 5-79　输入文本效果

▶ 专家指点

在"文本框"列表框中，如果选择"垂直文本框"选项，则输入的文本内容将按照竖排排列。

5.3.3　设置《名人论》课件文本字体

设置演示文稿文本的字体是最基本的操作，不同的字体可以展现不同的文本效果。下面介绍设置文本字体的方法。

素材文件	光盘\素材\第 5 章\名人论.pptx
效果文件	光盘\效果\第 5 章\名人论.pptx
视频文件	光盘\视频\第 5 章\5.3.3　设置《名人论》课件文本字体

（1）按【Ctrl + O】组合键，打开一个素材文件，如图 5-80 所示。

（2）在编辑区中，选择需要修改字体的文本对象，如图 5-81 所示。

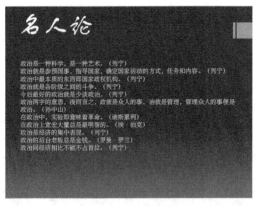

图 5-80　打开一个素材文件　　　　　　　　　图 5-81　选择文本对象

（3）在"开始"面板中，单击"字体"右侧的下拉按钮，在弹出的下拉列表框中选择"楷体"选项，如图 5-82 所示。

（4）执行操作后，即可设置文本的字体，效果如图 5-83 所示。

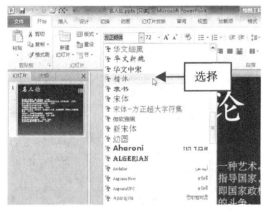
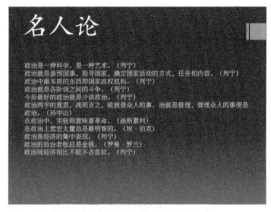

图 5-82　选择"楷体"选项　　　　　　　　　图 5-83　设置文本字体后的效果

▶ 专家指点

　　除了上述方法可以设置文本字体外，用户还可以选择需要更改字体的文本对象，在弹出的浮动面板中单击"字体"下拉按钮，在弹出的下拉列表框中设置文本的字体。

5.3.4　设置《物质与元素》课件文本颜色

　　在 PowerPoint 2010 中，默认的字体颜色为黑色，用户也可以根据需要设置字体的颜色，以得到更好的文本效果。

素材文件	光盘\素材\第 5 章\物质与元素.pptx
效果文件	光盘\效果\第 5 章\物质与元素.pptx
视频文件	光盘\视频\第 5 章\5.3.4　设置《物质与元素》课件文本颜色

（1）按【Ctrl＋O】组合键，打开一个素材文件，如图 5-84 所示。

（2）在编辑区中选择需要设置颜色的文本，如图 5-85 所示。

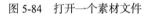

图 5-84　打开一个素材文件　　　　　　　　　　图 5-85　选择需要的文本

（3）在"开始"面板的"字体"选项板中，单击"字体颜色"右侧的下拉按钮，在弹出的列表框中的"主题颜色"选项区中选择"深红，文字 2，淡色 25%"选项，如图 5-86 所示。

（4）执行操作后，即可设置文本的颜色，效果如图 5-87 所示。

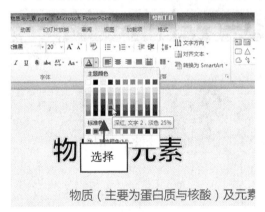

图 5-86　选择相应选项　　　　　　　　　　图 5-87　设置文本的颜色

▶ 专家指点

　　除了上述方法可以设置文本颜色外，用户还可以选择需要更改颜色的文本对象，在弹出的浮动面板中单击"字体颜色"按钮，然后在弹出的列表框中设置文本的颜色。

5.3.5　设置《矩形》课件文本字形

在 PowerPoint 2010 中，用户也可以根据需要设置字形，以美化演示文稿。

素材文件	光盘\素材\第 5 章\矩形.pptx
效果文件	光盘\效果\第 5 章\矩形.pptx
视频文件	光盘\视频\第 5 章\5.3.5　设置《矩形》课件文本字形

（1）按【Ctrl+O】组合键，打开一个素材文件，如图 5-88 所示。

（2）在编辑区中选择需要设置字形的文本，如图 5-89 所示。

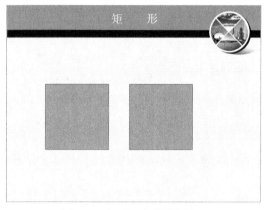
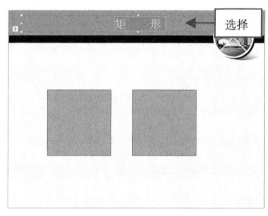

图 5-88　打开一个素材文件　　　　　　　　　图 5-89　选择需要的文本

（3）在"开始"面板的"字体"选项板中单击"加粗"和"倾斜"按钮，如图 5-90 所示。

（4）执行操作后，即可设置文本的字形，效果如图 5-91 所示。

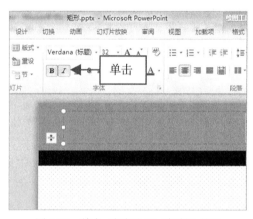

图 5-90　单击"加粗"和"倾斜"按钮　　　　　图 5-91　设置文本的字形

▶ 专家指点

　　除了上述方法可以设置文本字形外，用户还可以在"字体"选项板中单击右下角的"字体"按钮，在弹出的"字体"对话框中设置文本字形。

5.3.6　设置《英语语法》课件文本删除线

　　在 PowerPoint 2010 中，对插入到文稿中的重复内容或是对主体内容没有较多辅助作用的文本，用户可以采取添加删除线的方式进行编辑。

素材文件	光盘\素材\第 5 章\英语语法.pptx
效果文件	光盘\效果\第 5 章\英语语法.pptx
视频文件	光盘\视频\第 5 章\5.3.6　设置《英语语法》课件文本删除线

（1）按【Ctrl + O】组合键，打开一个素材文件，如图 5-92 所示。

（2）在编辑区中选择需要设置删除线的文本，如图 5-93 所示。

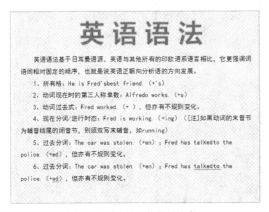

图 5-92　打开一个素材文件

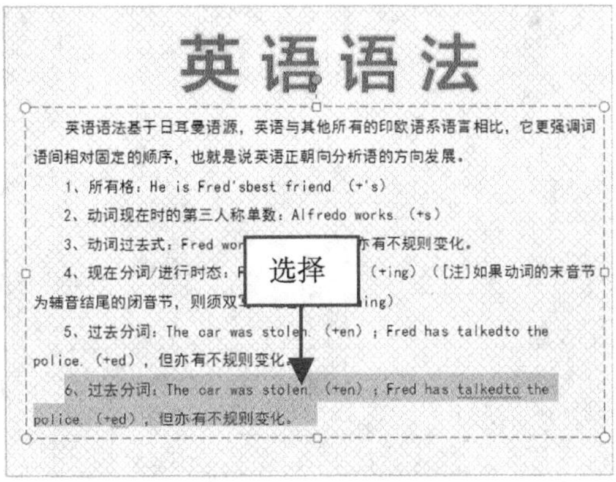

图 5-93　选择相应文本

（3）在"开始"面板的"字体"选项板中单击右下角的"字体"按钮，弹出"字体"对话框，在"字体"选项卡中的"效果"选项区中选中"删除线"复选框，如图 5-94 所示，单击"确定"按钮。

（4）执行操作后，即可设置文本删除线，效果如图 5-95 所示。

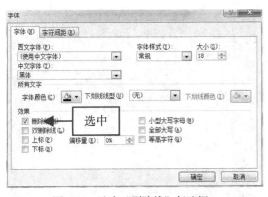

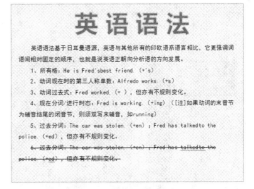

图 5-94　选中"删除线"复选框

图 5-95　设置文本删除线

▶ 专家指点

　　除了上述方法可以设置文本删除线外，用户还可以在"字体"选项板中单击"删除线"按钮来设置文本删除线。

5.3.7　设置《月球》课件的文本大小

在 PowerPoint 2010 中，用户可以根据需要设置文本字体大小。如果课件中的文本太小，可以将文本调大；如果文本太大，则可以将文本调小。

	素材文件	光盘\素材\第 5 章\月球.pptx
	效果文件	光盘\效果\第 5 章\月球.pptx
	视频文件	光盘\视频\第 5 章\5.3.7　设置《月球》课件的文本大小

（1）按【Ctrl + O】组合键，打开一个素材文件，如图 5-96 所示。

（2）在编辑区中选择需要设置文本大小的文本，如图 5-97 所示。

图 5-96　打开一个素材文件　　　　　　　　　　图 5-97　选择需要的文本

（3）在"开始"面板的"字体"选项板中单击"字号"右侧的下拉按钮，在弹出的列表框中选择"80"选项，如图 5-98 所示。

（4）执行操作后，即可设置文本的字体大小，效果如图 5-99 所示。

图 5-98　选择"80"选项　　　　　　　　　　图 5-99　设置文本大小后的效果

5.3.8　设置《软文定义》课件的文字阴影

在 PowerPoint 2010 中，用户还可以根据需要为文字添加阴影效果，使文本更加美观。

素材文件	光盘\素材\第 5 章\软文定义.pptx
效果文件	光盘\效果\第 5 章\软文定义.pptx
视频文件	光盘\视频\第 5 章\5.3.8　设置《软文定义》课件的文字阴影

（1）按【Ctrl + O】组合键，打开一个素材文件，如图 5-100 所示。

（2）在编辑区中选择需要设置阴影的文本，如图 5-101 所示。

（3）在"开始"面板中的"字体"选项板中单击"文字阴影"按钮，如图 5-102 所示。

（4）执行操作后，即可设置文字阴影，效果如图 5-103 所示。

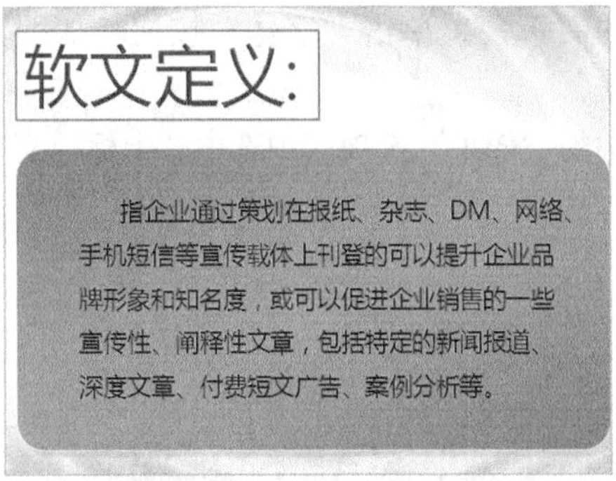

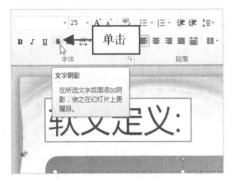

图 5-100　打开一个素材文件

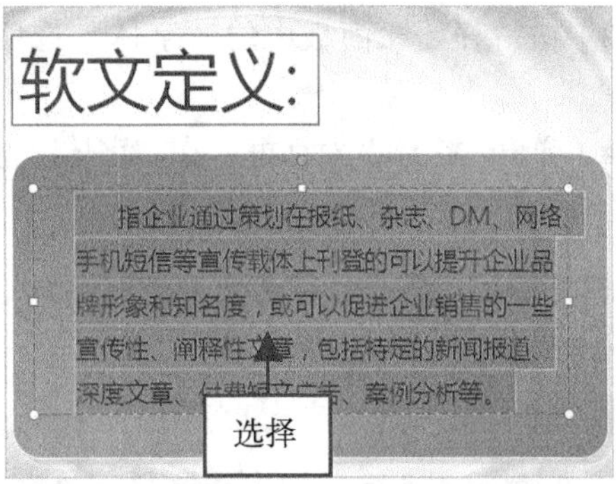

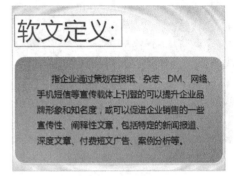

图 5-101　选择需要文本

图 5-102　单击"文字阴影"按钮

图 5-103　设置文字阴影

5.3.9　设置《平抛运动》课件的上标

在 PowerPoint 2010 中，用户可以为文本设置上标和下标效果，使制作出来的演示文稿课件更加具体、形象。

素材文件	光盘\素材\第 5 章\平抛运动.pptx
效果文件	光盘\效果\第 5 章\平抛运动.pptx
视频文件	光盘\视频\第 5 章\5.3.9　设置《平抛运动》课件的上标

（1）按【Ctrl+O】组合键，打开一个素材文件，如图 5-104 所示。

（2）在编辑区中选择需要设置上标的文本，如图 5-105 所示。

图 5-104　打开一个素材文件

图 5-105　选择需要的文本

（3）在"开始"面板中的"字体"选项板中的右下角，单击"字体"按钮，如图 5-106 所示。

（4）弹出"字体"对话框，在"字体"选项卡中的"效果"选项区中选中"上标"复选框，如图 5-107 所示。

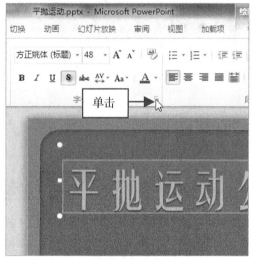

图 5-106 单击"字体"按钮   图 5-107 选中"上标"复选框

▶ **专家指点**

如果用户需要设置文本为下标，只需在"字体"对话框中的"字体"选项卡中的"效果"选项区中选中"下标"复选框即可。

（5）单击"确定"按钮，即可设置文本为上标，如图 5-108 所示。

图 5-108 设置文本为上标后的效果

5.3.10 设置《读说》课件的下划线

在 PowerPoint 2010 中，用户可以为文本添加下划线，使文本更加突出。

素材文件	光盘\素材\第 5 章\读说.pptx
效果文件	光盘\效果\第 5 章\读说.pptx
视频文件	光盘\视频\第 5 章\5.3.10 设置《读说》课件的下划线

（1）按【Ctrl＋O】组合键，打开一个素材文件，如图 5-109 所示。

（2）在编辑区中选择需要设置下划线的文本，如图 5-110 所示。

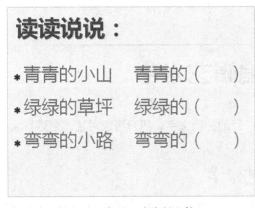

图 5-109 打开一个素材文件

图 5-110 选择需要的文本

（3）在"字体"选项板的右下角，单击"字体"按钮，弹出"字体"对话框，如图 5-111 所示。

（4）在"字体"选项卡中的"所有文字"选项区中单击"下划线线型"右侧的下拉按钮，在弹出的列表框中选择"双线"选项，如图 5-112 所示。

（5）在"所有文字"选项区中单击"下划线颜色"右侧的下拉按钮，在弹出的列表框中的"标准色"选项区中选择"绿色"选项，如图 5-113 所示。

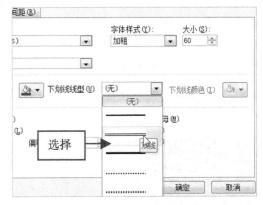

图 5-111 弹出"字体"对话框

图 5-112 选择"双线"选项

（6）单击"确定"按钮，即可为文本设置下划线，效果如图 5-114 所示。

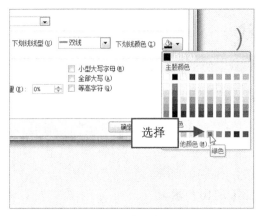

图 5-113　选择绿色选项　　　　　　　　　图 5-114　设置下划线

5.4　插入和编辑艺术字

艺术字是一种特殊的图形文字，常用来表现幻灯片的标题文字，用户可以对艺术字进行大小调整、旋转和添加三维效果等操作。

5.4.1　为《彩陶艺术》课件插入艺术字

为了使演示文稿的标题或某个文字能够更加突出，用户可以运用艺术字来达到自己想要的效果。

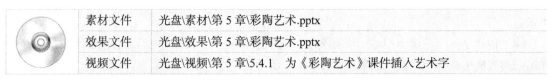

素材文件	光盘\素材\第 5 章\彩陶艺术.pptx
效果文件	光盘\效果\第 5 章\彩陶艺术.pptx
视频文件	光盘\视频\第 5 章\5.4.1　为《彩陶艺术》课件插入艺术字

（1）按【Ctrl + O】组合键，打开一个素材文件，如图 5-115 所示。
（2）切换至"插入"面板，在"文本"选项板中单击"艺术字"下拉按钮，如图 5-116 所示。

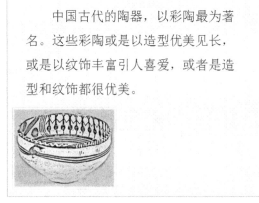

图 5-115　打开一个素材文件

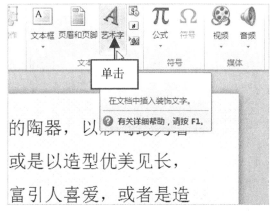

图 5-116　单击"艺术字"下拉按钮

（3）在弹出的列表框中选择相应选项，如图 5-117 所示。

（4）执行操作后，在编辑区中插入艺术字文本框，删除文本框中的内容，重新输入文本"彩陶艺术"，并调整至合适位置，效果如图 5-118 所示。

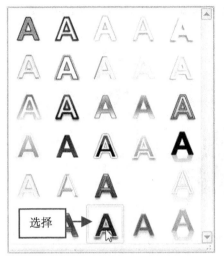

图 5-117　选择相应选项

图 5-118　插入艺术字效果

5.4.2　设置《播放视频》课件艺术字形状填充

为艺术字添加形状填充颜色，是指在一个封闭的对象中加入填充效果，这种效果可以是单色、过渡色、纹理，还可以是图片。

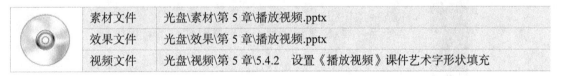

	素材文件	光盘\素材\第 5 章\播放视频.pptx
	效果文件	光盘\效果\第 5 章\播放视频.pptx
	视频文件	光盘\视频\第 5 章\5.4.2　设置《播放视频》课件艺术字形状填充

（1）按【Ctrl＋O】组合键，打开一个素材文件，如图 5-119 所示。

（2）在编辑区中选择需要设置形状填充的艺术字，如图 5-120 所示。

图 5-119　打开一个素材文件

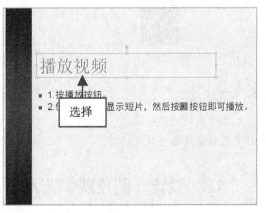

图 5-120　选择艺术字

（3）切换至"绘图工具"中的"格式"面板，单击"形状样式"选项板中的"形状填充"下拉按钮，如图 5-121 所示。

（4）在弹出的列表框中的"标准色"选项区中选择"橙色"选项，如图 5-122 所示。

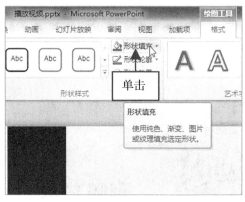
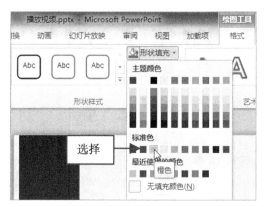

图 5-121　单击"形状填充"下拉按钮　　　　　图 5-122　选择"橙色"选项

（5）执行操作后，即可设置艺术字形状填充，效果如图 5-123 所示。

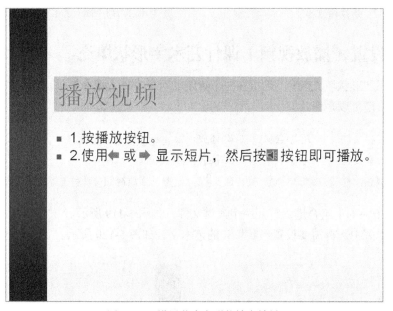

图 5-123　设置艺术字形状填充效果

▶ **专家指点**

在弹出的"形状填充"列表框中，用户不仅可以直接选择颜色进行填充，还可以选择图片、渐变色和纹理进行填充。

5.4.3　设置《蓝玫瑰》艺术字形状样式

在幻灯片中绘制的艺术字轮廓是默认的颜色，用户可以根据制作的课件整体风格，对艺术字轮廓样式进行相应设置。

素材文件	光盘\素材\第 5 章\蓝玫瑰.pptx
效果文件	光盘\效果\第 5 章\蓝玫瑰.pptx
视频文件	光盘\视频\第 5 章\5.4.3　设置《蓝玫瑰》艺术字形状样式

（1）按【Ctrl＋O】组合键，打开一个素材文件，如图 5-124 所示。

（2）在编辑区中选择需要设置形状样式的艺术字，如图 5-125 所示。

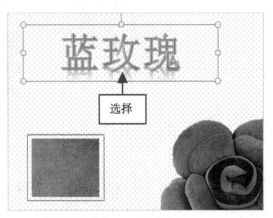

图 5-124　打开一个素材文件　　　　　　　　　　图 5-125　选择艺术字

（3）切换至"绘图工具"中的"格式"面板，在"形状样式"选项板中，单击"其他"下拉按钮，如图 5-126 所示。

（4）在弹出的列表框中选择"细微效果-橄榄色，强调颜色 3"选项，如图 5-127 所示。

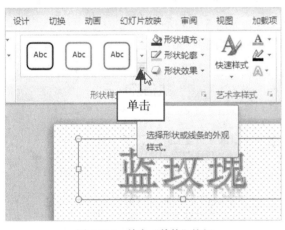

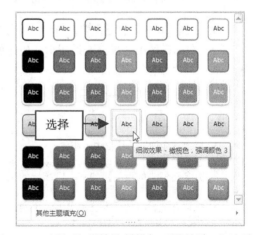

图 5-126　单击"其他"按钮　　　　　　图 5-127　选择"细微效果-橄榄色，强调颜色 3"选项

▶ 专家指点

　　如果用户对"其他"列表框中的形状样式不满意，还可以选择"其他主题填充"选项，在弹出的列表框中，软件自带有 12 种样式供用户选择。

（5）执行操作后，即可设置艺术字形状样式，效果如图 5-128 所示。

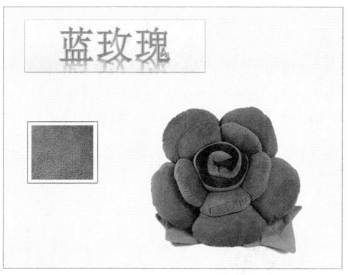

图 5-128　设置艺术字形状样式效果

5.4.4　设置《执信开放日》艺术字形状轮廓

在 PowerPoint 2010 中，用户如果需要对艺术字的形状轮廓进行设置，可以在"形状轮廓"下拉列表框中进行调整。

素材文件	光盘\素材\第 5 章\执信开放日.pptx
效果文件	光盘\效果\第 5 章\执信开放日.pptx
视频文件	光盘\视频\第 5 章\5.4.4　设置《执信开放日》艺术字形状轮廓

（1）按【Ctrl + O】组合键，打开一个素材文件，如图 5-129 所示。

（2）在编辑区中选择需要设置形状轮廓的艺术字，如图 5-130 所示。

执信开放日

- 周六日全面开放执信中、小学。
- 在开放期间，利用学校的设施设备，举办参与性强的活动，如有老师指导的陶艺制作、绘画、上网等。
- 执信开放日将与行为艺术表演、卡通人物展一起举办，为期1—2周。

图 5-129　打开一个素材文件

执信开放日

- 周六日全面开放　　　　小学。

选择

- 在开放期间，　　　　的设施设备，举办参与性强的活动，如有老师指导的陶艺制作、绘画、上网等。
- 执信开放日将与行为艺术表演、卡通人物展一起举办，为期1—2周。

图 5-130　选择艺术字

（3）切换至"格式"面板，在"形状样式"选项板中单击"形状轮廓"下拉按钮，如图 5-131 所示。

（4）在弹出的列表框中的"标准色"选项区中选择"红色"选项，如图 5-132 所示。

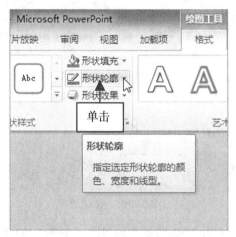

图 5-131　单击"形状轮廓"按钮

图 5-132　选择"红色"选项

（5）单击"形状轮廓"下拉按钮，在弹出的列表框中选择"粗细"|"3 磅"选项，如图 5-133 所示。

（6）执行操作后，即可设置艺术字形状轮廓，效果如图 5-134 所示。

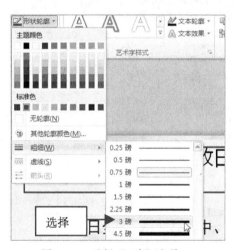

图 5-133　选择"3 磅"选项

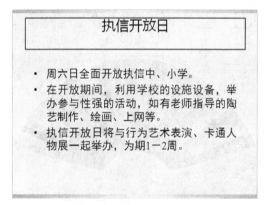

图 5-134　设置艺术字形状轮廓效果

5.4.5　设置《美丽花束》艺术字形状效果

在 PowerPoint 2010 中，为艺术字设置形状填充和形状轮廓以后，接下来可以为艺术字设置形状效果，使添加的艺术字更加美观。

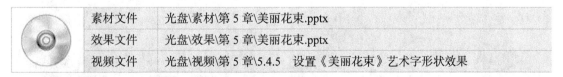

素材文件	光盘\素材\第 5 章\美丽花束.pptx	
效果文件	光盘\效果\第 5 章\美丽花束.pptx	
视频文件	光盘\视频\第 5 章\5.4.5　设置《美丽花束》艺术字形状效果	

（1）按【Ctrl + O】组合键，打开一个素材文件，如图 5-135 所示。

（2）在编辑区中选择需要设置形状效果的艺术字，如图 5-136 所示。

图 5-135 打开一个素材文件

图 5-136 选择艺术字

（3）切换至"格式"面板，在"形状样式"选项板中单击"形状效果"下拉按钮，如图 5-137 所示。

（4）在弹出的列表框中选择"预设"|"预设 9"选项，如图 5-138 所示。

（5）执行操作后，即可设置艺术字形状预设效果，如图 5-139 所示。

（6）选择艺术字，在弹出的形状效果列表框中选择"棱台"选项，在弹出的列表框中的"棱台"选项区中选择"斜面"选项，如图 5-140 所示。

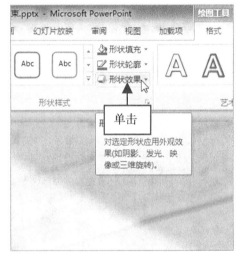

图 5-137 单击"形状效果"下拉按钮

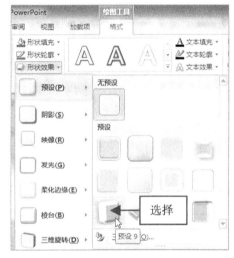

图 5-138 选择"预设 9"选项

图 5-139 设置预设效果

图 5-140 选择"斜面"选项

（7）执行操作后，即可设置艺术字形状效果，如图 5-141 所示。

图 5-141　设置艺术字形状效果

5.4.6　更改《中秋联谊活动》课件艺术字效果

在 PowerPoint 2010 中，用户在插入艺术字后，如果对艺术字的效果不满意，还可以对其进行相应的编辑操作。

素材文件	光盘\素材\第 5 章\中秋联谊活动.pptx
效果文件	光盘\效果\第 5 章\中秋联谊活动.pptx
视频文件	光盘\视频\第 5 章\5.4.6　更改《中秋联谊活动》课件艺术字效果

（1）按【Ctrl + O】组合键，打开一个素材文件，如图 5-142 所示。
（2）在编辑区中选择需要进行更改的艺术字，如图 5-143 所示。

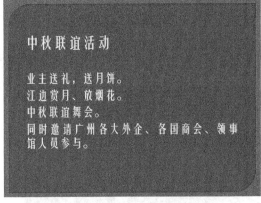

图 5-142　打开一个素材文件

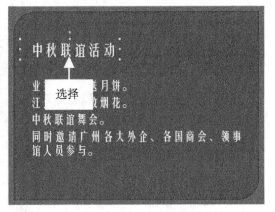

图 5-143　选择需要的艺术字

（3）切换至"格式"面板，在"艺术字样式"选项板中单击"文本轮廓"下拉按钮，如图 5-144 所示。
（4）在弹出的列表框中的"主题颜色"选项区中选择"黑色，背景 1"选项，如图 5-145 所示。

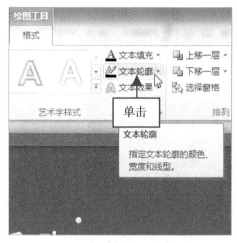

图 5-144　单击"文本轮廓"按钮

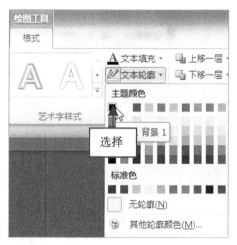

图 5-145　选择"黑色，背景 1"选项

（5）在弹出的"文本轮廓"列表框中选择"粗细" | "1 磅"选项，如图 5-146 所示。

（6）执行操作后，即可设置艺术字轮廓大小，效果如图 5-147 所示。

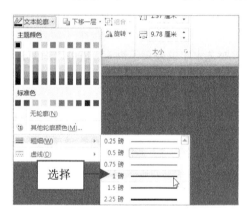

图 5-146　选择"1 磅"选项

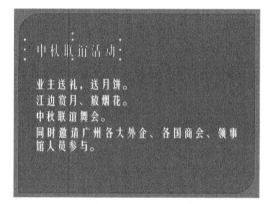

图 5-147　设置艺术字轮廓大小

（7）在"艺术字样式"选项板中单击"文字效果"下拉按钮，在弹出的列表框中选择"映像" | "紧密映像，接触"选项，如图 5-148 所示。

（8）执行操作后，即可更改艺术字效果，效果如图 5-149 所示。

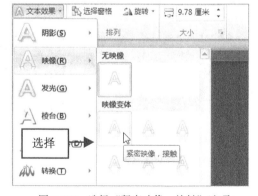

图 5-148　选择"紧密映像，接触"选项

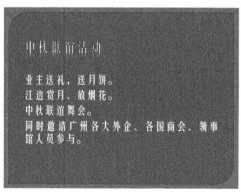

图 5-149　更改艺术字效果

5.5　编辑课件文本内容

在幻灯片中简单的输入文本后，要使幻灯片的文字更具有吸引力，更加美观，还必须对输入的文本进行各种编辑操作，以制作出符合用户需要的演示文稿,对文本的基本编辑操作包括选取、移动、恢复、复制粘贴、查找和替换等。

5.5.1　选取文本

在编辑文本之前，先要选取文本，之后才能进行相关操作，选取文本有以下 6 种方法。

➢ 选择任意数量的文本。当鼠标指针在文本处变为编辑状态时，在要选择的文本位置，单击鼠标左键的同时拖曳鼠标，至文本结束后释放鼠标左键，选择后的文本将以高亮度显示。

➢ 选择所有文本。在文本编辑状态下，切换至"开始"面板，在"编辑"选项板中单击"选择"按钮，在弹出的下拉列表框中选择"全选"选项，即可选择所有文本。

➢ 选择连续文本。在文本编辑状态下，将鼠标定位在文本的起始位置，按住【Shift】键，然后选择文本的结束位置单击鼠标左键，释放【Shift】键，即可选择连续的文本。

➢ 选择不连续文本。按住【Ctrl】键的同时，运用鼠标单击并拖曳选取不相连的文本，即可选择不连续的文本。

➢ 运用快捷键选择。按【Ctrl + A】组合键或按两次【F2】键，即可全选文本。

➢ 选择占位符或文本框中的文本。当要选择占位符或文本框中的文本时，只需单击占位符或文本框中的边框即可选中。

5.5.2　移动《时尚经济》课件文本

在 PowerPoint 2010 中，使用移动操作，可以帮助用户将某一段内容移动到另外一个需要放置的位置。

素材文件	光盘\素材\第 5 章\时尚经济.pptx
效果文件	光盘\效果\第 5 章\时尚经济.pptx
视频文件	光盘\视频\第 5 章\5.5.2　移动《时尚经济》课件文本

（1）按【Ctrl + O】组合键，打开一个素材文件，如图 5-150 所示。
（2）在编辑区中选择需要移动的文本，如图 5-151 所示。

图 5-150　打开一个素材文件　　　　　　　图 5-151　选择需要的文本

（3）在选择的文本上单击鼠标左键并拖曳至合适位置，如图 5-152 所示。

（4）释放鼠标左键后，即可移动文本，效果如图 5-153 所示。

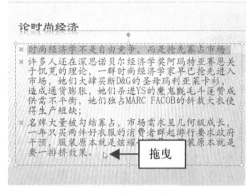

图 5-152　拖曳至合适位置　　　　　　　　图 5-153　移动文本后的效果

5.5.3　删除文本

在 PowerPoint 2010 中，删除文本指的是删除占位符中的文字和文本框中的文字，用户可以直接选择文本框或占位符，执行删除操作。

在 PowerPoint 2010 中，可以通过以下 2 种方法删除文本。

➢ 按钮。选择需要删除的文本，在"开始"面板的"剪贴板"选项板中，单击"剪切"按钮，即可删除文本。

➢ 快捷键。选择需要删除的文本，按【Delete】键即可将其删除。

▶ 专家指点

运用"剪切"按钮删除的文本，再按【Ctrl + V】组合键即可将其恢复。

5.5.4　复制与粘贴《野望》课件文本

在 PowerPoint 2010 中，如果同一个演示文稿中有一些文本内容需要重复使用或者改变所在位置，重新输入会降低制作演示文稿的效率，利用复制功能，并将复制的内容粘贴至合适位置，可以提高工作效率。

素材文件	光盘\素材\第 5 章\野望.pptx
效果文件	光盘\效果\第 5 章\野望.pptx
视频文件	光盘\视频\第 5 章\5.5.4　复制与粘贴《野望》课件文本

（1）按【Ctrl + O】组合键，打开一个素材文件，如图 5-154 所示。

（2）在编辑区中，选择需要复制的文本，如图 5-155 所示。

（3）在选择的文本上单击鼠标右键，在弹出的快捷菜单中选择"复制"选项，如图 5-156 所示。

（4）复制文本，将鼠标移至合适位置，再次单击鼠标右键，在弹出的快捷菜单中单击"粘贴选项"选项区中的"保留源格式"按钮，如图 5-157 所示。

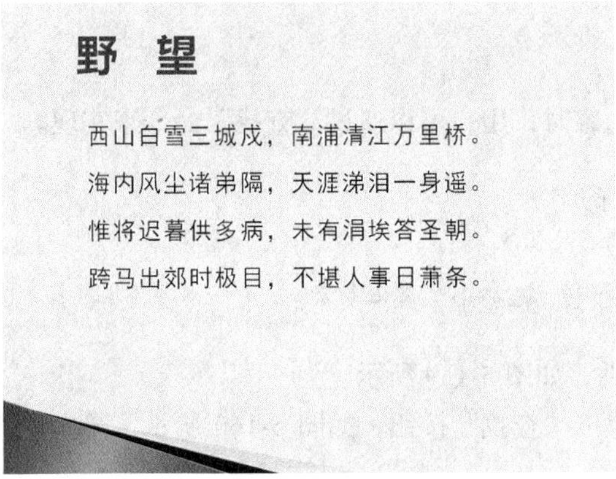

图 5-154　打开一个素材文件

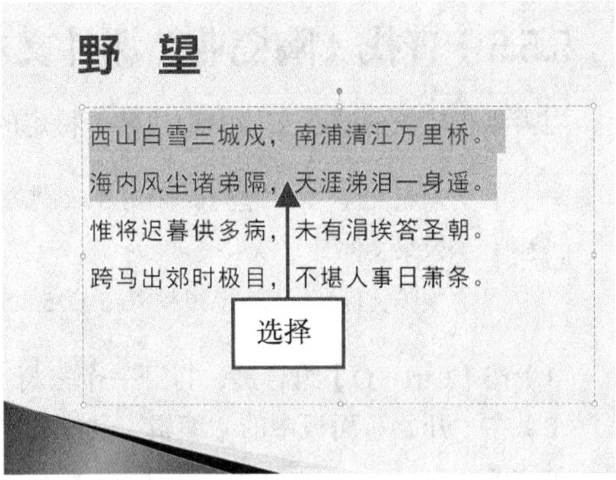

图 5-155　选择需要复制的文本

图 5-156　选择"复制"选项

图 5-157　单击"保留源格式"按钮

▶ 专家指点

　　剪切或复制的文本都被保存至剪贴板中。因此，用户可以使用"剪贴板"任务窗格进行类似的复制和移动操作。

（5）执行操作后，即可粘贴文本对象，如图 5-158 所示。

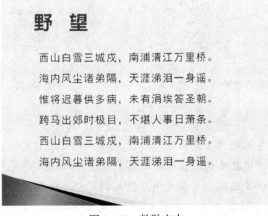

图 5-158　粘贴文本

5.5.5　查找《陶瓷业》课件文本

当需要在较长的演示文稿中查找某一特定的内容时，用户可以通过"查找"命令来实现。

素材文件	光盘\素材\第 5 章\陶瓷业.pptx
效果文件	无
视频文件	光盘\视频\第 5 章\5.5.5　查找《陶瓷业》课件文本

（1）按【Ctrl＋O】组合键，打开一个素材文件，如图 5-159 所示。

（2）在"开始"面板中的"编辑"选项板中单击"查找"按钮，如图 5-160 所示，弹出"查找"对话框。

（3）在"查找内容"文本框中输入需要查找的内容"陶瓷"，如图 5-161 所示。

（4）单击"查找下一个"按钮，即可依次查找出文本中需要的内容，如图 5-162 所示。

图 5-159　打开一个素材文件

图 5-160　单击"查找"按钮

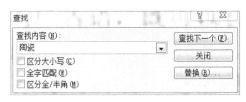

图 5-161　输入需要查找的内容

图 5-162　查找内容

▶ **专家指点**

"查找"对话框中各复选框的含义如下。

➢ 区分大小写。选中该复选框，在查找时需要完全匹配由大小写字母组合成的单词。

➢ 全字匹配。选中该复选框，只查找用户输入的完整单词和字母。

➢ 区分全/半角。选中该复选框，在查找时区分全角字符和半角字符。

5.5.6　替换《品牌战略》课件文本

在文本中输入大量的文字后，如果出现相同错误的文字很多，可以使用"替换"按钮对文字进行批量更改，以提高工作效率。

素材文件	光盘\素材\第 5 章\品牌战略.pptx	
效果文件	光盘\效果\第 5 章\品牌战略.pptx	
视频文件	光盘\视频\第 5 章\5.5.6　替换《品牌战略》课件文本	

（1）按【Ctrl + O】组合键，打开一个素材文件，如图 5-163 所示。

（2）在"开始"面板中的"编辑"选项板中单击"替换"下拉按钮，在弹出的列表框中选择"替换"选项，如图 5-164 所示。

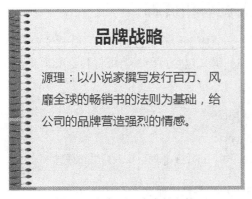

图 5-163　打开一个素材文件

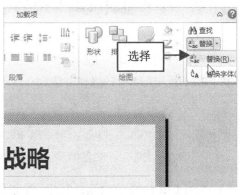

图 5-164　选择"替换"选项

（3）弹出"替换"对话框，在"查找内容"文本框和"替换为"文本框中分别输入相应内容，如图 5-165 所示。

（4）单击"全部替换"按钮，弹出信息提示框，单击"确定"按钮，如图 5-166 所示。

图 5-165　输入相应内容

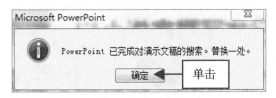

图 5-166　单击"确定"按钮

（5）返回到"替换"对话框，单击"关闭"按钮，如图 5-167 所示。

（6）执行操作后，即可替换文本，如图 5-168 所示。

▶ 专家指点

在 PowerPoint 2010 中，用户还可以在"编辑"选项板中单击"替换"下拉按钮，在弹出的列表框中选择"替换字体"选项，替换文本中的字体。

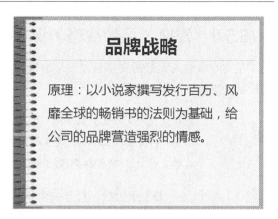

图 5-167　单击"关闭"按钮　　　　　　　　　图 5-168　替换文本

5.5.7　在《知识讲座》课件中插入页眉和页脚

对备注和讲义来说，当用户插入页眉和页脚时，会应用于所有备注和讲义，为讲义创建的页眉页脚也可以应用于打印的大纲。默认情况下，备注和讲义包含页码，但可将其隐藏。下面介绍在课件中插入页眉和页脚的操作方法。

素材文件	光盘\素材\第 5 章\知识讲座.pptx
效果文件	光盘\效果\第 5 章\知识讲座.pptx
视频文件	光盘\视频\第 5 章\5.5.7　在《知识讲座》课件中插入页眉和页脚

（1）按【Ctrl + O】组合键，打开一个素材文件，如图 5-169 所示。

（2）切换至"插入"面板，在"文本"选项板中单击"页眉和页脚"按钮，如图 5-170 所示。

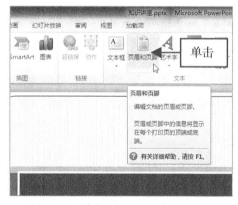

图 5-169　打开一个素材文件　　　　　　　　图 5-170　单击"页眉和页脚"按钮

（3）弹出"页眉和页脚"对话框，在"幻灯片"选项卡中的"幻灯片包含内容"选项区中选中"日期和时间"复选框，选中"自动更新"单选按钮，如图 5-171 所示。

（4）选中"页脚"复选框，在下方的文本框中输入"知识讲座"，如图 5-172 所示。

▶ **专家指点**

在"页眉和页脚"对话框中，单击"应用"按钮，则将设置应用到当前幻灯片。

图 5-171　选中"自动更新"单选按钮　　　　　　图 5-172　输入"知识讲座"

（5）单击"全部应用"按钮，即可插入页眉和页脚，如图 5-173 所示。

图 5-173　插入页眉和页脚

▶ 专家指点

　　"页眉和页脚"对话框中各复选框的含义如下。

　　➢ 日期和时间。选中该复选框，可以显示日期和时间，如果需要使日期和幻灯片放映的日期一致，则应选中"自动更新"单选按钮；如果需要显示演示文稿的完成日期，则应选中"固定"单选按钮，并在其下方的文本框中输入日期。

　　➢ 幻灯片编号。选中该复选框，可以对幻灯片进行编号，当删除或增加幻灯片时，编号会自动更新。

　　➢ 页脚。选中该复选框，可以添加在一张幻灯片的页脚中显示的文本信息。

5.6　制作课件项目符号和编号

　　在编辑文本时，为了表明文本的结构层次，用户可以为文本添加适当的项目符号和编号来表明文本的顺序，项目符号是以段落为单位的。

5.6.1 为《小画家》课件添加常用项目符号

项目符号用于强调一些特别重要的观点或条目，它可以使主题更加美观、突出、有条理。项目编号能使主题层次更加分明、有条理。

素材文件	光盘\素材\第 5 章\小画家.pptx
效果文件	光盘\效果\第 5 章\小画家.pptx
视频文件	光盘\视频\第 5 章\5.6.1　为《小画家》课件添加常用项目符号

（1）按【Ctrl+O】组合键，打开一个素材文件，如图 5-174 所示。

（2）在编辑区中选择需要设置项目符号的文本，如图 5-175 所示。

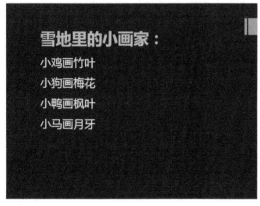

图 5-174　打开一个素材文件　　　　　　　图 5-175　选择需要的文本

（3）在"开始"面板中的"段落"选项板中单击"项目符号"下拉按钮，如图 5-176 所示。

（4）在弹出的列表框中选择"项目符号和编号"选项，如图 5-177 所示。

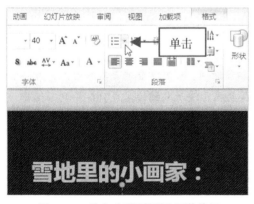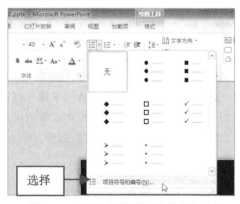

图 5-176　单击"项目符号"下拉按钮　　　　图 5-177　选择"项目符号和编号"选项

（5）弹出"项目符号和编号"对话框，在"项目符号"选项卡中选择"带填充效果的大方形项目符号"选项，如图 5-178 所示。

（6）单击"颜色"右侧的下拉按钮，在弹出的列表框中的"标准色"选项区中选择"黄色"选项，如图 5-179 所示。

（7）执行操作后，单击"确定"按钮，即可添加项目符号，如图 5-180 所示。

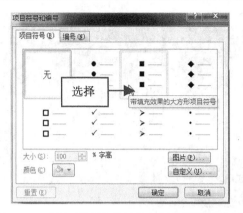

图 5-178　选择"带填充效果的大方形项目符号"选项

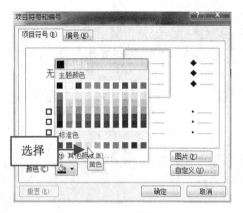

图 5-179　选择"黄色"选项

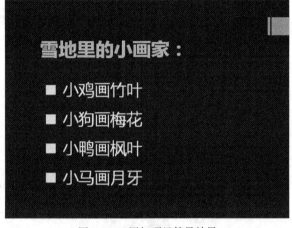

图 5-180　添加项目符号效果

5.6.2　为《物质基础》课件添加图片项目符号

在"项目符号和编号"对话框中，可供选择的项目符号类有 7 种。PowerPoint 2010 还允许将图片设置为项目符号，这样项目符号的样式将丰富多彩。

素材文件	光盘\素材\第 5 章\物质基础.pptx
效果文件	光盘\效果\第 5 章\物质基础.pptx
视频文件	光盘\视频\第 5 章\5.6.2　为《物质基础》课件添加图片项目符号

（1）按【Ctrl + O】组合键，打开一个素材文件，如图 5-181 所示。

（2）在编辑区中选择需要设置图片项目符号的文本，如图 5-182 所示。

（3）在"开始"面板中的"段落"选项板中，单击"项目符号"下拉按钮，在弹出的列表框中选择"项目符号和编号"选项，如图 5-183 所示。

（4）弹出"项目符号和编号"对话框，在"项目符号"选项卡中单击"图片"按钮，如图 5-184 所示。

（5）弹出"图片项目符号"对话框，在中间的下拉列表框中选择第 2 排第 2 个选项，如图 5-185 所示。

（6）单击"确定"按钮，即可添加图片项目符号，如图 5-186 所示。

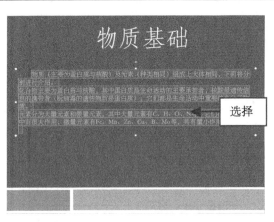

图 5-181　打开一个素材文件

图 5-182　选择需要的文本

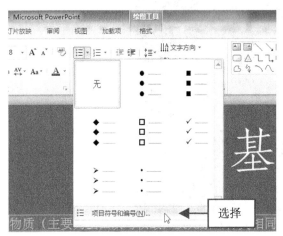

图 5-183　选择"项目符号和编号"选项

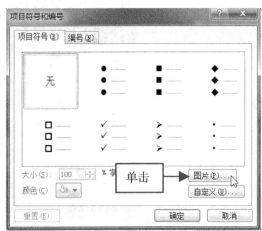

图 5-184　单击"图片"按钮

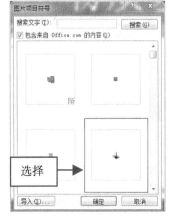

图 5-185　选择相应选项

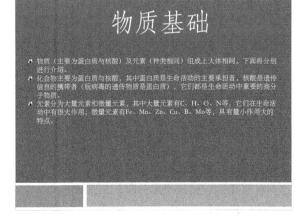

图 5-186　添加图片项目符号

▶ **专家指点**

　　在"图片项目符号"对话框中的"搜索文字"文本框中输入要搜索的关键词，单击"搜索"按钮，符合条件的结果将显示出来。

5.6.3　为《教学思路》课件自定义项目符号

自定项目符号对话框中包含了 Office 所有可插入的字符，用户可以在符号列表中选择需要的符号，而"近期使用过的符号"列表中列出了最近在演示文稿中插入过的字符，以方便用户查找。

素材文件	光盘\素材\第 5 章\教学思路.pptx
效果文件	光盘\效果\第 5 章\教学思路.pptx
视频文件	光盘\视频\第 5 章\5.6.3　为《教学思路》课件自定义项目符号

（1）按【Ctrl + O】组合键，打开一个素材文件，如图 5-187 所示。

（2）在编辑区中选择需要设置项目符号的文本，如图 5-188 所示。

（3）在"项目符号"列表框中选择"项目符号和编号"选项，弹出"项目符号和编号"对话框，单击"自定义"按钮，如图 5-189 所示。

（4）弹出"符号"对话框，单击"子集"下拉按钮，在弹出的列表框中选择"其他符号"选项，如图 5-190 所示。

图 5-187　打开一个素材文件

图 5-188　选择需要的文本

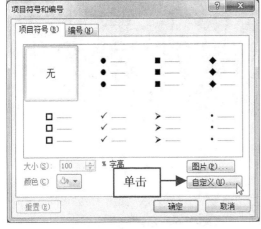

图 5-189　单击"自定义"按钮

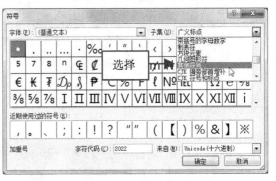

图 5-190　选择"其他符号"选项

（5）在中间的下拉列表框中选择第 2 排第 4 个选项，如图 5-191 所示。

（6）依次单击"确定"按钮，即可为《教学思路》课件添加自定义项目符号，如图 5-192 所示。

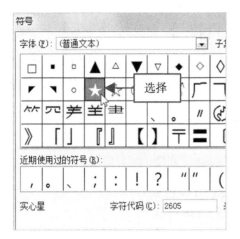

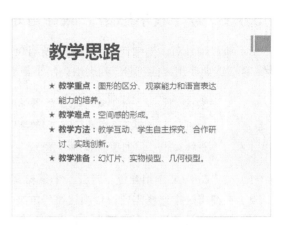

图 5-191　选择相应选项　　　　　　　　图 5-192　自定义项目符号

5.6.4　为《数学公式》课件添加项目编号

在 PowerPoint 2010 中，可以为不同级别的段落设置编号，在默认情况下，项目编号由阿拉伯数字 1、2、3…构成。另外，PowerPoint 还允许用户自定义项目编号样式。

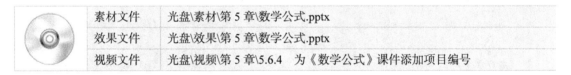

素材文件	光盘\素材\第 5 章\数学公式.pptx
效果文件	光盘\效果\第 5 章\数学公式.pptx
视频文件	光盘\视频\第 5 章\5.6.4　为《数学公式》课件添加项目编号

（1）按【Ctrl＋O】组合键，打开一个素材文件，如图 5-193 所示。

（2）在编辑区中选择需要设置项目编号的文本，如图 5-194 所示。

图 5-193　打开一个素材文件　　　　　　图 5-194　选择需要的文本

（3）在"开始"面板中的"段落"选项板中单击"编号"下拉按钮，如图 5-195 所示。

（4）弹出列表框，选择"项目符号和编号"选项，如图 5-196 所示。

（5）弹出"项目符号和编号"对话框，在"编号"选项卡中选择第 2 排第 1 个选项，设置"颜色"为红色，如图 5-197 所示。

（6）单击"确定"按钮，即可为文本添加项目编号，如图 5-198 所示。

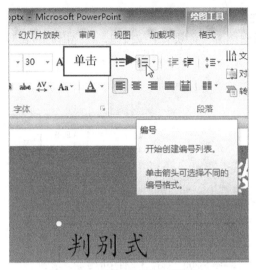

图 5-195　单击"编号"下拉按钮

图 5-196　选择"项目符号和编号"选项

图 5-197　选择相应选项

图 5-198　添加项目编号

5.7　插入和剪辑课件中的声音

在制作演示文稿的过程中，特别是在制作宣传演示文稿时，可以为幻灯片添加一些适当的声音，添加的声音可以配合图文，使演示文稿变得有声有色，更具感染力。当用户插入一个声音后，功能区中将出现"播放"面板，可以在"音频选项"选项板中对各选项进行设置，包括设置声音音量、声音的隐藏、声音连续播放以及播放声音模式等。

5.7.1　为《商务英语》课件插入声音

添加文件中的声音就是将电脑中已存在的声音插入到演示文稿中，也可以从其他的声音文件中添加用户需要的声音。

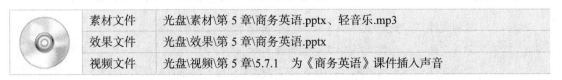

	素材文件	光盘\素材\第 5 章\商务英语.pptx、轻音乐.mp3
	效果文件	光盘\效果\第 5 章\商务英语.pptx
	视频文件	光盘\视频\第 5 章\5.7.1　为《商务英语》课件插入声音

（1）按【Ctrl＋O】组合键，打开一个素材文件，如图 5-199 所示。

（2）切换至"插入"面板，在"媒体"选项板中单击"音频"下拉按钮，在弹出的列表框中选择"文件中的音频"选项，如图 5-200 所示。

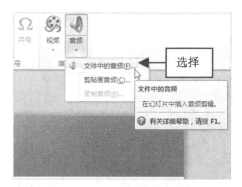

图 5-199　打开一个素材文件　　　　　　　图 5-200　选择"文件中的音频"选项

（3）弹出"插入音频"对话框，选择需要插入的"轻音乐.mp3"文件，如图 5-201 所示。

（4）单击"插入"按钮，即可插入声音，调整声音图标至合适位置，如图 5-202 所示，在播放幻灯片时即可听到插入的声音。

图 5-201　选择声音文件　　　　　　　　　图 5-202　插入声音

▶ 专家指点

演示文稿中可支持的多媒体格式有以下 3 类。

➢ 音乐和声音。

➢ 影片和 GIF 动画。

➢ 语音旁白。

5.7.2　为《猎户座》课件插入声音

在 PowerPoint 2010 中，用户除了可以添加文件中的声音外，还可以添加剪辑管理器中的声音。

素材文件	光盘\素材\第 5 章\猎户座.pptx	
效果文件	光盘\效果\第 5 章\猎户座.pptx	
视频文件	光盘\视频\第 5 章\5.7.2　为《猎户座》课件插入声音	

（1）按【Ctrl＋O】组合键，打开一个素材文件，如图 5-203 所示。

（2）切换至"插入"面板，在"媒体"选项板中单击"音频"下拉按钮，在弹出的列表框中，选择"剪贴画音频"选项，如图 5-204 所示。

图 5-203　打开一个素材文件

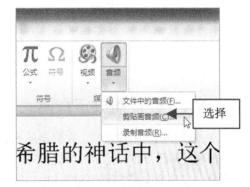

图 5-204　选择"剪贴画音频"选项

（3）弹出"剪贴画"任务窗格，选择需要的剪贴画音频，如图 5-205 所示。

（4）单击鼠标左键，即可将剪贴画音频插入到幻灯片中，调整图标至合适位置，效果如图 5-206 所示。

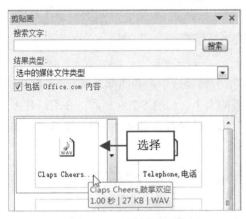

图 5-205　选择剪贴画音频

图 5-206　插入音频

▶ 专家指点

　　当任务窗格中没有提供需要的声音剪辑时，用户可以单击窗格下方的"在 Office.com 中查找详细信息"链接，即可在网上查找更多的声音剪辑。

5.7.3　设置声音连续播放

　　在幻灯片中选中声音图标，切换至"播放"面板，选中"音频选项"选项板中的"循环播放，直到停止"复选框，如图 5-207 所示。在放映幻灯片的过程中会自动循环播放，直到放映下一张幻灯片或停止放映为止。

图 5-207　设置循环播放

5.7.4　设置播放声音模式

单击"开始"下拉按钮，在弹出的列表框中包括"自动"、"单击时"、"跨幻灯片播放"3 个选项，如图 5-208 所示，当选择"跨幻灯片播放"选项时，该声音文件不仅在插入的幻灯片中有效，在演示文稿的所有幻灯片中均有效。

图 5-208　"开始"下拉列表

在"播放"面板中，用户还可以设置声音播放音量，只需要选中声音图标，单击"音频选项"选项板中的"音量"按钮，在弹出的列表框中设置音量的大小，如图 5-209 所示。在幻灯片中选中声音图标，切换至"播放"面板，选中"音频选项"选项板中的"放映时隐藏"复选框，如图 5-210 所示，在放映幻灯片的过程中会自动隐藏声音图标。

图 5-209　设置音量的大小

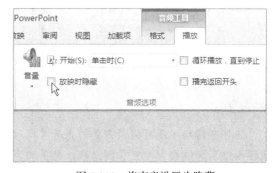

图 5-210　将声音设置为隐藏

5.8　插入和剪辑课件中的视频

PowerPoint 中的视频包括视频和动画,可以在幻灯片中插入的视频格式有 10 多种,PowerPoint

支持的视频格式会随着媒体播放器的不同而不同，用户可根据剪辑管理器或是从外部文件夹中添加视频。

5.8.1　为《数据阶段说明》课件添加视频

添加剪辑管理器中的视频包括插入本地剪辑库中的视频和 Office 官方网上的剪辑视频。PowerPoint 剪辑管理器中的视频和剪贴画一样，是系统自带的。

素材文件	光盘\素材\第 5 章\数据阶段说明.pptx
效果文件	光盘\效果\第 5 章\数据阶段说明.pptx
视频文件	光盘\视频\第 5 章\5.8.1　为《数据阶段说明》课件添加视频

（1）按【Ctrl＋O】组合键，打开一个素材文件，如图 5-211 所示。

（2）切换至"插入"面板，在"媒体"选项板中单击"视频"下拉按钮，如图 5-212 所示。

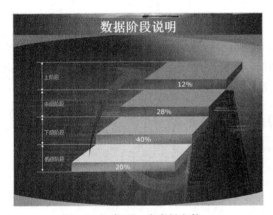

图 5-211　打开一个素材文件

图 5-212　单击"视频"下拉按钮

（3）弹出列表框，选择"剪贴画视频"选项，如图 5-213 所示。

（4）弹出"剪贴画"任务窗格，选择需要的视频，如图 5-214 所示。

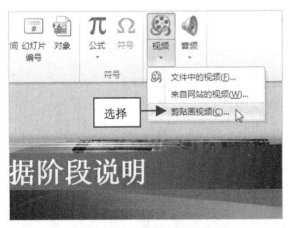

图 5-213　选择"剪贴画视频"选项

图 5-214　选择需要的视频

（5）单击鼠标左键，即可插入视频，调整视频的大小与位置，如图 5-215 所示。

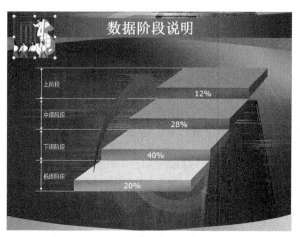

图 5-215　插入视频

5.8.2　插入网上动画

单击"剪贴画"任务窗格中的"在 Office.com 中查找详细信息"链接，如图 5-216 所示，系统会自动启动 IE 浏览器，并打开 Office 的官方网站，用户即可在网上下载自己需要的 GIF 动画，然后根据前面介绍的方法将 GIF 动画插入到演示文稿中。

图 5-216　单击"在 Office.com 中查找详细信息"链接

▶ **专家指点**

剪辑管理器将 GIF 动画归类为视频，单击"剪贴画"任务窗格中的"结果类型"下拉按钮，在弹出的列表框中可以查看管理器中的视频文件类型。

5.8.3　为《海洋生物》幻灯片插入视频

大多数情况下，PowerPoint 剪辑管理器中的视频不能满足用户的需求，此时可以通过选项插入来自文件中的视频。

素材文件	光盘\素材\第 5 章\海洋生物.pptx、海洋生物.avi
效果文件	光盘\效果\第 5 章\海洋生物.pptx
视频文件	光盘\视频\第 5 章\5.8.3　为《海洋生物》幻灯片插入视频

（1）按【Ctrl + O】组合键，打开一个素材文件，如图 5-217 所示。

（2）切换至"插入"面板，在"媒体"选项板中单击"视频"下拉按钮，在弹出的列表框中，选择"文件中的视频"选项，如图 5-218 所示。

（3）弹出"插入视频文件"对话框，在该对话框中选择需要插入的视频文件，如图 5-219 所示。

（4）单击"插入"按钮，即可插入视频文件，调整视频的大小和位置，效果如图 5-220 所示。

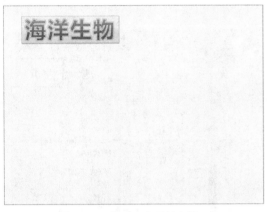

图 5-217　打开一个素材文件

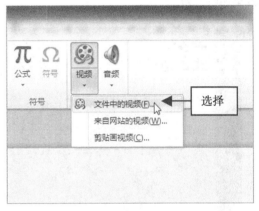

图 5-218　选择"文件中的视频"选项

图 5-219　选择视频文件

图 5-220　插入视频

▶ 专家指点

　　用户在插入文件中的视频时，在视频的下方会出现一个悬浮面板，如果用户不需要全屏观看视频时，则可以在悬浮面板中，单击"播放/暂停"按钮，播放视频。

5.8.4 为《植物》幻灯片插入视频

在 PowerPoint 2010 中，用户不仅可以通过选项插入文件中的视频，还可以通过项目占位符进行视频的插入。

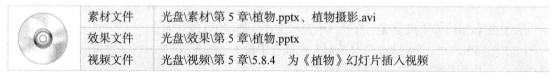

素材文件	光盘\素材\第 5 章\植物.pptx、植物摄影.avi
效果文件	光盘\效果\第 5 章\植物.pptx
视频文件	光盘\视频\第 5 章\5.8.4　为《植物》幻灯片插入视频

（1）按【Ctrl + O】组合键，打开一个素材文件，如图 5-221 所示。

（2）在"幻灯片"选项板中单击"版式"下拉按钮，如图 5-222 所示。

（3）在弹出的列表框中选择"标题和内容"选项，如图 5-223 所示。

（4）删除幻灯片中的"单击此处添加标题"文本框，单击占位符中的"插入媒体剪辑"按钮，效果如图 5-224 所示。

图 5-221　打开一个素材文件

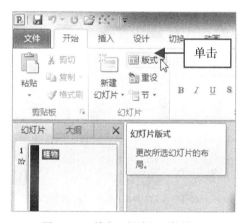

图 5-222　单击"版式"下拉按钮

图 5-223　选择"标题和内容"选项

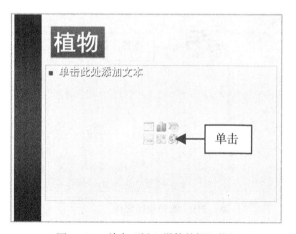

图 5-224　单击"插入媒体剪辑"按钮

（5）弹出"插入视频文件"对话框，选择需要插入的视频文件，如图 5-225 所示。

（6）单击"插入"按钮，即可插入该视频文件，调整视频大小，效果如图 5-226 所示。

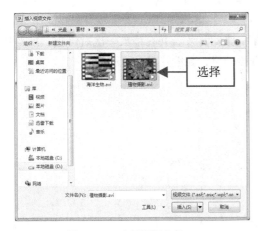

图 5-225　选择视频文件

图 5-226　插入视频

5.8.5　设置视频选项

选中视频，切换至"播放"面板，在"视频选项"选项板中，用户可以根据自己的需要对插入的视频进行设置。

1. 设置播放和暂停效果用于自动或单击时

➤ 设置播放和暂停效果为自动播放，只需要单击"视频选项"选项板中的"开始"下拉按钮，在弹出的列表框中选择"自动"选项，如图 5-227 所示，即可设置自动播放视频。

➤ 设置播放和暂停效果为单击时播放，只需要单击"视频选项"选项板中的"开始"下拉按钮，在弹出的列表框中选择"单击时"选项即可，如图 5-228 所示。

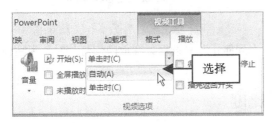

图 5-227　选择"自动"选项

图 5-228　选择"单击时"选项

2. 调整视频尺寸

调整视频尺寸的方法有以下两种。

➤ 选中视频，切换至"格式"面板，在"大小"选项板中直接输入宽度和高度的具体数值，即可设置视频的大小，如图 5-229 所示。

➤ 单击"大小"选项板右下角的扩展按钮，弹出"设置视频格式"对话框，在"大小"选项区中输入宽度和高度的具体数值，即可设置视频的大小。

3. 设置全屏播放视频

在"视频选项"选项板中，选中"全屏播放"复选框，如图 5-230 所示。在播放时 PowerPoint 会自动将视频显示为全屏模式。

4. 设置视频音量。

在"音量"列表框中，用户可以根据需要选择"低"、"中"、"高"和"静音"4 个选项，如图 5-231 所示。

5. 设置视频倒带。

将视频设置为播放后倒带，视频将自动返回到第一张幻灯片，并在播放一次后停止，只需要选中"视频选项"选项板中的"播完返回开头"复选框即可，如图 5-232 所示。

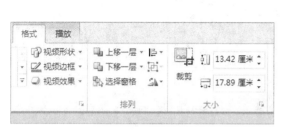

图 5-229 设置视频大小

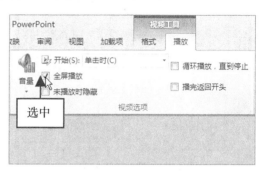

图 5-230 选中"全屏播放"复选框

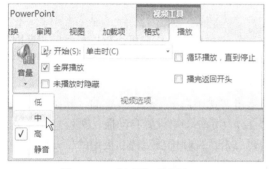

图 5-231 "音量"列表框

图 5-232 设置视频倒带

6. 快速设置视频循环播放。

在"视频选项"选项板中，选中"循环播放，直到停止"复选框，在放映幻灯片时，视频会自动循环播放，直到下一张幻灯片才停止放映。

5.8.6 调整游乐车视频亮度和对比度

当导入的视频在拍摄过程中太暗或太亮时，用户可以运用"调整"选项板中的相关命令对视频进行修复处理。

素材文件	光盘\素材\第 5 章\游乐车.pptx、游乐车.avi
效果文件	光盘\效果\第 5 章\游乐车.pptx
视频文件	光盘\视频\第 5 章\5.8.6 调整游乐车视频亮度和对比度

（1）按【Ctrl＋O】组合键，打开一个素材文件，如图 5-233 所示。

（2）在编辑区中选择需要调整亮度和对比度的视频，如图 5-234 所示。

（3）切换至"视频工具"中的"格式"面板，单击"调整"选项板中的"更正"下拉按钮，如图 5-235 所示。

（4）在弹出的列表框中，选择"亮度：+20%对比度：+40%"选项，如图 5-236 所示。

（5）执行操作后，即可调整视频的亮度和对比度，如图 5-237 所示。

（6）在视频的下方，单击悬浮面板中的"播放/暂停"按钮，播放视频，效果如图 5-238 所示。

图 5-233　打开一个素材文件

图 5-234　选择视频

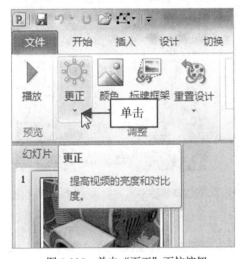

图 5-235　单击"更正"下拉按钮

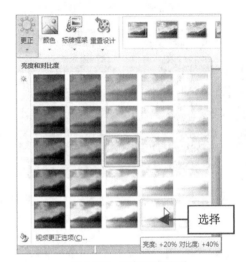

图 5-236　选择相应选项

▶ 专家指点

　　弹出的"更正"列表框中包括 25 种亮度和对比度模式，用户可以根据需要的视频效果，选择合适的模式，对视频进行调整。

图 5-237　调整视频的亮度和对比度

图 5-238　播放视频

5.8.7 设置兔子视频颜色

在 PowerPoint 2010 中，若用户需要改变视频颜色，可通过"重新着色"列表框中的各选项进行设置。

素材文件	光盘\素材\第 5 章\兔子.pptx
效果文件	光盘\效果\第 5 章\兔子.pptx
视频文件	光盘\视频\第 5 章\5.8.7　设置兔子视频颜色

（1）按【Ctrl＋O】组合键，打开一个素材文件，如图 5-239 所示。

（2）在编辑区中选择需要设置颜色的视频，如图 5-240 所示。

图 5-239　打开一个素材文件　　　　　　　　图 5-240　选择视频

（3）切换至"视频工具"中的"格式"面板，单击"调整"选项板中的"颜色"下拉按钮，如图 5-241 所示。

（4）在弹出的列表框中选择"深红，强调文字颜色 5 浅色"选项，如图 5-242 所示。

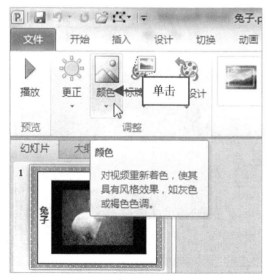
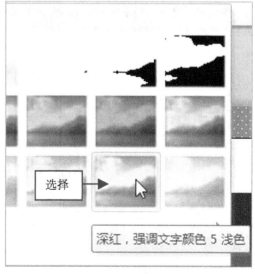

图 5-241　单击"颜色"下拉按钮　　　　　图 5-242　选择"深红，强调文字颜色 5 浅色"选项

▶ 专家指点

在弹出的"颜色"列表框中，用户还可以选择"视频颜色选项"选项，在弹出的"设置视频格式"对话框中，用户可以对视频的属性进行设置。

（5）执行操作后，即可设置视频的颜色，如图 5-243 所示。

（6）在视频的下方，单击悬浮面板中的"播放/暂停"按钮，播放视频，效果如图 5-244 所示。

图 5-243　设置视频的颜色　　　　　　　　　　　图 5-244　播放视频

5.8.8　设置花香视频样式

与图表及其他对象一样，PowerPoint 也为视频提供了视频样式，视频样式可以使视频应用不同的视频样式效果、视频形状和视频边框等。

素材文件	光盘\素材\第 5 章\花香.pptx
效果文件	光盘\效果\第 5 章\花香.pptx
视频文件	光盘\视频\第 5 章\5.8.8　设置花香视频样式

（1）按【Ctrl + O】组合键，打开一个素材文件，如图 5-245 所示。

（2）在编辑区中选择需要设置样式的视频，如图 5-246 所示。

（3）切换至"视频工具"中的"格式"面板，在"视频样式"选项板中单击"其他"下拉按钮，如图 5-247 所示。

（4）在弹出的列表框中选择"圆形对角，白色"选项，如图 5-248 所示。

图 5-245　打开一个素材文件　　　　　　　　　　图 5-246　选择视频

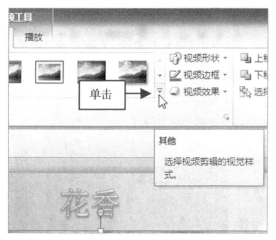

图 5-247　单击"其他"下拉按钮

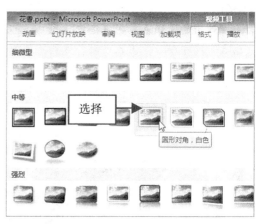

图 5-248　选择"圆形对角，白色"选项

（5）执行操作后，即可应用视频样式，如图 5-249 所示。

（6）在"视频样式"选项板中单击"视频形状"下拉按钮，如图 5-250 所示。

（7）弹出列表框，在"流程图"选项区中选择"流程图：可选过程"选项，如图 5-251 所示。

（8）执行操作后，即可设置视频的形状，如图 5-252 所示。

图 5-249　应用视频样式

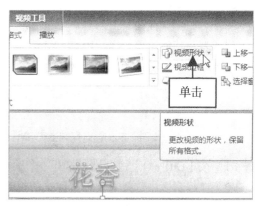

图 5-250　单击"视频形状"下拉按钮

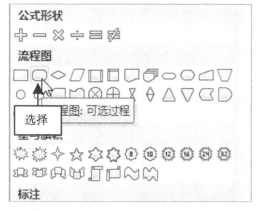

图 5-251　选择"流程图：可选过程"选项

图 5-252　设置视频形状

（9）单击"视频样式"选项板中的"视频边框"下拉按钮，如图 5-253 所示。

（10）弹出列表框，在"标准色"选项区中选择"浅绿"选项，如图 5-254 所示。

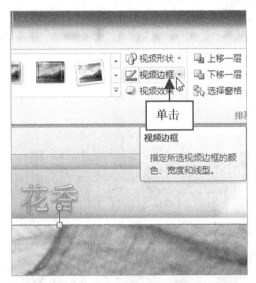

图 5-253　单击"视频边框"下拉按钮

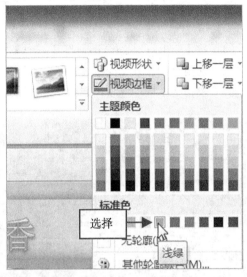

图 5-254　选择"浅绿"选项

（11）设置完成后，视频将以设置的样式显示，效果如图 5-255 所示。

图 5-255　设置视频样式

▶ 专家指点

　　影片都是以链接的方式插入的，如果要在另一台计算机上播放，则需要在复制演示文稿的同时复制它所链接的影片文件。

5.9　综合练兵——制作《想象说话》课件

　　在 PowerPoint 中，可以根据需要制作《想象说话》课件。下面向读者介绍制作想象说话课件的操作方法。

素材文件	光盘\素材\第 5 章\想象说话.pptx
效果文件	光盘\效果\第 5 章\想象说话.pptx
视频文件	光盘\视频\第 5 章\5.9 综合练兵——制作《想象说话》课件

（1）按【Ctrl + O】组合键，打开一个素材文件，如图 5-256 所示。

（2）切换至"插入"面板，在"文本"选项板中单击"文本框"下拉按钮，在弹出的列表框中选择"横排文本框"选项，如图 5-257 所示。

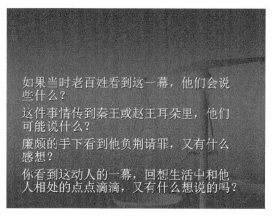

图 5-256　打开一个素材文件　　　　　　　　　　图 5-257　选择"横排文本框"选项

（3）在编辑区中的合适位置，单击鼠标左键并拖曳，绘制文本框，如图 5-258 所示。

（4）在文本框中，输入文本"根据故事想象说话"，如图 5-259 所示。

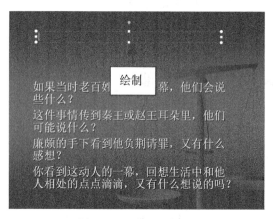
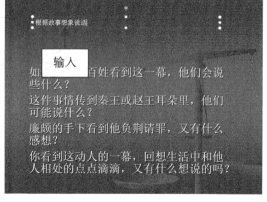

图 5-258　绘制文本框　　　　　　　　　　　图 5-259　输入文本

（5）选择输入的文本，单击"字体"右侧的下拉按钮，在弹出的下拉列表框中选择"微软雅黑"选项，如图 5-260 所示。

（6）单击"字号"右侧的下拉按钮，在弹出的列表框中选择"48"选项，如图 5-261 所示。

（7）单击"加粗"和"文字阴影"按钮，然后单击"字体颜色"下拉按钮，在弹出的列表框中选择"橙色"选项，如图 5-262 所示。

（8）在"段落"选项板中单击"居中"按钮，得到最终文字效果，如图 5-263 所示。

图 5-260　选择"微软雅黑"选项

图 5-261　选择"48"选项

图 5-262　选择"橙色"选项

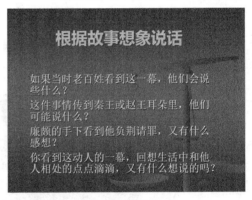

图 5-263　文字效果

（9）在编辑区中选择相应文本内容，如图 5-264 所示。

（10）单击"段落"选项板中的"项目符号"下拉按钮，在弹出的列表框中选择"项目符号和编号"选项，如图 5-265 所示。

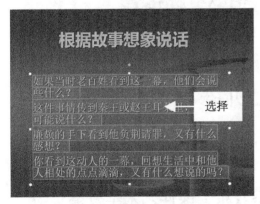

图 5-264　选择相应文本内容

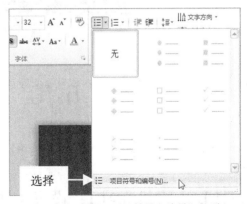

图 5-265　选择"项目符号和编号"选项

（11）弹出"项目符号和编号"对话框，在"项目符号"选项卡中选择"箭头项目符号"选项，如图 5-266 所示。

（12）单击"颜色"右侧的下拉按钮，在弹出的列表框中的"标准色"选项区中选择"褐色，背景 2，深色 25%"选项，如图 5-267 所示。

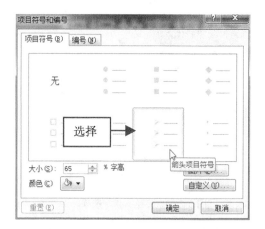

图 5-266　选择"箭头项目符号"选项

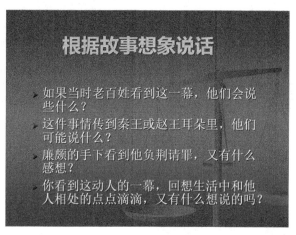

图 5-267　选择"褐色，背景 2，深色 25%"选项

（13）单击"确定"按钮，即可为文本设置项目符号，完成《想象说话》课件的制作，效果如图 5-268 所示。

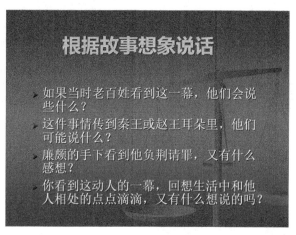

图 5-268　《想象说话》课件效果

5.10　上机练习

本章重点介绍了图形特效课件模板的操作方法，本节将通过上机练习题，对本章的知识点进行回顾。

5.10.1　上机练习 1：设置《通俗音乐》课件艺术字效果

打开"光盘\素材\第 5 章"文件夹下的通俗音乐.pptx，如图 5-269 所示，尝试设置《通俗音乐》课件的艺术字效果，效果如图 5-270 所示。

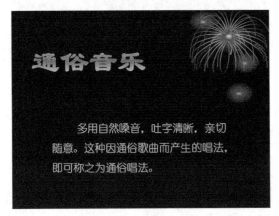

图 5-269　打开一个素材文件

图 5-270　《通俗音乐》课件效果

5.10.2　上机练习 2：为《阿基米德原理》课件插入声音

打开"光盘\素材\第 5 章"文件夹下的阿基米德原理.pptx，如图 5-271 所示，尝试为《阿基米德原理》课件插入声音，效果如图 5-272 所示。

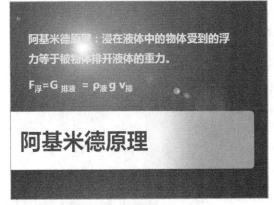

图 5-271　打开一个素材文件

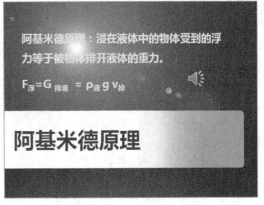

图 5-272　《阿基米德原理》课件效果

控件及母版的应用

第6章

学习提示

　　在幻灯片中添加图片、表格、图表等特效，可以更生动形象地阐述主题和表达思想，插入这些元素时，应注意其与幻灯片之间的联系，使其与主题统一。本章主要向读者介绍图形特效课件模板制作、表格特效课件模板制作、动画特效课件模板制作、切换特效课件模板制作以及母版的操作方法，希望读者可以熟练掌握。

本章重点

- 图形特效课件模板制作
- 表格特效课件模板制作
- 图表课件模板制作
- 动画特效课件模板制作
- 切换特效课件模板制作
- 应用幻灯片母版

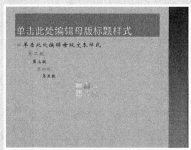

6.1　图形特效课件模板制作

PowerPoint 2010 具有齐全的绘画和图形功能,用户可以利用三维和阴影效果、纹理、图片或透明填充以及自选图形来修饰文本和图形。幻灯片配有图形,不仅能使文本更容易理解,而且是十分有效的修饰方法。

6.1.1　制作图形课件

在幻灯片中各图形对象之间绘制直线,可以方便地将多个不相干的图形组合在一起,形成一个整体。

	素材文件	光盘\素材\第 6 章\音乐时代风格.pptx
	效果文件	光盘\效果\第 6 章\音乐时代风格.pptx
	视频文件	光盘\视频\第 6 章\6.1.1　制作图形课件

(1)按【Ctrl + O】组合键,打开一个素材文件,如图 6-1 所示。

(2)切换至"插入"面板,在"插图"选项板中单击"形状"按钮,如图 6-2 所示。

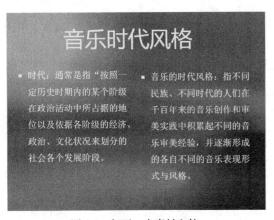

图 6-1　打开一个素材文件

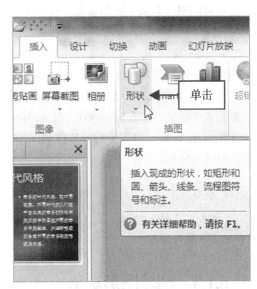

图 6-2　单击"形状"按钮

▶ **专家指点**

组合对象将作为单个对象对待,可以同时对组合后的所有对象进行翻转、旋转以及调整大小或比例等操作。

(3)弹出列表框,选择"直线"选项,如图 6-3 所示。

（4）在编辑区中需要绘制直线的位置，单击鼠标左键并拖曳，至合适位置后，释放鼠标左键，绘制直线，如图 6-4 所示。

图 6-3　选择"直线"选项　　　　　　　　　　图 6-4　绘制直线

6.1.2　旋转图形对象

在 PowerPoint 2010 中，用户还可以根据需要对图形进行任意角度的自由旋转操作。

旋转图形对象的方法很简单，只需在幻灯片中选择要进行旋转的图形，然后根据需要进行下列操作之一。

➤ 向左旋转 90°。切换至"格式"面板，在"排列"选项板中，单击"旋转"按钮 🔄，在弹出的列表中选择"向左旋转 90°"选项即可。

➤ 向右旋转 90°。切换至"格式"面板，在"排列"选项板中，单击"旋转"按钮 🔄，在弹出的列表中选择"向右旋转 90°"选项即可。

➤ 自由旋转。将鼠标指针放置到图形上方的旋转控制点上，当鼠标指针呈 ⟳ 状时，拖曳鼠标即可进行旋转。

▶ 专家指点

　　单击"旋转"按钮，在弹出的列表框中选择"其他旋转选项"选项，在弹出的相应对话框中也可以旋转图形。

6.1.3　翻转图形对象

在 PowerPoint 2010 中，用户还可以根据需要对图形进行翻转操作，翻转图形不会改变图形的整体形状。

翻转图形对象的方法很简单，在幻灯片中选择要进行翻转的图形，然后根据需要进行下列操作之一。

➤ 垂直翻转。切换至"格式"面板，在"排列"选项板中，单击"旋转"按钮 🔄，在弹出的列表中选择"垂直翻转"选项即可。

➢ 水平翻转。切换至"格式"面板，在"排列"选项板中，单击"旋转"按钮 🔄，在弹出的列表中选择"水平翻转"选项即可。

6.1.4　调整叠放次序

在同一区域绘制多个图形时，最后绘制图形的部分或全部将自动覆盖前面图形的部分或全部，即重叠的部分会被遮掩。

调整叠放次序的方法是，选择需要调整叠放次序的图形，切换至"格式"面板，在"排序"选项板中选择叠放次序即可，如图 6-5 所示。

图 6-5　选择叠放次序

在 PowerPoint 2010 中有 4 种叠放次序，其含义如下。

➢ 上移一层。将选择的图形对象在整个叠放对象中的位置向上移动一层。
➢ 置于顶层。将选择的图形对象显示在所有叠放对象的最顶层。
➢ 下移一层。将选择的图形对象在整个叠放对象中的位置向下移动一层。
➢ 置于底层。将选择的图形对象显示在所有叠放对象的最底层。

▶ 专家指点

　选择需要调整叠放次序的图形，单击鼠标右键，在弹出的快捷菜单中选择相应选项，也可以调整图形叠放次序。

6.1.5　制作 SmartArt 图形课件

SmrartArt 图形是信息和观点的视觉表示形式。创建 SmrartArt 图形可以非常直观地说明层级关系、附属关系、并列关系以及循环关系等各种常见的关系，而且制作出来的图形漂亮精美，具有很强的立体感和画面感。

在 PowerPoint 2010 中，插入列表图形课件可以将分组信息或相关信息显示出来，下面介绍制作列表图形课件的方法。

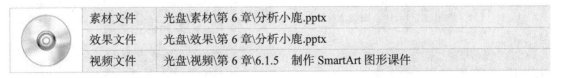

素材文件	光盘\素材\第 6 章\分析小鹿.pptx
效果文件	光盘\效果\第 6 章\分析小鹿.pptx
视频文件	光盘\视频\第 6 章\6.1.5　制作 SmartArt 图形课件

（1）按【Ctrl + O】组合键，打开一个素材文件，如图 6-6 所示。
（2）切换至"插入"面板，在"插图"选项板中单击"SmartArt"按钮，如图 6-7 所示。
（3）弹出"选择 SmartArt 图形"对话框，切换至"列表"选项卡，在中间的下拉列表框中选择"垂直框列表"选项，如图 6-8 所示。

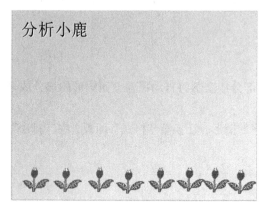

图 6-6　打开一个素材文件

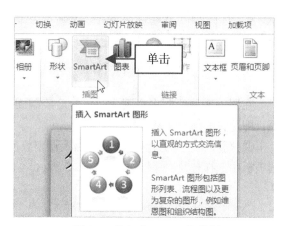

图 6-7　单击"SmartArt"按钮

（4）单击"确定"按钮，即可插入列表图形，如图 6-9 所示。

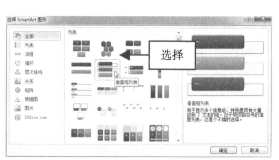

图 6-8　选择"垂直块列表"选项

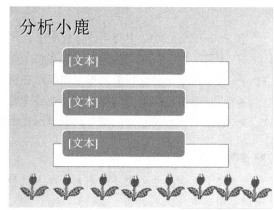

图 6-9　插入列表图形

（5）单击 SmartArt 图形中的文本占位符，输入文本"勤劳"，如图 6-10 所示。

（6）用以上方法，输入文本"有礼貌"、"有爱心"即可，效果如图 6-11 所示。

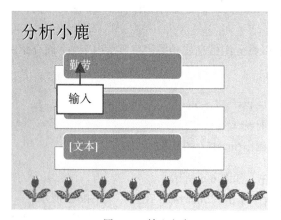

图 6-10　输入文本

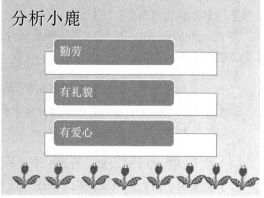

图 6-11　输入其他文本

▶ 专家指点

　　将 SmartArt 图形保存为图片格式，只需要选中 SmartArt 图形并单击鼠标右键，在弹出的快捷菜单中选择"另存为图片"选项，在弹出的"另存为"对话框中选择要保存的图片格式，再单击"保存"按钮即可。

6.2　表格特效课件模板制作

　　表格是由行列交错的单元格组成的，在每一个单元格中，用户可以输入文字或数据，并对表格进行编辑。PowerPoint 支持多种插入表格的方式，可以在幻灯片中直接插入，也可以利用占位符插入。

6.2.1　创建课件中的表格

　　自动插入表格功能，能够方便用户完成表格的创建，提高在幻灯片中添加表格的效率。下面介绍自动插入表格的操作方法。

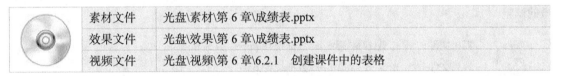

素材文件	光盘\素材\第 6 章\成绩表.pptx
效果文件	光盘\效果\第 6 章\成绩表.pptx
视频文件	光盘\视频\第 6 章\6.2.1　创建课件中的表格

　　（1）按【Ctrl + O】组合键，打开一个素材文件，如图 6-12 所示。
　　（2）切换至"插入"面板，在"表格"选项板中单击"表格"下拉按钮，如图 6-13 所示。

图 6-12　打开素材文件

图 6-13　单击"表格"下拉按钮

　　（3）在弹出的网格区域中拖曳鼠标，选择"8×7 表格"数据，如图 6-14 所示。
　　（4）单击鼠标左键，即可插入表格，调整表格大小和位置，效果如图 6-15 所示。

图 6-14 选择需要创建的行、列数据

图 6-15 自动插入表格后的效果

6.2.2 导入 Word 表格

PowerPoint 不仅可以创建表格、插入表格、手绘表格，还可以从外部导入表格。

在 PowerPoint 2010 中，用户可以将 Word 中的表格直接导入至幻灯片中，还可以对其进行细微的调整。

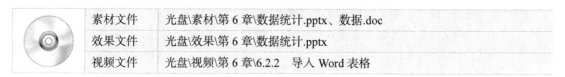

素材文件	光盘\素材\第 6 章\数据统计.pptx、数据.doc
效果文件	光盘\效果\第 6 章\数据统计.pptx
视频文件	光盘\视频\第 6 章\6.2.2 导入 Word 表格

（1）按【Ctrl + O】组合键，打开一个素材文件，如图 6-16 所示。

（2）切换至"插入"面板，在"文本"选项板中单击"对象"按钮，如图 6-17 所示。

图 6-16 打开一个素材文件

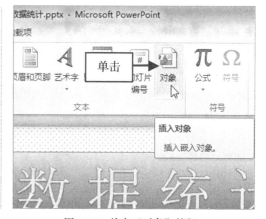

图 6-17 单击"对象"按钮

（3）弹出"插入对象"对话框，选中"由文件创建"单选按钮，如图 6-18 所示。

（4）单击"浏览"按钮，弹出"浏览"对话框，选择需要的文件，如图 6-19 所示。

（5）依次单击"确定"按钮，即可导入 Word 表格，效果如图 6-20 所示。

（6）单击鼠标左键并拖曳表格边框，调整表格的大小与位置，效果如图 6-21 所示。

图 6-18　选中"由文件创建"单选按钮

图 6-19　选择需要的文件

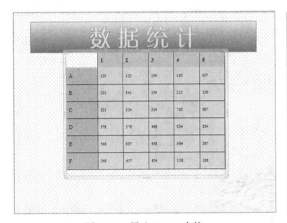

图 6-20　导入 Word 表格

图 6-21　调整表格大小与位置

▶ 专家指点

　　在 PowerPoint 中导入外部表格后，为了使表格更加美观，用户可以对单元格进行细微调整，另外也可以对其进行分布操作。

6.2.3　导入 Excel 表格

　　在 PowerPoint 2010 中还可以导入 Excel 表格，用户可以根据需要对导入的表格进行编辑与处理。

素材文件	光盘\素材\第 6 章\成绩.pptx
效果文件	光盘\效果\第 6 章\成绩.pptx
视频文件	光盘\视频\第 6 章\6.2.3　导入 Excel 表格

（1）按【Ctrl＋O】组合键，打开一个素材文件，如图 6-22 所示。

（2）切换至"插入"面板，在"文本"选项板中单击"对象"按钮，如图 6-23 所示。

图 6-22　打开一个素材文件　　　　　　　　　图 6-23　单击"对象"按钮

（3）弹出"插入对象"对话框，选中"由文件创建"单选按钮，单击"浏览"按钮，如图 6-24 所示。

（4）弹出"浏览"对话框，选择合适的表格文件，效果如图 6-25 所示。

图 6-24　单击"浏览"按钮　　　　　　　　　图 6-25　选择合适的表格文件

（5）依次单击"确定"按钮，在幻灯片中插入表格，如图 6-26 所示。

（6）拖曳表格边框，调整表格的大小和位置，效果如图 6-27 所示。

图 6-26　插入表格　　　　　　　　　　　　　图 6-27　调整表格

6.2.4　设置课件表格效果

插入到幻灯片中的表格，不仅可以像文本框和占位符一样被选中、移动、调整大小，还可以为其添加底纹、边框样式、边框颜色以及表格特效等。

在 PowerPoint 2010 中，在幻灯片中插入表格以后，用户可以像设置艺术字图形一样，对表格进行特效设置。

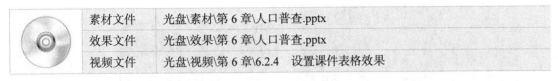

素材文件	光盘\素材\第 6 章\人口普查.pptx
效果文件	光盘\效果\第 6 章\人口普查.pptx
视频文件	光盘\视频\第 6 章\6.2.4　设置课件表格效果

（1）按【Ctrl + O】组合键，打开一个素材文件，如图 6-28 所示。

（2）在编辑区中选择需要设置特效的表格，如图 6-29 所示。

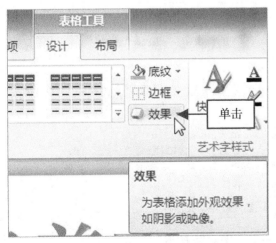

图 6-28　打开一个素材文件

图 6-29　选择表格

（3）切换至"表格工具"中的"设计"面板，在"表格样式"选项板中单击"效果"下拉按钮，如图 6-30 所示。

（4）在弹出的列表框中选择"单元格凹凸效果"|"松散嵌入"选项，如图 6-31 所示。

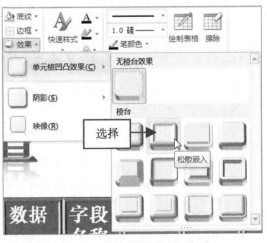

图 6-30　单击"效果"下拉按钮

图 6-31　选择"松散嵌入"选项

（5）执行操作后，即可设置表格凹凸效果，如图 6-32 所示。

（6）单击"效果"下拉按钮，在弹出的列表框中，选择"阴影"|"向上偏移"选项，如图 6-33 所示。

图 6-32　表格凹凸效果

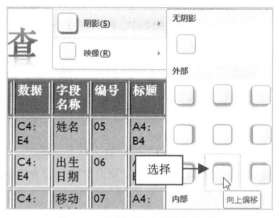
图 6-33　选择"向上偏移"选项

（7）执行操作后，即可设置表格效果，如图 6-34 所示。

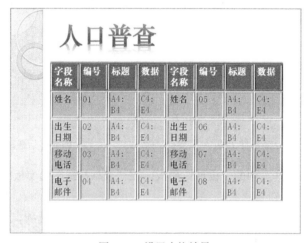
图 6-34　设置表格效果

6.2.5　设置课件表格文本样式

在 PowerPoint 2010 中，可以为表格中的文字设置艺术样式，包括设置快速样式、文本填充、文本轮廓和文本效果等。

"快速样式"用来设置表格中的文本填充、颜色、轮廓和投影等样式。

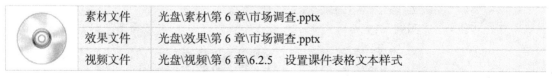

素材文件	光盘\素材\第 6 章\市场调查.pptx
效果文件	光盘\效果\第 6 章\市场调查.pptx
视频文件	光盘\视频\第 6 章\6.2.5　设置课件表格文本样式

（1）按【Ctrl＋O】组合键，打开一个素材文件，如图 6-35 所示。

（2）在编辑区中选择需要设置样式的表格文本，如图 6-36 所示。

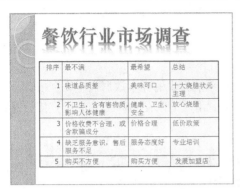

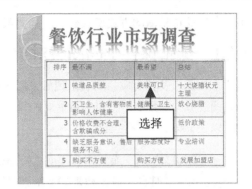

图 6-35　打开一个素材文件　　　　　　　　图 6-36　选择文本

（3）切换至"表格工具"中的"设计"面板，单击"艺术字样式"选项板中的"快速样式"下拉按钮，如图 6-37 所示。

（4）在弹出的列表框中选择相应选项，如图 6-38 所示。

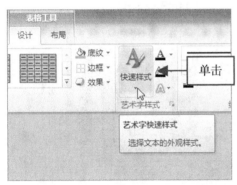

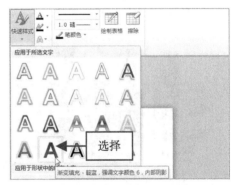

图 6-37　单击"快速样式"下拉按钮　　　　图 6-38　选择相应选项

（5）执行操作后，即可设置文本样式，如图 6-39 所示。

（6）用以上方法，设置其他文本的样式，效果如图 6-40 所示。

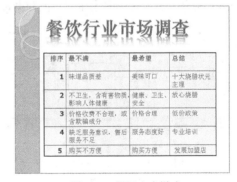

图 6-39　设置文本样式　　　　　　　　　图 6-40　设置文本样式

6.3　图表课件模板制作

与文字相比，形象直观的图表更容易让人理解，插入至幻灯片中的图表使幻灯片的显示效果更加清晰，以简单易懂的方式反映数据间的关系。

6.3.1　编辑课件中的图表对象

当样本数据表及其对应的图表出现后，用户可在系统提供的样本数据表中完全按自己的需要重新输入图表数据。数字是图表中最重要的元素之一，用户可以在 PowerPoint 中直接设置数字格式，也可以在 Excel 中进行设置。

素材文件	光盘\素材\第 6 章\产品销售分析.pptx
效果文件	光盘\效果\第 6 章\产品销售分析.pptx
视频文件	光盘\视频\第 6 章\6.3.1　编辑课件中的图表对象

（1）按【Ctrl + O】组合键，打开一个素材文件，如图 6-41 所示。
（2）在编辑区中选择图表，如图 6-42 所示。

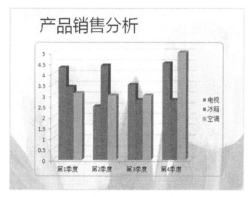

图 6-41　打开一个素材文件

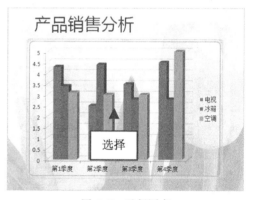

图 6-42　选择图表

（3）切换至"图表工具"中的"布局"面板，在"标签"选项板中单击"数据标签"下拉按钮，如图 6-43 所示。
（4）在弹出的列表框中选择"其他数据标签选项"选项，如图 6-44 所示。

图 6-43　单击"数据标签"下拉按钮

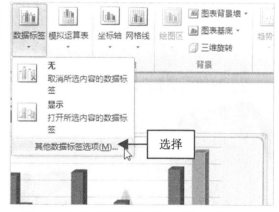

图 6-44　选择"其他数据标签选项"选项

（5）弹出"设置数据标签格式"对话框，切换至"数字"选项卡，如图 6-45 所示。
（6）在"数字"选项区中的"类别"列表框中，选择"数字"选项，如图 6-46 所示，在"数字"选项区中，将显示数字的相关信息。

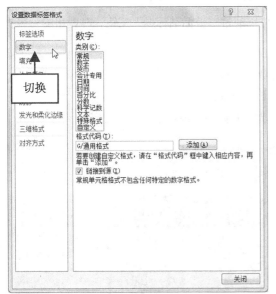

图 6-45　切换至"数字"选项卡　　　　　　　图 6-46　选择"数字"选项

（7）单击"关闭"按钮，即可设置数字格式，如图 6-47 所示。

▶ 专家指点

　　在"设置数据标签格式"对话框中，切换至"数字"选项卡，在"数字"选项区中的"类别"列表框中，还可以设置"货币"、"会计专用"、"日期"、"时间"和"分数"等标签格式。

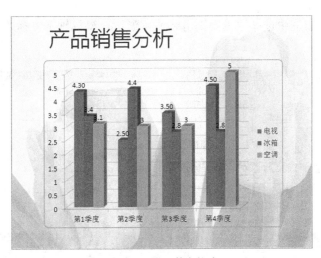

图 6-47　设置数字格式

6.3.2　为《电脑销售分析》添加坐标轴标题

　　创建图表后，用户可以更改图表的外观，可以快速将一个预定义布局和图表样式应用到现有的图表中，而无需手动添加或更改图表元素或设置图表格式。PowerPoint 提供了多种预定的布局和样式（或快速布局、快速样式），用户可以从中选择。

在 PowerPoint 2010 中，用户在创建图表后，可以通过"坐标轴标题"按钮，对弹出的列表框中的各选项进行设置。

素材文件	光盘\素材\第 6 章\电脑销售分析.pptx
效果文件	光盘\效果\第 6 章\电脑销售分析.pptx
视频文件	光盘\视频\第 6 章\6.3.2　为《电脑销售分析》添加坐标轴标题

（1）按【Ctrl＋O】组合键，打开一个素材文件，如图 6-48 所示。

（2）在编辑区中选择需要添加坐标轴标题的图表，如图 6-49 所示。

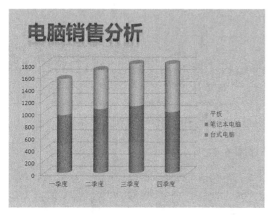

图 6-48　打开一个素材文件　　　　　　　　　图 6-49　选择图表

（3）切换至"图表工具"中的"布局"面板，在"标签"选项板中单击"坐标轴标题"下拉按钮，如图 6-50 所示。

（4）在弹出的列表框中选择"主要横坐标轴标题"|"坐标轴下方标题"选项，如图 6-51 所示。

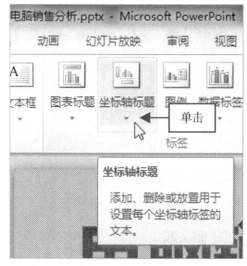
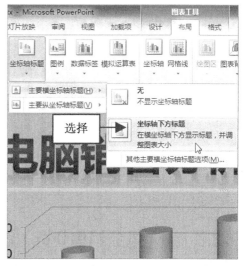

图 6-50　单击"坐标轴标题"下拉按钮　　　　图 6-51　选择"坐标轴下方标题"选项

（5）执行操作后，即可添加坐标轴标题，如图 6-52 所示。

（6）在坐标轴文本框中输入文字为"销售量"，效果如图 6-53 所示。

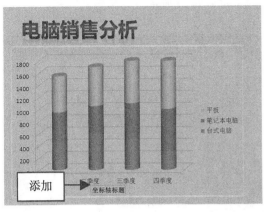

图 6-52 添加坐标轴标题

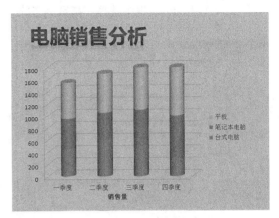

图 6-53 输入并设置文本

▶ 专家指点

　　图表数据表中允许用户导入其他软件生成的数据或电子表格，生产统计图表。用户可以根据自己的需要选择导入文件的类型，以制作符合需求的图表。

6.3.3 添加《人均收入情况》图表趋势线

在二维面积图、条形图、柱形图、折线图以及 XY 散点图中，可以增加趋势线，用以描述数据系列中数据值的总趋势，并可基于已存在的数据预见最近的将来数据点的情况。趋势线是数据趋势的图形表示形式，可用于分析、预测数据变化趋势。

素材文件	光盘\素材\第 6 章\人均收入情况.pptx
效果文件	光盘\效果\第 6 章\人均收入情况.pptx
视频文件	光盘\视频\第 6 章\6.3.3 添加《人均收入情况》图表趋势线

（1）按【Ctrl + O】组合键，打开一个素材文件，如图 6-54 所示。

（2）在编辑区中选择需要添加趋势线的图表，如图 6-55 所示。

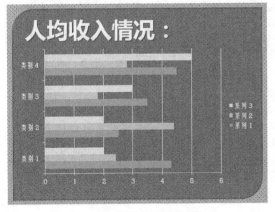

图 6-54 打开一个素材文件

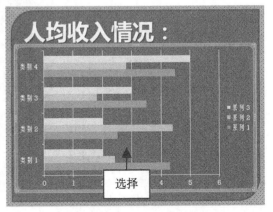

图 6-55 选择图表

（3）切换至"图表工具"中的"布局"面板，单击"分析"选项板中的"趋势线"下拉按钮，如图 6-56 所示。

（4）在弹出的列表框中选择"指数趋势线"选项，如图 6-57 所示。

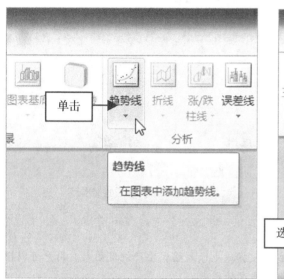

图 6-56　单击"趋势线"下拉按钮

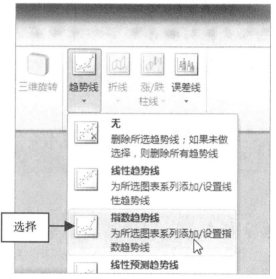

图 6-57　选择"指数趋势线"选项

▶ 专家指点

　　在图表中还可以插入误差线描述数据中可能出现的小偏差，误差量有 3 种表示方法：标准误差误差线、百分比误差线以及标准偏差误差线。

（5）弹出"添加趋势线"对话框，在"添加基于系列的趋势线"列表框中选择"系列 2"选项，如图 6-58 所示。

（6）单击"确定"按钮，即可在图表中添加趋势线，效果如图 6-59 所示。

图 6-58　选择"系列 2"选项

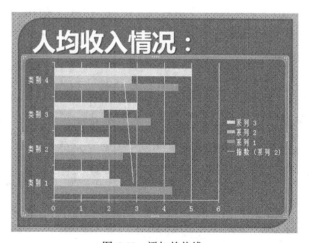

图 6-59　添加趋势线

▶ 专家指点

要删除趋势线，可以先选中该趋势线，再按【Delete】键，或单击鼠标右键，在弹出的快捷菜单中选择"清除"选项。

6.4 动画特效课件模板制作

PowerPoint 中包含的动画效果繁多，用户可以运用其提供的动画效果，将幻灯片中的标题、文本、图表或图片等对象设置以动态的方式进行播放。

6.4.1 添加课件动画效果

在 PowerPoint 2010 中的"动作路径"动画中，用户可以将幻灯片中的文本或图形对象设置为心形动画效果。

素材文件	光盘\素材\第 6 章\苏州弹词.pptx	
效果文件	光盘\效果\第 6 章\苏州弹词.pptx	
视频文件	光盘\视频\第 6 章\6.4.1 添加课件动画效果	

（1）按【Ctrl + O】组合键，打开一个素材文件，如图 6-60 所示。
（2）在编辑区中，选择需要添加心形动画效果的文本，如图 6-61 所示。

▶ 专家指点

在"更改动作路径"对话框中，包含有 3 种动作路径选项区，分别是"基本"选项区、"直线和曲线"选项区和"特殊"选项区，用户可以在这些选项区中选择中意的动作路径动画效果。

图 6-60 打开一个素材文件

图 6-61 选择文本

（3）切换至"动画"面板，在"动画"选项板中单击"其他"下拉按钮，在弹出的列表框中，选择"其他动作路径"选项，如图 6-62 所示。
（4）弹出"更改动作路径"对话框，在"基本"选项区中选择"心形"选项，如图 6-63

所示。

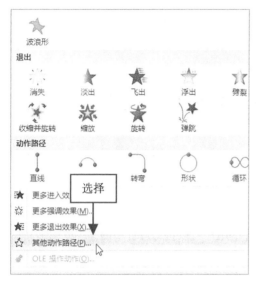

图 6-62　选择"其他动作路径"选项　　　　　　　图 6-63　选择"心形"选项

（5）单击"确定"按钮，即可添加心形动画效果，单击"预览"选项板中的"预览"按钮，即可预览心形动画效果，如图 6-64 所示。

图 6-64　预览心形动画效果

6.4.2　编辑课件动画效果

当为对象添加动画效果之后，该对象就应用了默认的动画格式。这些动画格式主要包括动画开始运行的方式、变化方向、运行速度、延时方案及重复次数等属性。

在 PowerPoint 2010 中，动画效果可以按系列、类别或元素放映，用户可以对幻灯片中的内容进行设置。

素材文件	光盘\素材\第 6 章\计算机讲解框架.pptx
效果文件	光盘\效果\第 6 章\计算机讲解框架.pptx
视频文件	光盘\视频\第 6 章\6.4.2　编辑课件动画效果

（1）按【Ctrl＋O】组合键，打开一个素材文件，如图 6-65 所示。

（2）在编辑区中选择相应的文本，如图 6-66 所示。

图 6-65　打开一个素材文件　　　　　　　　图 6-66　选择文本

（3）切换至"动画"面板，在"动画"选项板中单击"效果选项"下拉按钮，如图 6-67 所示。

（4）弹出列表框，在"方向"选项区中选择"缩小"选项，如图 6-68 所示。

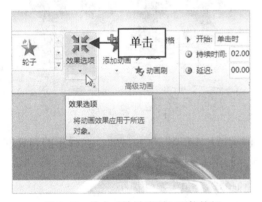
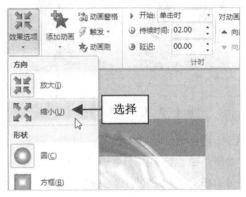

图 6-67　单击"效果选项"下拉按钮　　　　图 6-68　选择"缩小"选项

（5）执行操作后，即可设置动画效果选项，单击"预览"选项板中的"预览"按钮，预览动画效果，如图 6-69 所示。

图 6-69　预览动画效果

6.4.3 为《四色图效果》课件绘制动作路径动画

PowerPoint 2010 中的动作路径动画提供了大量预设路径效果，如果不能满足需求，用户还可以自定义动画路径。

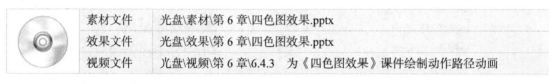

素材文件	光盘\素材\第 6 章\四色图效果.pptx
效果文件	光盘\效果\第 6 章\四色图效果.pptx
视频文件	光盘\视频\第 6 章\6.4.3　为《四色图效果》课件绘制动作路径动画

（1）按【Ctrl＋O】组合键，打开一个素材文件，如图 6-70 所示。

（2）在编辑区中，选择需要绘制动画的对象，如图 6-71 所示。

图 6-70　打开一个素材文件

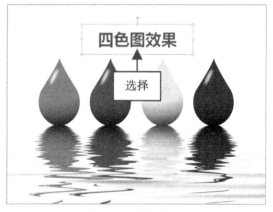

图 6-71　选择对象

（3）切换至"动画"面板，单击"动画"选项板中的"其他"下拉按钮，在弹出的列表框中的"动作路径"选项区中选择"自定义路径"选项，如图 6-72 所示。

（4）在幻灯片中的合适位置，拖曳鼠标绘制动画路径，如图 6-73 所示。

图 6-72　选择"自定义路径"选项

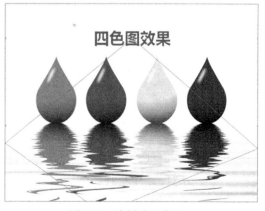

图 6-73　绘制动画路径

（5）绘制完成后，单击"预览"选项板中的"预览"按钮，预览动画效果，如图 6-74 所示。

图 6-74　预览动画效果

▶ 专家指点

　　当绘制完一段开放路径时，动作路径起始端将显示一个绿色标志，结束端将显示一个红色标志，两个标志以一条虚线链接。

6.4.4　为《缤纷季节》添加动画声音

在 PowerPoint 2010 中的每张幻灯片的动画效果中，用户还可以添加相应的声音。

素材文件	光盘\素材\第 6 章\缤纷季节.pptx
效果文件	光盘\效果\第 6 章\缤纷季节.pptx
视频文件	光盘\视频\第 6 章\6.4.4　为《缤纷季节》添加动画声音

（1）按【Ctrl + O】组合键，打开一个素材文件，如图 6-75 所示。
（2）在编辑区中，选择需要添加动画声音的对象，如图 6-76 所示。

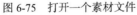

图 6-75　打开一个素材文件　　　　　　　图 6-76　选择对象

　　（3）切换至"动画"面板，单击"动画"选项板右下角的"显示其他效果选项"按钮，如图 6-77 所示。
　　（4）弹出"轮子"对话框，在"效果"选项卡中的"增强"选项区中，单击"声音"右侧的下拉按钮，在弹出的下拉列表框中选择"风铃"选项，如图 6-78 所示。
　　（5）单击"确定"按钮，即可为相应对象添加声音动画。

图 6-77　单击"显示其他效果选项"按钮　　　　图 6-78　选择"风铃"选项

6.5　切换特效课件模板制作

在 PowerPoint 2010 中，用户可以为多张幻灯片设置动画切换效果，其中细微型切换效果中包括"切出"、"淡出"、"推进"、"擦除"和"分割"等 11 种切换样式，下面介绍应用细微型切换效果的操作方法。

6.5.1　制作细微型课件切换效果

幻灯片中的分割切换效果，是将某张幻灯片以一个特定的分界线向特定的两个方向进行切割的动画效果。

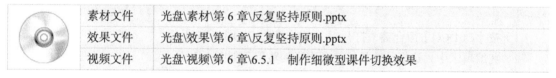

素材文件	光盘\素材\第 6 章\反复坚持原则.pptx
效果文件	光盘\效果\第 6 章\反复坚持原则.pptx
视频文件	光盘\视频\第 6 章\6.5.1　制作细微型课件切换效果

（1）按【Ctrl+O】组合键，打开一个素材文件，如图 6-79 所示。

（2）切换至"切换"面板，单击"切换到此幻灯片"选项板中的"其他"下拉按钮，弹出列表框，在"细微型"选项区中选择"分割"选项，如图 6-80 所示。

图 6-79　打开一个素材文件　　　　图 6-80　选择"分割"选项

（3）执行操作后，即可添加分割切换效果，在"预览"选项板中单击"预览"按钮，预览分割切换效果，如图 6-81 所示。

图 6-81 预览分割切换效果

在"细微型"选项区中，用户还可以将幻灯片的切换效果设置为"闪光"、"形状"、"揭开"以及"覆盖"等，每一种切换方式都有其独特性，用户可以根据制作课件的实际需要，选择合适的细微型切换效果。

6.5.2 制作华丽型课件切换效果

在 PowerPoint 2010 中的切换特效中，"华丽型"选项区中的切换样式是比较常用的，在"华丽型"选项区中包含有"溶解"、"棋盘"、"百叶窗"、"时钟"、"涟漪"以及"闪耀"等 16 种切换样式。在 PowerPoint 2010 中，为某一张幻灯片设置溶解切换效果以后，该幻灯片在放映时将会以许多小正方形的形式逐渐显现出来。

素材文件	光盘\素材\第 6 章\提问的四种方式.pptx
效果文件	光盘\效果\第 6 章\提问的四种方式.pptx
视频文件	光盘\视频\第 6 章\6.5.2 制作华丽型课件切换效果

（1）按【Ctrl + O】组合键，打开一个素材文件，如图 6-82 所示。

（2）切换至"切换"面板，单击"切换到此幻灯片"选项板中的"其他"下拉按钮，弹出列表框，在"华丽型"选项区中，选择"溶解"选项，如图 6-83 所示。

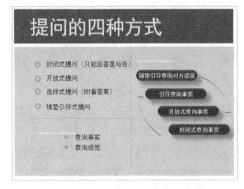

图 6-82 打开一个素材文件

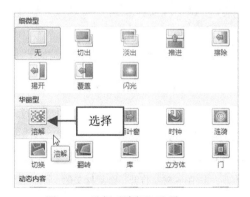

图 6-83 选择"溶解"选项

（3）执行操作后，即可添加溶解切换效果，在"预览"选项板中单击"预览"按钮，预览溶解切换效果，如图 6-84 所示。

 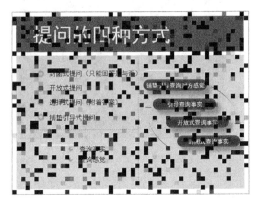

图 6-84　预览溶解切换效果

6.5.3　制作动态内容课件切换效果

在 PowerPoint 2010 中的切换效果列表框中，包括"细微型"、"华丽型"以及"动态内容"3个选项区，下面介绍"动态内容"选项区中的切换效果。

平移切换效果是指应用该切换效果的幻灯片，在进行放映时，整张幻灯片在淡出的同时，其他内容则以向上迅速移动的形式显示整张幻灯片。

素材文件	光盘\素材\第 6 章\拓展题.pptx
效果文件	光盘\效果\第 6 章\拓展题.pptx
视频文件	光盘\视频\第 6 章\6.5.3　制作动态内容课件切换效果

（1）按【Ctrl＋O】组合键，打开一个素材文件，如图 6-85 所示。

（2）切换至"切换"面板，单击"切换到此幻灯片"选项板中的"其他"下拉按钮，弹出列表框，在"动态内容"选项区中，选择"平移"选项，如图 6-86 所示。

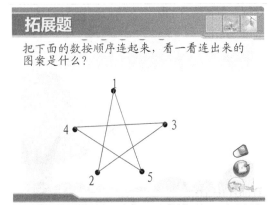 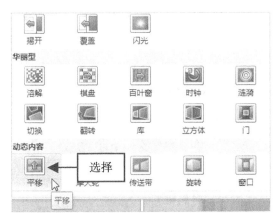

图 6-85　打开一个素材文件　　　　　　图 6-86　选择"平移"选项

（3）执行操作后，即可添加平移切换效果，在"预览"选项板中单击"预览"按钮，预览平移切换效果，如图 6-87 所示。

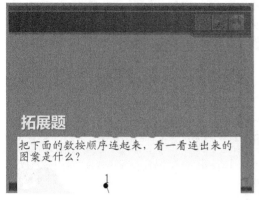
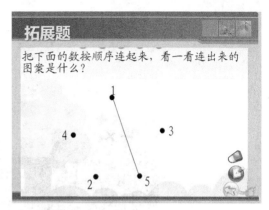

图 6-87　预览平移切换效果

6.5.4　课件切换效果选项设置

PowerPoint 2010 为用户提供了多种切换声音，用户可以根据制作课件的实际需要从"声音"下拉列表框中选择一种声音作为动画播放时的伴音，添加切换效果后，用户还可以根据需要设置切换速度、指针选项、切换与定位幻灯片。

素材文件	光盘\素材\第 6 章\思想凝聚.pptx
效果文件	光盘\效果\第 6 章\思想凝聚.pptx
视频文件	光盘\视频\第 6 章\6.5.4　课件切换效果选项设置

（1）按【Ctrl + O】组合键，打开一个素材文件，如图 6-88 所示。

（2）切换至"切换"面板，单击"计时"选项板中的"声音"右侧的下拉按钮，如图 6-89 所示。

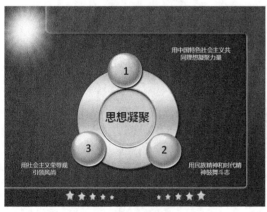
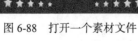

图 6-88　打开一个素材文件

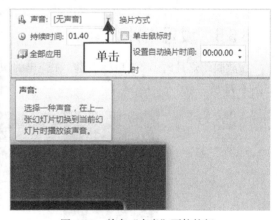

图 6-89　单击"声音"下拉按钮

（3）弹出列表框，选择"风声"选项，如图 6-90 所示。

（4）执行操作后，即可在幻灯片中设置切换声音。

▶ **专家指点**

当用户在幻灯片中设置第 1 张幻灯片的切换声音效果后，在"切换到此幻灯片"选项板中单击"全部应用"按钮，将应用于演示文稿中的所有幻灯片。

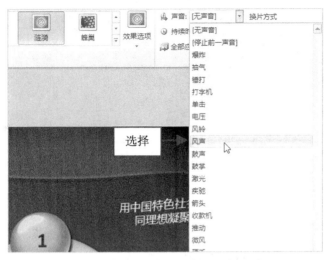

图 6-90　选择"风声"选项

6.5.5　设置幻灯片切换时间

单击"计时"选项板中的"持续时间"右侧的三角按钮，即可设置幻灯片切换时间，如图 6-91 所示。

图 6-91　设置幻灯片切换时间

6.5.6　设置指针选项

在放映幻灯片时，单击鼠标右键，在弹出的快捷菜单中可以设置指针在放映幻灯片时的情况，如图 6-92 所示。

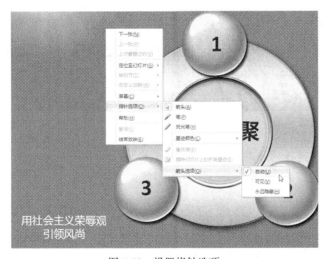

图 6-92　设置指针选项

6.5.7　切换与定位《整理与复习》幻灯片

切换与定位幻灯片是指在幻灯片放映的过程中，使用快捷菜单中的命令自由切换至上一张或者下一张幻灯片，或者直接定位至目标幻灯片。

素材文件	光盘\素材\第 6 章\整理与复习.pptx
效果文件	无
视频文件	光盘\视频\第 6 章\6.5.7　切换与定位《整理与复习》幻灯片

（1）按【Ctrl + O】组合键，打开一个素材文件，如图 6-93 所示。

（2）切换至"幻灯片放映"面板，单击"开始放映幻灯片"选项板中的"从头开始"按钮，如图 6-94 所示。

图 6-93　打开一个素材文件

图 6-94　单击"从头开始"按钮

（3）切换至幻灯片放映视图，单击幻灯片左下角的"下一页"按钮，如图 6-95 所示。如果要跳转到上一张幻灯片，可以单击控制菜单中的第一个按钮。

（4）在第 2 个按钮上，单击鼠标右键，在弹出的快捷菜单中选择"定位至幻灯片"|"幻灯片 2"选项，如图 6-96 所示。

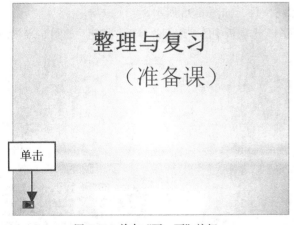

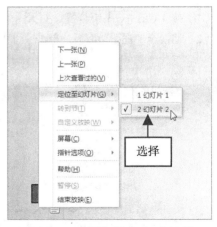

图 6-95　单击"下一页"按钮

图 6-96　选择"幻灯片 2"选项

（5）执行操作后，即可定位至相应幻灯片，效果如图 6-97 所示。

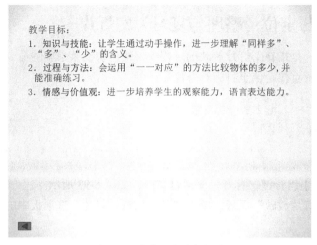

教学目标：
1. 知识与技能：让学生通过动手操作，进一步理解"同样多"、"多"、"少"的含义。
2. 过程与方法：会运用"一一对应"的方法比较物体的多少，并能准确练习。
3. 情感与价值观：进一步培养学生的观察能力，语言表达能力。

图 6-97　定位至相应幻灯片

6.6　应用幻灯片母版

母版是一种特殊的幻灯片，它用于设置演示文稿中每张幻灯片的预设格式，母版控制演示文稿中的所有元素，如字体、字行和背景等。

6.6.1　打开《音乐歌词欣赏》课件中的幻灯片母版

幻灯片母版可以影响标题幻灯片以外的所有幻灯片，它可以保证整个幻灯片风格的统一，将每张幻灯片出现的内容一次性编辑。

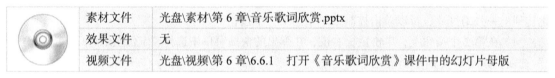

素材文件	光盘\素材\第 6 章\音乐歌词欣赏.pptx
效果文件	无
视频文件	光盘\视频\第 6 章\6.6.1　打开《音乐歌词欣赏》课件中的幻灯片母版

（1）按【Ctrl + O】组合键，打开一个素材文件，如图 6-98 所示。

（2）切换至"视图"面板，单击"母版视图"选项板中的"幻灯片母版"按钮，如图 6-99 所示。

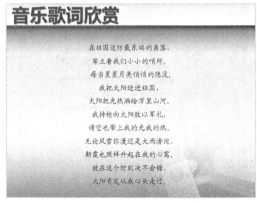

图 6-98　打开一个素材文件

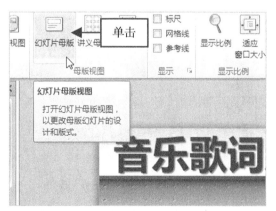

图 6-99　单击"幻灯片母版"按钮

（3）执行操作后，将展开"幻灯片母版"面板，如图 6-100 所示。

（4）在"关闭"选项板中，单击"关闭母版视图"按钮，如图 6-101 所示，即可退出"幻灯片母版"视图。

图 6-100　展开"幻灯片母版"面板

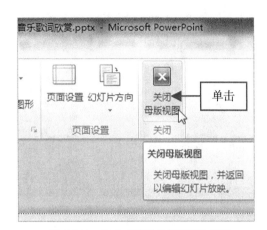

图 6-101　单击"关闭母版视图"按钮

▶ **专家指点**

在幻灯片母版视图下，用户可以看到所有可以输入内容的区域，如标题占位符、副标题占位符以及母版下方的页脚占位符。

6.6.2　打开《嫦娥奔月》课件中的讲义母版

讲义母版用来控制讲义的打印格式，它允许在一张讲义中设置几张幻灯片，并设置页眉、页脚和页码等基本信息。

素材文件	光盘\素材\第 6 章\嫦娥奔月.pptx
效果文件	无
视频文件	光盘\视频\第 6 章\6.6.2　打开《嫦娥奔月》课件中的讲义母版

（1）按【Ctrl + O】组合键，打开一个素材文件，如图 6-102 所示。

（2）切换至"视图"面板，单击"母版视图"选项板中的"讲义母版"按钮，如图 6-103 所示。

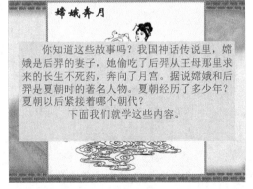

图 6-102　打开一个素材文件

图 6-103　单击"讲义母版"按钮

（3）执行操作后，将展开"讲义母版"面板，如图 6-104 所示。

（4）在"关闭"选项板中单击"关闭母版视图"按钮，如图 6-105 所示，即可退出"讲义母版"视图。

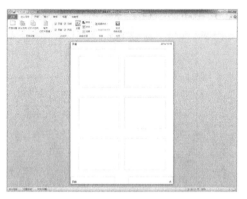

| 图 6-104　展开"讲义母版"面板 | 图 6-105　单击"关闭母版视图"按钮 |

6.6.3　打开《时间介词的用法》课件中的备注母版

备注母版主要用来设置幻灯片的备注格式，用来作为演示者在演示时的提示和参考，备注栏中的内容还可以单独打印出来。

素材文件	光盘\素材\第 6 章\时间介词的用法.pptx
效果文件	无
视频文件	光盘\视频\第 6 章\6.6.3　打开《时间介词的用法》课件中的备注母版

（1）按【Ctrl + O】组合键，打开一个素材文件，如图 6-106 所示。

（2）切换至"视图"面板，单击"母版视图"选项板中的"备注母版"按钮，即可展开"备注母版"面板，效果如图 6-107 所示。

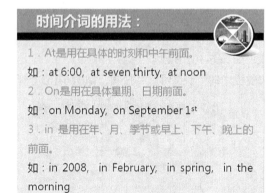

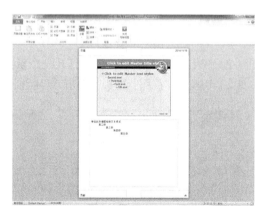

| 图 6-106　打开一个素材文件 | 图 6-107　展开"备注母版"面板 |

▶ 专家指点

当用户退出备注母版时，对备注母版所做的修改将应用到演示文稿中的所有备注页上，只有在备注视图下，才能查看对备注母版所做的修改。

6.6.4　更改《经纬网》课件中的母版版式

更改幻灯片母版时，对单张幻灯片进行更改后，修改的母版将被保留。在应用设计模板时，会在演示文稿上添加幻灯片母版。通常，模板也包含标题母版，可以在标题母版上更改具有"标题幻灯片"版式的幻灯片。

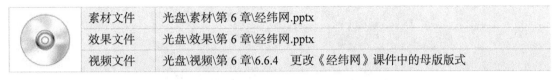

素材文件	光盘\素材\第 6 章\经纬网.pptx	
效果文件	光盘\效果\第 6 章\经纬网.pptx	
视频文件	光盘\视频\第 6 章\6.6.4　更改《经纬网》课件中的母版版式	

（1）按【Ctrl + O】组合键，打开一个素材文件，如图 6-108 所示。

（2）切换至"视图"面板，单击"母版视图"选项板中的"幻灯片母版"按钮，如图 6-109 所示。

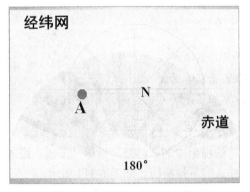

图 6-108　打开一个素材文件

图 6-109　单击"幻灯片母版"按钮

（3）切换至"幻灯片母版"面板，选择第 2 张幻灯片，如图 6-110 所示。

（4）选中文本，在自动浮出的工具栏中设置"字号"为"45"、"字体颜色"为"紫色"，如图 6-111 所示。

图 6-110　选择需要更改的幻灯片

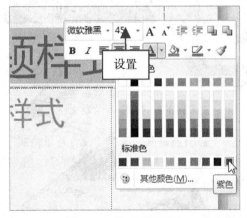

图 6-111　设置字体属性

（5）执行操作后，即可更改母版版式，效果如图 6-112 所示。

图 6-112　更改母版版式效果

6.6.5　编辑《计算机理论基础》课件母版背景

设置母版背景包括纯色填充、渐变填充、纹理填充和图片填充。

素材文件	光盘\素材\第 6 章\计算机理论基础.pptx
效果文件	光盘\效果\第 6 章\计算机理论基础.pptx
视频文件	光盘\视频\第 6 章\6.6.5　编辑《计算机理论基础》课件母版背景

（1）按【Ctrl + O】组合键，打开一个素材文件，如图 6-113 所示。

（2）切换至"视图"面板，单击"母版视图"选项板中的"幻灯片母版"按钮，进入"幻灯片母版"面板，单击"背景"选项板中的"背景样式"下拉按钮，如图 6-114 所示。

图 6-113　打开一个素材文件

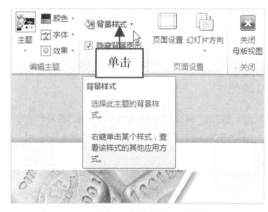

图 6-114　单击"背景样式"下拉按钮

（3）弹出列表框，选择"设置背景格式"选项，如图 6-115 所示。

（4）弹出"设置背景格式"对话框，在"填充"选项区中选中"图片或纹理填充"单选按钮，如图 6-116 所示。

▶ 专家指点

在母版中增加的背景对象将出现在所有幻灯片背景上，在母版中可删除所有幻灯片上的背景对象。

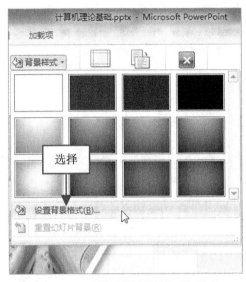

图 6-115　选择"设置背景格式"选项

图 6-116　选中"图片或纹理填充"单选按钮

（5）单击"纹理"下拉按钮，在弹出的列表框中选择"羊皮纸"选项，如图 6-117 所示。

（6）单击"关闭"按钮，即可设置幻灯片母版背景，如图 6-118 所示。

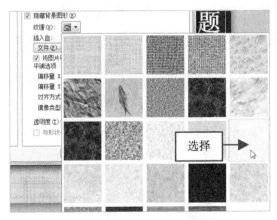

图 6-117　选择"羊皮纸"选项

图 6-118　设置幻灯片母版背景

▶ 专家指点

　　在弹出的"设置背景格式"对话框中，用户可以选择文件中的图片作为母版背景，但要注意的是，在"幻灯片母版"中插入图片的情况下，如果单击"关闭母版视图"按钮，就不能对幻灯片背景进行编辑。

6.6.6　设置《赤壁之战分析》课件页眉和页脚

　　在幻灯片母版中，还可以添加页眉和页脚。页眉是幻灯片文本内容上方的信息，页脚是幻灯片文本内容下方的信息。用户可以利用页眉和页脚来为每张幻灯片添加日期、时间、编号和页码等。

素材文件	光盘\素材\第 6 章\赤壁之战分析.pptx
效果文件	光盘\效果\第 6 章\赤壁之战分析.pptx
视频文件	光盘\视频\第 6 章\6.6.6　设置《赤壁之战分析》课件页眉和页脚

（1）按【Ctrl+O】组合键，打开一个素材文件，如图 6-119 所示。

（2）切换至"视图"面板，单击"母版视图"选项板中的"幻灯片母版"按钮，进入"幻灯片母版"面板，单击"插入"面板中的"页眉和页脚"按钮，如图 6-120 所示。

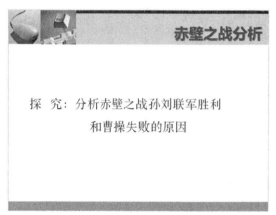

图 6-119　打开一个素材文件

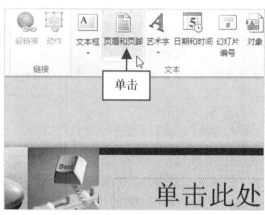

图 6-120　单击"页眉和页脚"按钮

（3）弹出"页眉和页脚"对话框，选中"日期和时间"复选框，选中"自动更新"单选按钮，如图 6-121 所示。

（4）选中"幻灯片编号"复选框和"页脚"复选框，并在页脚文本框中输入"历史课件"，然后选中"标题幻灯片中不显示"复选框，如图 6-122 所示。

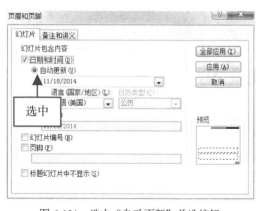

图 6-121　选中"自动更新"单选按钮

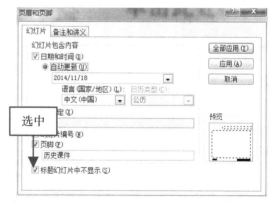

图 6-122　选中"标题幻灯片中不显示"复选框

（5）单击"全部应用"按钮，所有的幻灯片中都将添加页眉和页脚，如图 6-123 所示。

（6）选中页脚，在自动浮出的工具栏中设置"字体"为"黑体"、"字号"为"24"，效果如图 6-124 所示。

（7）切换至"幻灯片母版"面板，单击"关闭"选项板中的"关闭母版视图"按钮，即可预览添加页眉和页脚后的效果，如图 6-125 所示。

图 6-123 添加页眉和页脚　　　　　　　　　　　　　图 6-124 设置字体属性效果

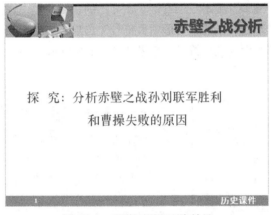

图 6-125 预览页眉和页脚效果

▶ 专家指点

　　"页眉和页脚"对话框中的"日期和时间"复选框：如果用户想让所加的日期与幻灯片放映的日期一致，则选中"自动更新"单选按钮；如果想显示演示文稿完成日期，则选中"固定"单选按钮，并输入日期。在每一张幻灯片的"页脚"文本框中，用户都可以添加需要显示的文本信息内容。

6.6.7 设置《仙后座》课件项目符号

　　在 PowerPoint 2010 中，项目符号是文本中经常用到的，在幻灯片母板中同样可以设置项目符号。

素材文件	光盘\素材\第 6 章\仙后座.pptx
效果文件	光盘\效果\第 6 章\仙后座.pptx
视频文件	光盘\视频\第 6 章\6.6.7 设置《仙后座》课件项目符号

　　（1）按【Ctrl + O】组合键，打开一个素材文件，如图 6-126 所示。
　　（2）切换至"视图"面板，单击"母版视图"选项板中的"幻灯片母版"按钮，进入"幻灯片母版"面板，选择幻灯片母版，如图 6-127 所示。

图 6-126　打开一个素材文件

图 6-127　选择幻灯片母版

（3）选中幻灯片中的文本，单击鼠标右键，在弹出的快捷菜单中选择"项目符号"选项，在弹出的子菜单中选择"带填充效果的钻石形项目符号"选项，如图 6-128 所示。

（4）执行操作后，即可设置项目符号，效果如图 6-129 所示。

图 6-128　选择"带填充效果的钻石形项目符号"选项

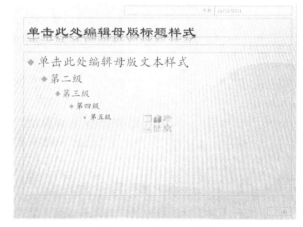

图 6-129　设置项目符号

6.6.8　在《细胞》课件幻灯片母版中插入占位符

在幻灯片母版中，当用户选择了母版版式以后，会发现母版都是自带了占位符格式的，如果用户不满意程序所带的占位符格式，则可以选择自行插入占位符。

素材文件	光盘\素材\第 6 章\细胞.pptx
效果文件	光盘\效果\第 6 章\细胞.pptx
视频文件	光盘\视频\第 6 章\6.6.8　在《细胞》课件幻灯片母版中插入占位符

（1）按【Ctrl + O】组合键，打开一个素材文件，如图 6-130 所示。

（2）切换至"视图"面板，单击"母版视图"选项板中的"幻灯片母版"按钮，进入"幻灯片母版"面板，选择需要插入占位符的幻灯片母版，如图 6-131 所示。

（3）在"母版版式"选项板中，单击"插入占位符"下拉按钮，如图 6-132 所示。

（4）弹出列表框，选择"表格"选项，效果如图 6-133 所示。

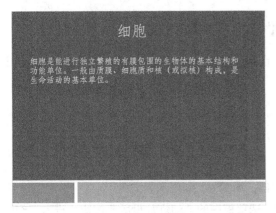

图 6-130　打开一个素材文件

图 6-131　选择幻灯片母版

图 6-132　单击"插入占位符"下拉按钮

图 6-133　选择"表格"选项

（5）此时鼠标指针呈十字状，在幻灯片中的合适位置，单击鼠标左键并拖曳，如图 6-134 所示。

（6）至合适位置后，释放鼠标左键，即可插入相应大小的占位符，效果如图 6-135 所示。

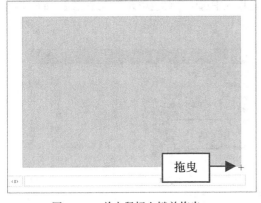

图 6-134　单击鼠标左键并拖曳

图 6-135　插入占位符

▶ 专家指点

　　如果要忽略其中的背景图形，可以通过在"幻灯片母版"选项卡的"背景"组中，选中"隐藏背景图形"复选框即可。

6.6.9　设置《原子构造原理》课件占位符属性

在 PowerPoint 2010 中，占位符、文本框及自选图形对象具有相似的属性，如大小、填充颜色以及线型等，设置它们的属性操作是相似的。

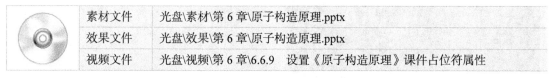

素材文件	光盘\素材\第 6 章\原子构造原理.pptx
效果文件	光盘\效果\第 6 章\原子构造原理.pptx
视频文件	光盘\视频\第 6 章\6.6.9　设置《原子构造原理》课件占位符属性

（1）按【Ctrl + O】组合键，打开一个素材文件，如图 6-136 所示。

（2）切换至"视图"面板，单击"母版视图"选项板中的"幻灯片母版"按钮，进入"幻灯片母版"面板，选择需要编辑占位符的幻灯片母版，如图 6-137 所示。

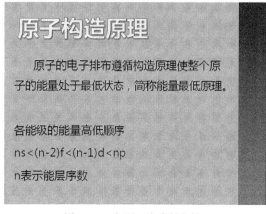

图 6-136　打开一个素材文件

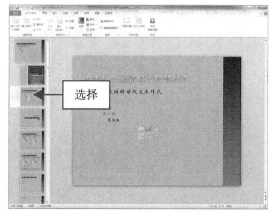

图 6-137　选择幻灯片母版

（3）在标题占位符中单击鼠标右键，在弹出的快捷菜单中选择"设置形状格式"选项，如图 6-138 所示。

（4）弹出"设置形状格式"对话框，在"填充"选项区中选中"纯色填充"单选按钮，如图 6-139 所示。

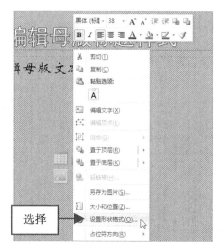

图 6-138　选择"设置形状格式"选项

图 6-139　选中"纯色填充"单选按钮

（5）在"填充颜色"选项区中，单击"颜色"右侧的下拉按钮，在弹出的列表框中选择"粉红，文字 2"选项，如图 6-140 所示。

（6）单击"关闭"按钮，即可设置占位符属性，效果如图 6-141 所示。

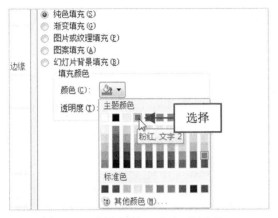

图 6-140 选择"粉红，文字 2"选项

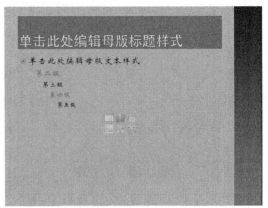

图 6-141 设置占位符属性

6.6.10 应用讲义母版

讲义母版用来控制讲义的打印格式，它允许在一张讲义中设置几张幻灯片，并设置页眉、页脚和页码等基本信息。

如果要更改"讲义母版"中页眉和页脚内的文本、日期或页码的外观、位置和大小，就要更改讲义母版。在每一张幻灯片的版式中，如果不希望页眉和页脚的文本、日期或幻灯片编号在幻灯片中显示，则只能将页眉和页脚应用于讲义而不是幻灯片中。

打开演示文稿，切换至"视图"面板，单击"讲义母版"按钮，即可进入"讲义母版"视图，单击"讲义方向"下拉按钮，在弹出的列表框中选择"横向"选项，如图 6-142 所示，执行操作后，即可设置讲义方向，如图 6-143 所示。

单击"页面设置"选项板中的"每页幻灯片数量"下拉按钮，在弹出的列表框中选择"4张幻灯片"选项，如图 6-144 所示。执行操作后，即可设置每页幻灯片数量，如图 6-145 所示。

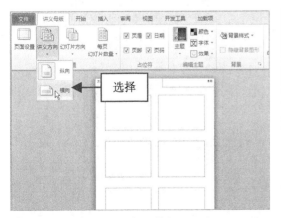

图 6-142 选择"横向"选项

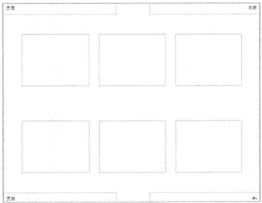

图 6-143 设置讲义方向

图 6-144 选择"4 张幻灯片"选项　　　　图 6-145 设置每页幻灯片数量

6.6.11　应用备注母版

备注母版主要用来设置幻灯片的备注格式，一般是用于打印输出的，所以备注母版的设置大多也和打印页面相关。PowerPoint 为每张幻灯片设置了一个备注页，供演讲人添加备注，备注母版用于控制报告人注释的显示内容和格式，使多数注释有统一的外观。

在"视图"面板中单击"备注母版"按钮，即可显示备注母版视图，如图 6-146 所示。备注母版的上方是幻灯片缩略图，选中该缩略图，拖曳其四周的控制点，可调整缩略图的大小，效果如图 6-147 所示。

 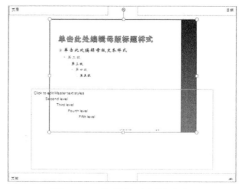

图 6-146 "备注母版"视图　　　　图 6-147 调整缩略图的大小

切换至"格式"面板，可设置缩略图的颜色和边框效果，如图 6-148 所示。

图 6-148 设置"备注母版"后的效果

幻灯片缩略图的下方是报告人注释部分，用于输入相对应幻灯片的附加说明，其余的空白处可加入背景对象。图 6-149 所示为添加的文本注释效果，图 6-150 所示为添加的图片注释效果。

| 图 6-149 添加的文本注释 | 图 6-150 添加的图片注释 |

6.7 综合练兵——制作《云南风光》课件

在 PowerPoint 中，用户可以根据需要制作《云南风光》课件。下面介绍具体的制作方法。

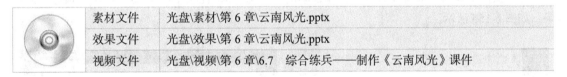

素材文件	光盘\素材\第 6 章\云南风光.pptx
效果文件	光盘\效果\第 6 章\云南风光.pptx
视频文件	光盘\视频\第 6 章\6.7　综合练兵——制作《云南风光》课件

（1）按【Ctrl + O】组合键，打开一个素材文件，如图 6-151 所示。

（2）切换至"切换"面板，在"切换到此幻灯片"选项板中单击"其他"下拉按钮，如图 6-152 所示。

图 6-151　打开一个素材文件

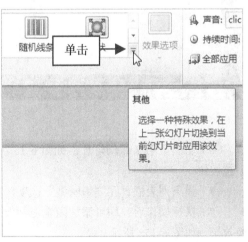

图 6-152　单击"其他"下拉按钮

（3）弹出列表框，在"细微型"选项区中选择"覆盖"选项，如图 6-153 所示，执行操作后，即可添加覆盖切换效果。

（4）单击"效果选项"下拉按钮，在弹出的列表框中选择"从右上部"选项，如图 6-154 所示。

图 6-153　选择"覆盖"选项

图 6-154　选择"从右上部"选项

（5）执行操作后，即可设置效果选项，单击"预览"选项板中的"预览"按钮，预览切换效果，如图 6-155 所示。

图 6-155　预览切换效果

（6）切换至第 2 张幻灯片，如图 6-156 所示，单击"切换到此幻灯片"选项板中的"其他"下拉按钮。

（7）弹出列表框，在"华丽型"选项区中选择"闪耀"选项，如图 6-157 所示。

（8）执行操作后，即可添加闪耀切换效果，单击"预览"选项板中的"预览"按钮，预览切换效果，如图 6-158 所示。

图 6-156　切换至第 2 张幻灯片

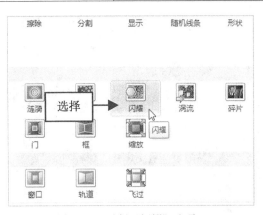

图 6-157　选择"闪耀"选项

图 6-158　预览闪耀切换效果

（9）切换至第 3 张幻灯片，如图 6-159 所示，单击"切换到此幻灯片"选项板中的"其他"下拉按钮。

（10）弹出列表框，在"动态内容"选项区中选择"轨道"选项，如图 6-160 所示。

图 6-159　切换至第 3 张幻灯片

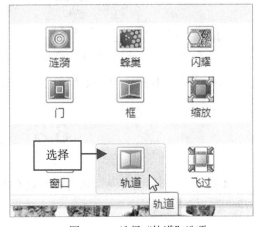

图 6-160　选择"轨道"选项

（11）执行操作后，即可添加轨道切换效果，单击"预览"选项板中的"预览"按钮，即可预览轨道切换效果，如图 6-161 所示。

图 6-161 预览轨道切换效果

（12）单击"计时"选项板中的"声音"下拉按钮，在弹出的列表框中，选择"风铃"选项，如图 6-162 所示。

（13）在"计时"选项板中单击"全部应用"按钮，如图 6-163 所示。

图 6-162 选择"风铃"选项

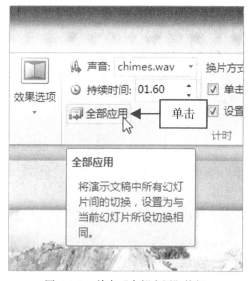

图 6-163 单击"全部应用"按钮

（14）执行操作后，即可将风铃声音应用到所有幻灯片中，完成《云南风光》课件的制作。

6.8 上机练习

本章重点介绍了显示效果课件模板制作的方法，本节将通过上机练习题，对本章的知识点进行回顾。

6.8.1 上机练习 1：为《传统与文化》课件添加缩放动画

打开"光盘\素材\第 6 章"文件夹下的传统与文化课件.pptx，如图 6-164 所示，尝试为《传统与文化》课件添加缩放动画，效果如图 6-165 所示。

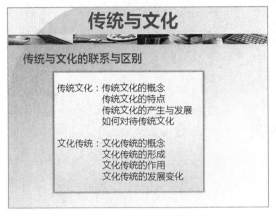

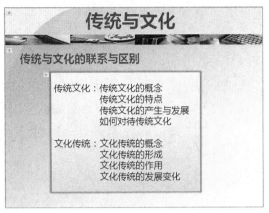

图 6-164　打开一个素材文件　　　　　　　　图 6-165　《传统与文化》课件效果

6.8.2　上机练习 2：制作《健美操运动的特点》课件

打开"光盘\素材\第 6 章"文件夹下的健美操运动的特点课件.pptx，如图 6-166 所示，尝试为《健美操运动的特点》课件添加碎片切换效果，如图 6-167 所示。

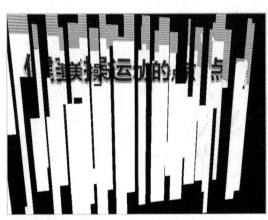

图 6-166　打开一个素材文件　　　　　　　　图 6-167　《健美操运动的特点》课件效果

多媒体课件的放映

第7章

学习提示

PowerPoint 2010 提供了多种放映和控制幻灯片的方式，如计时放映、跳转放映等。用户可以选择最为理想的放映速度与放映方式，使幻灯片在放映时结构清晰、流畅。本章主要向读者介绍进入多媒体课件放映、设置多媒体课件放映方式以及设置多媒体课件放映等的方法。

本章重点

- 进入多媒体课件放映
- 设置多媒体课件放映方式
- 设置多媒体课件放映

风媒花

传粉时只需依靠风帮助的花称为风媒花。

垃圾对环境的影响

影响方面	主要影响
对大气环境的影响	①细微颗粒随风飘逸，造成大气污染 ②垃圾分解，释放有害气体 ③垃圾填埋处理中造出沼气 ④焚烧法处理时造成大气二次污染
对水环境的影响	①垃圾照射污染水体，危害水生生物生存，增减水面有效面积，降低排洪、灌溉能力②露天堆放和简单填埋，渗透液造成地表水和地下水污染

工业化的起步

第一个五年计划：

1. 背景：国民经济得到根本好转，但工业水平远远落后。

2. 原因：我国还是一个落后的农业国。我国的工业化水平低，工业基础薄弱，而且门类不全，许多重要工业产品的人均拥有量远远低于发达国家。

3. 目的：为了有计划地进行社会主义建设。

影视基地的由来

影视基地产生的直接原因是在拍一些大片时，由于搭了很大的布景，在拍完后就这么拆掉了太可惜，所以电影公司就将其开发为旅游项目。而电影就正好是它的最好的广告。

1、粒子使气体或液体电离，以这些离子为核心，过饱和汽会产生云雾，过热液体会产生气泡。

2、使照相胶片感光。

3、使荧光物质产生荧光。

射线中的粒子与其他物质作用会产生的现象

7.1　进入多媒体课件放映

在 PowerPoint 中启动幻灯片放映就是打开要放映的演示文稿，可以在"幻灯片放映"面板中执行相应操作来启动幻灯片的放映。启动放映的方法有 3 种：第一种是从头开始放映幻灯片；第二种是从当前幻灯片开始播放；第三种是自定义幻灯片放映。

7.1.1　从头开始放映《春暖花开》课件

如果希望演示文稿从第一张开始依次进行放映，可以按【F5】键或单击"开始放映幻灯片"选项板中的"从头开始"按钮。

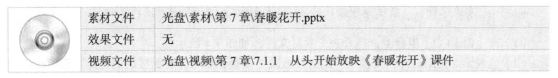

素材文件	光盘\素材\第 7 章\春暖花开.pptx
效果文件	无
视频文件	光盘\视频\第 7 章\7.1.1　从头开始放映《春暖花开》课件

（1）按【Ctrl + O】组合键，打开一个素材文件，如图 7-1 所示。

（2）切换至"幻灯片放映"面板，单击"开始放映幻灯片"选项板中的"从头开始"按钮，如图 7-2 所示。

图 7-1　打开一个素材文件　　　　图 7-2　单击"从头开始"按钮

（3）执行操作后，即可从头开始放映幻灯片，如图 7-3 所示。

图 7-3　放映幻灯片

▶ 专家指点

如果是从桌面上打开的放映文件，放映退出时，PowerPoint 会自动关闭并回到桌面上，如果从 PowerPoint 中启动，放映退出时，演示文稿仍然会保持打开状态，并可进行编辑。

7.1.2　从当前幻灯片开始放映《开花和结果》课件

若用户需要从当前选择的幻灯片处开始放映，可以按【Shift + F5】组合键，或单击"开始放映幻灯片"选项板中的"从当前幻灯片开始"按钮。

素材文件	光盘\素材\第 7 章\开花和结果.pptx
效果文件	无
视频文件	光盘\视频\第 7 章\7.1.2　从当前幻灯片开始放映《开花和结果》课件

（1）按【Ctrl + O】组合键，打开一个素材文件，如图 7-4 所示。

（2）进入第 2 张幻灯片，切换至"幻灯片放映"面板，单击"开始放映幻灯片"选项板中的"从当前幻灯片开始"按钮，如图 7-5 所示。

图 7-4　打开一个素材文件

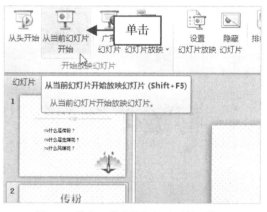

图 7-5　单击"从当前幻灯片开始"按钮

（3）执行操作后，即可从当前幻灯片处开始放映，如图 7-6 所示。

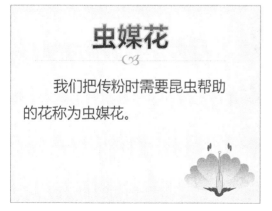

图 7-6　从当前幻灯片处开始放映

7.1.3 自定义幻灯片放映《家庭理财》课件

自定义幻灯片放映是按设定的顺序播放，而不会按顺序依次放映每一张幻灯片，用户可在"定义自定义放映"对话框中设置幻灯片的放映顺序。

	素材文件	光盘\素材\第 7 章\家庭理财.pptx
	效果文件	光盘\效果\第 7 章\家庭理财.pptx
	视频文件	光盘\视频\第 7 章\7.1.3 自定义幻灯片放映《家庭理财》课件

（1）按【Ctrl + O】组合键，打开一个素材文件，如图 7-7 所示。

（2）切换至"幻灯片放映"面板，单击"开始放映幻灯片"选项板中的"自定义幻灯片放映"下拉按钮，在弹出的列表框中选择"自定义放映"选项，如图 7-8 所示。

（3）弹出"自定义放映"对话框，单击"新建"按钮，如图 7-9 所示。

（4）弹出"定义自定义放映"对话框，在左边的列表框中选择"储蓄可以这样理财"选项，单击"添加"按钮，如图 7-10 所示。

图 7-7 打开一个素材文件

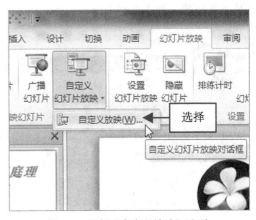

图 7-8 选择"自定义放映"选项

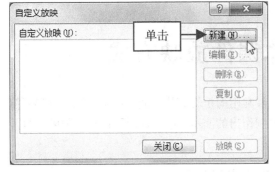

图 7-9 单击"新建"按钮

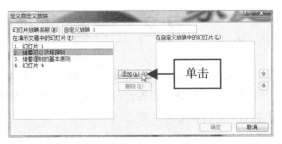

图 7-10 单击"添加"按钮

（5）用以上方法，依次添加"储蓄理财的基本原则"、"幻灯片 4"选项，如图 7-11 所示。

（6）选择"储蓄理财的基本原则"选项，单击右侧的向上按钮，如图 7-12 所示，将"储蓄理财的基本原则"移至"储蓄可以这样理财"上方。

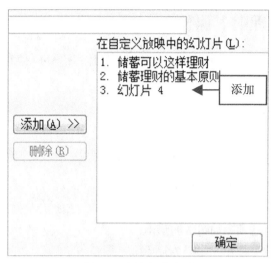

图 7-11　添加相应选项

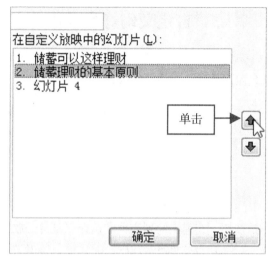

图 7-12　单击向上按钮

（7）单击"确定"按钮，返回"自定义放映"对话框，单击"放映"按钮，即可按自定义幻灯片顺序放映，如图 7-13 所示。

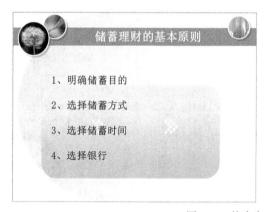

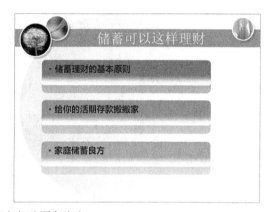

图 7-13　按自定义幻灯片顺序放映

7.2　设置多媒体课件放映方式

PowerPoint 提供了多种演示文稿的放映方式，最常用的是幻灯片页面的演示控制。制作好演示文稿后，需要查看制作好的成果，或让观众欣赏制作出的演示文稿，此时可以通过放映幻灯片来观看幻灯片的整体效果。

7.2.1　演讲者放映《工业化的起步》课件

演讲者放映方式可全屏显示幻灯片，在演讲者自行播放时，演讲者具有完整的控制权，可采用人工或自动方式放映，也可以将演示文稿暂停，添加更多的细节或修改错误，还可以在放映过程中录下旁白。

素材文件	光盘\素材\第 7 章\工业化的起步.pptx
效果文件	无
视频文件	光盘\视频\第 7 章\7.2.1　演讲者放映《工业化的起步》课件

（1）按【Ctrl＋O】组合键，打开一个素材文件，如图 7-14 所示。

（2）切换至"幻灯片放映"面板，单击"设置"选项板中的"设置幻灯片放映"按钮，如图 7-15 所示。

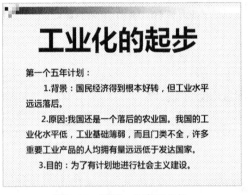

图 7-14　打开一个素材文件

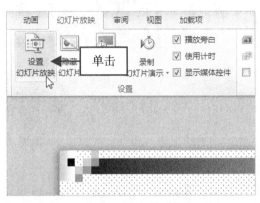

图 7-15　单击"设置幻灯片放映"按钮

（3）弹出"设置放映方式"对话框，在"放映类型"选项区中选中"演讲者放映（全屏幕）"单选按钮，如图 7-16 所示。

（4）单击"确定"按钮，单击"开始放映幻灯片"选项板中的"从头开始"按钮，如图 7-17 所示。

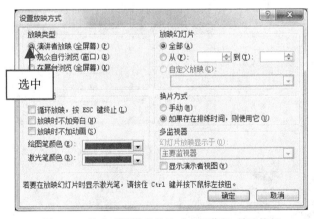

图 7-16　选中"演讲者放映（全屏幕）"单选按钮

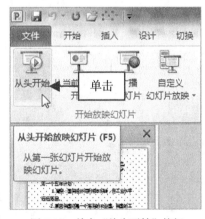

图 7-17　单击"从头开始"按钮

▶ 专家指点

　　选中"演讲者放映（全屏幕）"单选按钮，可以全屏显示幻灯片，演讲者完全掌握幻灯片放映。

（5）执行操作后，即可开始放映幻灯片，如图 7-18 所示。

图 7-18　放映幻灯片

7.2.2　观众自行浏览《影视基地的由来》课件

观众自行浏览方式将在标准窗口中放映幻灯片，通过底部的"上一张"和"下一张"按钮可选择放映的幻灯片。

素材文件	光盘\素材\第 7 章\影视基地的由来.pptx
效果文件	光盘\效果\第 7 章\影视基地的由来.pptx
视频文件	光盘\视频\第 7 章\7.2.2　观众自行浏览《影视基地的由来》课件

（1）按【Ctrl + O】组合键，打开一个素材文件，如图 7-19 所示。

（2）切换至"幻灯片放映"面板，单击"设置"选项板中的"设置幻灯片放映"按钮，如图 7-20 所示。

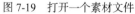

图 7-19　打开一个素材文件

图 7-20　单击"设置幻灯片放映"按钮

（3）弹出"设置放映方式"对话框，在"放映类型"选项区中选中"观众自行浏览（窗口）"单选按钮，如图 7-21 所示。

（4）单击"确定"按钮，单击"开始放映幻灯片"选项板中的"从头开始"按钮，即可开始放映幻灯片，如图 7-22 所示。

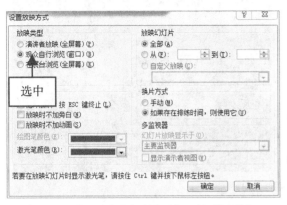

图 7-21　选中"观众自行浏览（窗口）"单选按钮　　　　图 7-22　放映幻灯片

7.2.3　在展台浏览放映《公司业务流程》课件

设置为展台浏览方式后，幻灯片将自动运行全屏放映，并且循环放映演示文稿。在放映过程中，除了保留鼠标指针用于选择屏幕对象放映外，其他功能全部失效，按【Esc】键可终止放映。

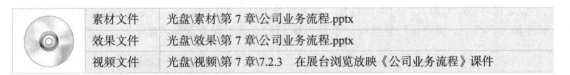

素材文件	光盘\素材\第 7 章\公司业务流程.pptx
效果文件	光盘\效果\第 7 章\公司业务流程.pptx
视频文件	光盘\视频\第 7 章\7.2.3　在展台浏览放映《公司业务流程》课件

（1）按【Ctrl + O】组合键，打开一个素材文件，如图 7-23 所示。

（2）切换至"幻灯片放映"面板，单击"设置"选项板中的"设置幻灯片放映"按钮，弹出"设置放映方式"对话框，在"放映类型"选项区中选中"在展台浏览（全屏幕）"单选按钮，如图 7-24 所示。

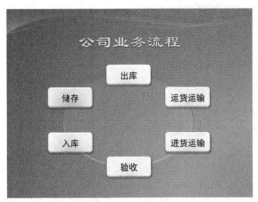

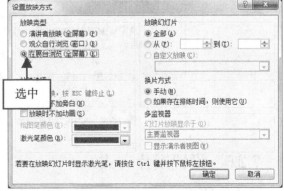

图 7-23　打开一个素材文件　　　　图 7-24　选中"在展台浏览（全屏幕）"单选按钮

（3）单击"确定"按钮，即可更改放映方式，单击"开始放映幻灯片"选项板中的"从头开始"按钮，放映幻灯片，如图 7-25 所示。

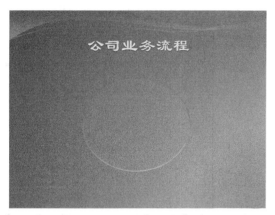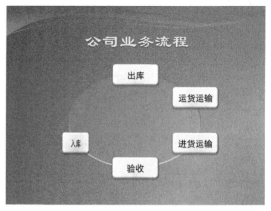

图 7-25　放映幻灯片

运用展台浏览方式无法单击鼠标手动放映幻灯片，但可以通过单击超链接和动作按钮来切换，在展览会或会议上，无人管理幻灯片放映时，适合运用这种方式。

7.2.4　设置循环放映

设置循环放映幻灯片，只需要打开"设置放映方式"对话框，在"放映选项"选项区中选中"循环播放，按 Esc 键终止"复选框，如图 7-26 所示，即可设置循环放映。

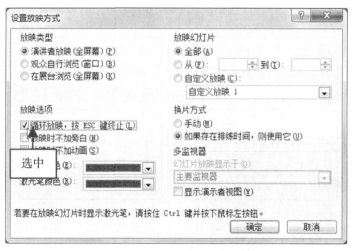

图 7-26　选中"循环播放，按 Esc 键终止"复选框

7.2.5　设置换片方式

在"设置放映方式"对话框中，还可以使用"换片方式"选项区中的选项来指定如何从一张幻灯片移动到另一张幻灯片，用户只需要打开"设置放映方式"对话框，在"换片方式"选项区中设定幻灯片放映时的换片方式，如选中"手动"单选按钮，如图 7-27 所示，单击"确定"按钮即可。

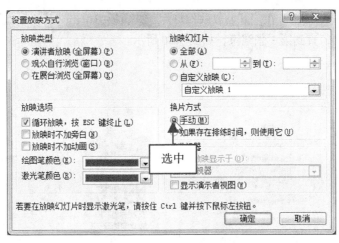

图 7-27　选中"手动"单选按钮

7.2.6　放映《时代》课件中的指定幻灯片

在 PowerPoint 2010 中，当用户制作完演示文稿后，在幻灯片放映时可以指定幻灯片的放映范围。

素材文件	光盘\素材\第 7 章\时代.pptx
效果文件	光盘\效果\第 7 章\时代.pptx
视频文件	光盘\视频\第 7 章\7.2.6　放映《时代》课件中的指定幻灯片

（1）按【Ctrl + O】组合键，打开一个素材文件，如图 7-28 所示。

（2）切换至"幻灯片放映"面板，单击"设置幻灯片放映"按钮，弹出"设置放映方式"对话框，设置"放映幻灯片"为"从 2 到 3"，如图 7-29 所示。

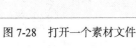

图 7-28　打开一个素材文件

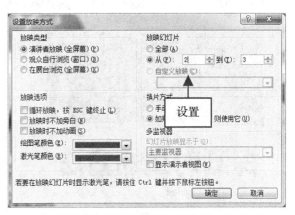

图 7-29　设置各选项

▶ 专家指点

　　打开的"设置放映方式"对话框中的"从"文本框为空时，将从第一张幻灯片开始放映，"到"文本框为空时，将放映到最后一个幻灯片，在"从"和"到"两个文本框中输入的编号相同时，将放映单个幻灯片。

（3）单击"确定"按钮，在"开始放映幻灯片"选项板中单击"从头开始"按钮，即可从第2页开始放映幻灯片，直到第 3 张结束，如图 7-30 所示。

图 7-30　放映幻灯片

7.2.7　设置《探测射线的方法》课件缩略图放映

使用幻灯片缩略图放映，可以让 PowerPoint 在屏幕的左上角显示幻灯片的缩略图，从而方便在编辑时预览幻灯片效果。

素材文件	光盘\素材\第 7 章\探测射线的方法.pptx
效果文件	无
视频文件	光盘\视频\第 7 章\7.2.7　设置《探测射线的方法》课件缩略图放映

（1）按【Ctrl＋O】组合键，打开一个素材文件，如图 7-31 所示。

（2）切换至"幻灯片放映"面板，选择第 2 张幻灯片，如图 7-32 所示。

图 7-31　打开一个素材文件

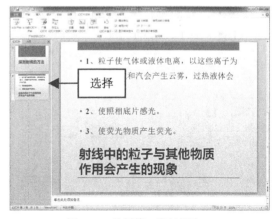

图 7-32　选择第 2 张幻灯片

（3）按住【Ctrl】键的同时，在"开始放映幻灯片"选项板中单击"从当前幻灯片开始"按钮，如图 7-33 所示。

（4）执行操作后，即可设置幻灯片缩略图放映，如图 7-34 所示。

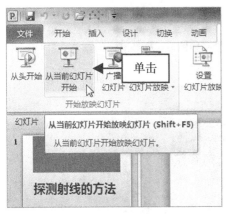

图 7-33　单击"从当前幻灯片开始"按钮

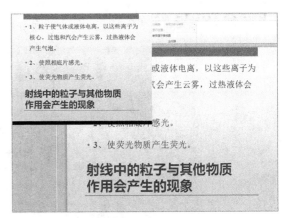

图 7-34　设置幻灯片缩略图放映

▶ 专家指点

　　放映幻灯片时，在放映区域单击鼠标左键即可切换到下一张幻灯片，还可以单击放映面板左下角的切换按钮来切换到下一张幻灯片。

7.3　设置多媒体课件放映

在 PowerPoint 2010 中，用户可以设置幻灯片隐藏和显示、设置演示文稿排练计时和录制旁白等。

7.3.1　隐藏和显示《垃圾对环境的影响》课件

　　隐藏幻灯片就是将演示文稿中的某一部分幻灯片隐藏起来，在放映的时候将不会放映隐藏的幻灯片。

素材文件	光盘\素材\第 7 章\垃圾对环境的影响.pptx
效果文件	光盘\效果\第 7 章\垃圾对环境的影响.pptx
视频文件	光盘\视频\第 7 章\7.3.1　隐藏和显示《垃圾对环境的影响》课件

（1）按【Ctrl + O】组合键，打开一个素材文件，如图 7-35 所示。
（2）切换至"幻灯片放映"面板，在"设置"选项板中单击"隐藏幻灯片"按钮，如图 7-36 所示。

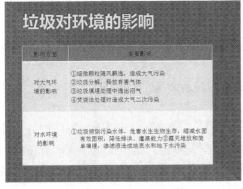

图 7-35　打开一个素材文件

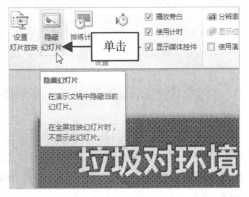

图 7-36　单击"隐藏幻灯片"按钮

（3）执行操作后，即可隐藏幻灯片，如图 7-37 所示。

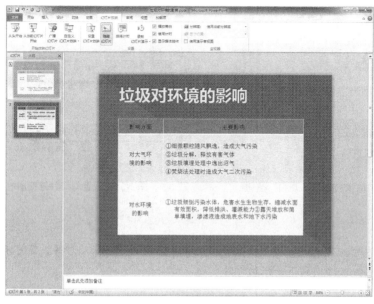

图 7-37　隐藏幻灯片

▶ **专家指点**

　　被隐藏的幻灯片编号上将显示一个带有斜线的灰色小方框，即表示该幻灯片在正常放映时不会被显示，只有当用户单击了指向其的超链接或动作按钮后才会被显示。选中被隐藏的幻灯片，再次单击"隐藏幻灯片"按钮，即可显示该幻灯片。

7.3.2　设置《儿童相册》排练计时

　　"排练计时"功能可以让演讲者确切了解每一张幻灯片需要讲解的时间，以及整个演示文稿的总放映时间。

素材文件	光盘\素材\第 7 章\儿童相册.pptx
效果文件	光盘\效果\第 7 章\儿童相册.pptx
视频文件	光盘\视频\第 7 章\7.3.2　设置《儿童相册》排练计时

　　（1）按【Ctrl＋O】组合键，打开一个素材文件，如图 7-38 所示。

　　（2）切换至"幻灯片放映"面板，在"设置"选项板中单击"排练计时"按钮，如图 7-39 所示。

　　（3）演示文稿将自动切换至幻灯片放映状态，此时演示文稿左上角将弹出"录制"对话框，如图 7-40 所示。

　　（4）演讲者根据需要对每一张幻灯片进行手动切换，"录制"工具栏将对每张幻灯片播放的时间进行计时，演示文稿放映完成后，弹出信息提示框，单击"是"按钮，演示文稿将切换至幻灯片浏览视图，如图 7-41 所示，从幻灯片浏览视图中可以看到每张幻灯片下方均显示各自的排练时间。

图 7-38　打开一个素材文件

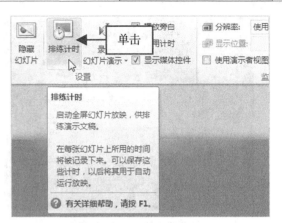

图 7-39　单击"排练计时"按钮

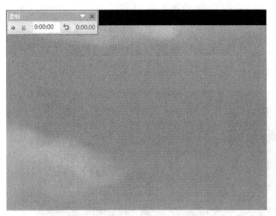

图 7-40　弹出"录制"对话框

图 7-41　幻灯片浏览视图

▶ **专家指点**

　　用户在放映幻灯片时可以选择是否启用设置好的排练时间。具体方法是：在"幻灯片放映"面板中的"设置"选项板中单击"幻灯片放映"按钮，弹出"设置放映方式"对话框，如果在对话框的"换片方式"选项区中选中"手动"单选按钮，则存在的排练计时不起作用，在放映幻灯片时只有通过单击鼠标左键、按键盘上的【Enter】键或空格键才能切换幻灯片。

7.3.3　为《新春年会》录制旁白

　　在 PowerPoint 2010 中，用户还可以录制旁白，录制的旁白将会在幻灯片放映的状态下一同播放。

素材文件	光盘\素材\第 7 章\新春年会.pptx
效果文件	光盘\效果\第 7 章\新春年会.pptx
视频文件	光盘\视频\第 7 章\7.3.3　为《新春年会》录制旁白

　　（1）按【Ctrl＋O】组合键，打开一个素材文件，如图 7-42 所示。
　　（2）切换至"幻灯片放映"面板，在"设置"选项板中单击"录制幻灯片演示"下拉按钮，在弹出的列表框中选择"从头开始录制"选项，如图 7-43 所示。

图 7-42　打开一个素材文件

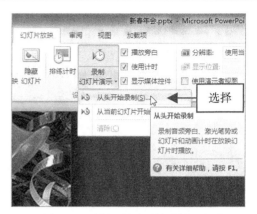

图 7-43　选择"从头开始录制"选项

（3）弹出"录制幻灯片演示"对话框，仅选中"旁白和激光笔"复选框，单击"开始录制"按钮，如图 7-44 所示。

（4）执行操作后，幻灯片切换至放映模式，在左上角弹出"录制"对话框，如图 7-45 所示，在幻灯片中的任意位置单击鼠标左键，即可切换至下一张幻灯片继续录制旁白。

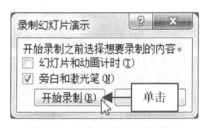

图 7-44　单击"开始录制"按钮

图 7-45　录制旁白

（5）录制完成后，演示文稿将切换至幻灯片浏览视图，如图 7-46 所示。

（6）切换至"视图"面板，单击"演示文稿视图"选项板中的"普通视图"按钮，演示文稿切换至普通视图，在添加了旁白的幻灯片的右下角将显示一个声音图标，如图 7-47 所示。

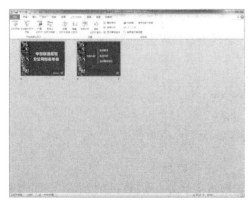

图 7-46　幻灯片浏览视图

图 7-47　显示声音图标

7.4　综合练兵——制作《数词复习》课件

在 PowerPoint 中，用户可以根据需要制作数词复习课件。下面介绍具体的制作方法。

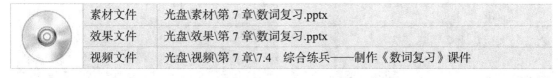

素材文件	光盘\素材\第 7 章\数词复习.pptx
效果文件	光盘\效果\第 7 章\数词复习.pptx
视频文件	光盘\视频\第 7 章\7.4　综合练兵——制作《数词复习》课件

（1）按【Ctrl + O】组合键，打开一个素材文件，如图 7-48 所示。

（2）切换至"幻灯片放映"面板，单击"开始放映幻灯片"选项板中的"自定义幻灯片放映"下拉按钮，在弹出的列表框中选择"自定义放映"选项，如图 7-49 所示。

图 7-48　打开一个素材文件

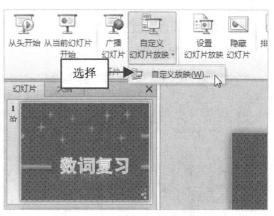

图 7-49　选择"自定义放映"选项

（3）弹出"自定义放映"对话框，单击"新建"按钮，弹出"定义自定义放映"对话框，在左侧的列表框中选择"数词的构成"选项，如图 7-50 所示。

（4）单击"添加"按钮，用以上方法，依次添加"基本用法"、"数词复习"选项，如图 7-51 所示。

图 7-50　选择"数词的构成"选项

图 7-51　依次添加相应选项

（5）单击"确定"按钮，返回到"自定义放映"对话框，单击"放映"按钮，幻灯片将按照自定义顺序开始放映，效果如图 7-52 所示。

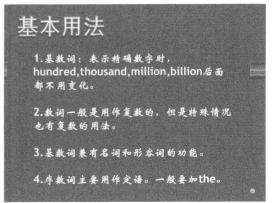

图 7-52　幻灯片放映

（6）切换至第 2 张幻灯片，单击"设置"选项板中的"设置幻灯片放映"按钮，如图 7-53 所示。

（7）弹出"设置放映方式"对话框，在"放映类型"选项区中选中"观众自行浏览（窗口）"复选框，如图 7-54 所示。

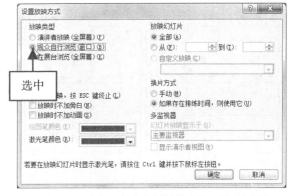

图 7-53　单击"设置幻灯片放映"按钮　　　　图 7-54　选中"观众自行浏览（窗口）"复选框

（8）单击"确定"按钮，单击"开始放映幻灯片"选项板中的"从头开始"按钮，即可开始放映幻灯片，如图 7-55 所示，完成《数词复习》课件的制作。

图 7-55　放映幻灯片

7.5 上机练习

本章重点介绍了放映课件模板制作的方法，本节将通过上机练习题，对本章的知识点进行回顾。

7.5.1 上机练习 1：制作《逻辑联结词》课件

打开"光盘\素材\第 7 章"文件夹下的逻辑联结词课件.pptx，如图 7-56 所示，尝试为《逻辑联结词》课件设置观众自行浏览方式放映，如图 7-57 所示。

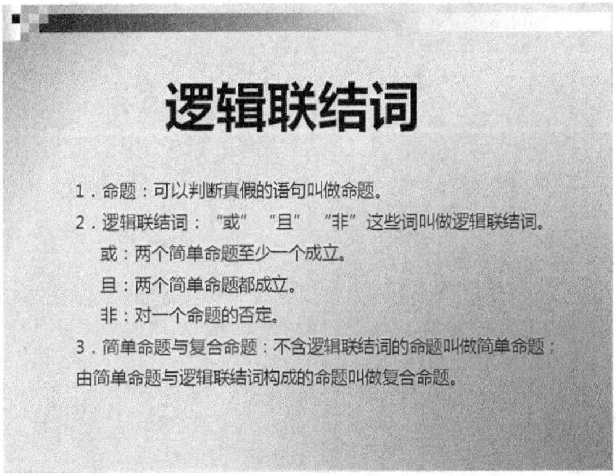

图 7-56 打开一个素材文件

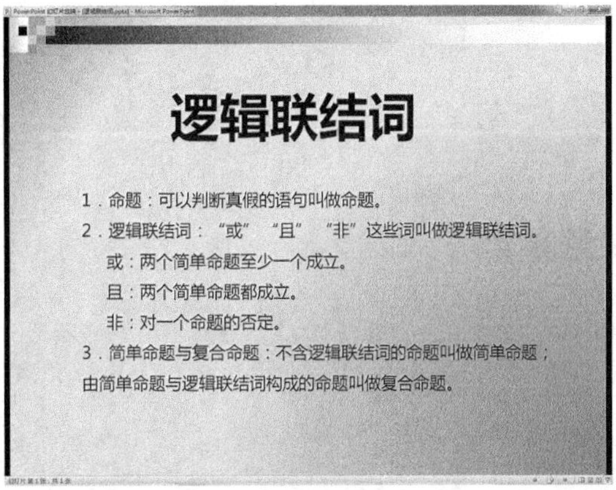

图 7-57 《逻辑联结词》课件效果

7.5.2 上机练习 2：制作《软件介绍》课件

打开"光盘\素材\第 7 章"文件夹下的软件介绍课件.pptx，如图 7-58 所示，尝试为《软件介绍》课件设置从当前幻灯片开始放映，如图 7-59 所示。

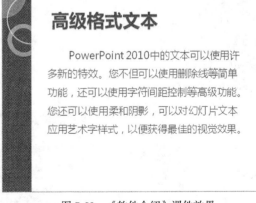

图 7-58 打开一个素材文件

图 7-59 《软件介绍》课件效果

课件的设置与打印

第8章

学习提示

　　在 PowerPoint 2010 中，演示文稿制作好以后，可以将整个演示文稿中的部分幻灯片、讲义、备注页和大纲等打印出来。本章主要向读者介绍设置课件打印页面和打印多媒体课件等的方法。

本章重点

- 设置课件打印页面
- 打印多媒体课件

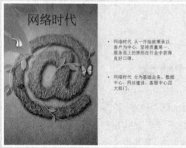

8.1　设置课件打印页面

通过打印页面设置，可以设置用于打印的幻灯片大小、方向和其他版式，幻灯片每页只打印一张，在打印前，应先调整好大小，以适合各种纸张，还可以自定义打印的方式。

8.1.1　设置《渲染式》课件大小

在 PowerPoint 2010 中打印演示文稿前，用户可以根据自己的需要，对打印页面大小进行设置。

素材文件	光盘\素材\第 8 章\渲染式.pptx
效果文件	光盘\效果\第 8 章\渲染式.pptx
视频文件	光盘\视频\第 8 章\8.1.1　设置《渲染式》课件大小

（1）按【Ctrl + O】组合键，打开一个素材文件，如图 8-1 所示。

（2）切换至"设计"面板，单击"页面设置"选项板中的"页面设置"按钮，如图 8-2 所示。

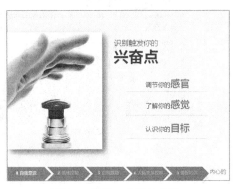

图 8-1　打开一个素材文件

图 8-2　单击"页面设置"按钮

（3）弹出"页面设置"对话框，单击"幻灯片大小"下拉按钮，在弹出的下拉列表框中选择"A4 纸张（210×297 毫米）"选项，如图 8-3 所示。

（4）单击"确定"按钮，即可设置幻灯片的大小，如图 8-4 所示。

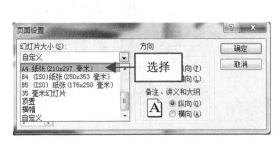

图 8-3　选择"A4 纸张（210×297 毫米）"选项

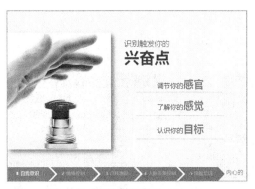

图 8-4　设置幻灯片的大小

8.1.2 设置《网络时代》课件方向

设置文稿中幻灯片的方向，只需要选中"页面设置"对话框中"方向"选项区中的"横向"或"纵向"单选按钮即可。

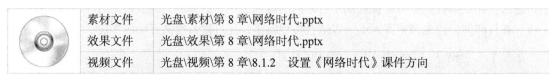

素材文件	光盘\素材\第 8 章\网络时代.pptx	
效果文件	光盘\效果\第 8 章\网络时代.pptx	
视频文件	光盘\视频\第 8 章\8.1.2　设置《网络时代》课件方向	

（1）按【Ctrl + O】组合键，打开一个素材文件，如图 8-5 所示。

（2）切换至"设计"面板，单击"页面设置"选项板中的"页面设置"按钮，如图 8-6 所示。

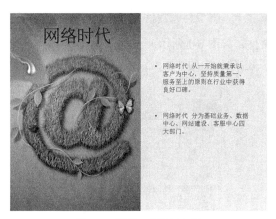

图 8-5　打开一个素材文件

图 8-6　单击"页面设置"按钮

（3）弹出"页面设置"对话框，在"方向"选项区中选中"幻灯片"选项区中的"纵向"单选按钮，如图 8-7 所示。

（4）单击"确定"按钮，即可设置幻灯片方向，效果如图 8-8 所示。

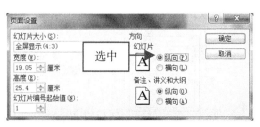

图 8-7　选中"纵向"单选按钮

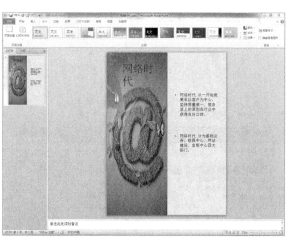

图 8-8　设置幻灯片方向

8.1.3　设置《水珠水滴》课件宽度和高度

在 PowerPoint 2010 中，用户还可以在调出的"页面设置"对话框中设置幻灯片的宽度和高度。

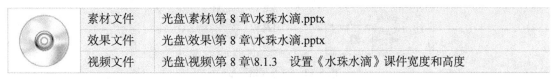

素材文件	光盘\素材\第 8 章\水珠水滴.pptx
效果文件	光盘\效果\第 8 章\水珠水滴.pptx
视频文件	光盘\视频\第 8 章\8.1.3　设置《水珠水滴》课件宽度和高度

（1）按【Ctrl + O】组合键，打开一个素材文件，如图 8-9 所示。

（2）切换至"设计"面板，单击"页面设置"选项板中的"页面设置"按钮，弹出"页面设置"对话框，设置"宽度"为"28"厘米、"高度"为"16"厘米，如图 8-10 所示。

图 8-9　打开一个素材文件　　　　　　图 8-10　设置数值

（3）单击"确定"按钮，即可设置幻灯片宽度和高度，如图 8-11 所示。

图 8-11　设置幻灯片宽度和高度

8.1.4　设置幻灯片编号起始值

设置文稿中幻灯片编号起始值，只需要打开"页面设置"对话框，然后在"幻灯片编号起始值"数值框中输入幻灯片的起始编号，如图 8-12 所示，即可设置幻灯片编号的起始值。

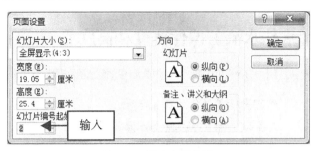

图 8-12　输入起始编号

8.2　打印多媒体课件

　　在 PowerPoint 2010 中，可以将制作好的演示文稿打印出来。在打印时，可以根据不同的目的将演示文稿打印为不同的形式，常用的打印稿形式有幻灯片、讲义、备注和大纲视图。

8.2.1　设置《基础生态学》课件打印选项

　　在 PowerPoint 2010 中的"打印预览"面板中，用户可以根据制作课件的实际需要设置打印选项。

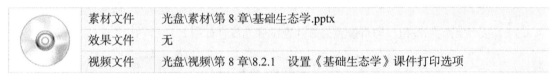

素材文件	光盘\素材\第 8 章\基础生态学.pptx	
效果文件	无	
视频文件	光盘\视频\第 8 章\8.2.1　设置《基础生态学》课件打印选项	

　　（1）按【Ctrl＋O】组合键，打开一个素材文件，如图 8-13 所示。
　　（2）单击"文件"|"打印"命令，如图 8-14 所示。

图 8-13　打开一个素材文件

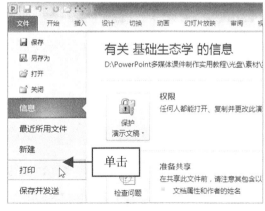

图 8-14　单击"打印"命令

　　（3）切换至"打印"选项卡，即可预览打印效果，如图 8-15 所示。

（4）在"设置"选项区中，单击"打印全部幻灯片"下拉按钮，在弹出的列表框中，选择"打印当前幻灯片"选项，如图 8-16 所示。

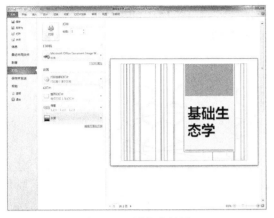
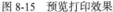
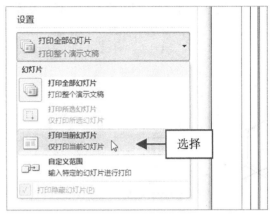

图 8-15　预览打印效果　　　　　　　图 8-16　选择"打印当前幻灯片"选项

（5）执行操作后，即可设置打印选项。

▶ 专家指点

　　单击"打印全部幻灯片"下拉按钮，在弹出的列表框中，用户还可以选择"自定义范围"，将需要的幻灯片进行打印。

8.2.2　设置《环境类型》课件打印内容

设置打印内容是指打印幻灯片、讲义、备注或是大纲视图时，单击"页面设置"选项板中的"打印内容"按钮，在弹出的列表框中用户可以根据自己的需求选择打印的内容。

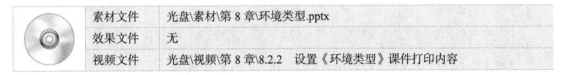

素材文件	光盘\素材\第 8 章\环境类型.pptx
效果文件	无
视频文件	光盘\视频\第 8 章\8.2.2　设置《环境类型》课件打印内容

（1）按【Ctrl＋O】组合键，打开一个素材文件，如图 8-17 所示。
（2）单击"文件"|"打印"命令，切换至"打印"选项卡，如图 8-18 所示。

图 8-17　打开一个素材文件　　　　　　图 8-18　切换至"打印"选项卡

（3）在"设置"选项区中，单击"整页幻灯片"下拉按钮，弹出列表框，在"讲义"选项区中选择"3 张幻灯片"选项，如图 8-19 所示。

（4）执行操作后，即可显示 3 张竖排放置的幻灯片，如图 8-20 所示。

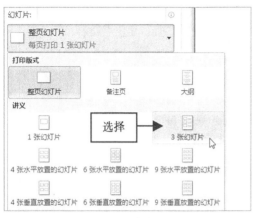

图 8-19　选择"3 张幻灯片"选项

图 8-20　显示预览

▶ 专家指点

单击"整页幻灯片"下拉按钮，弹出列表框，打印页面会根据用户选择的幻灯片数量，自行设置好版式。

8.2.3　设置《清新散文》课件打印边框

"幻灯片加框"选项只有在打印"幻灯片"、"备注页"和"大纲视图"的时候才能被激活。

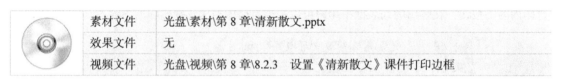

素材文件	光盘\素材\第 8 章\清新散文.pptx
效果文件	无
视频文件	光盘\视频\第 8 章\8.2.3　设置《清新散文》课件打印边框

（1）按【Ctrl＋O】组合键，打开一个素材文件，如图 8-21 所示。

（2）单击"文件"|"打印"命令，切换至"打印"选项卡，单击"整页幻灯片"下拉按钮，在弹出的列表框中选择"幻灯片加框"选项，如图 8-22 所示。

图 8-21　打开一个素材文件

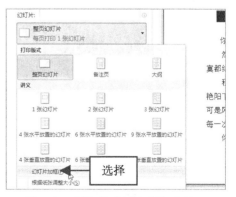

图 8-22　选择"幻灯片加框"选项

（3）执行操作后，即可为幻灯片添加边框，效果如图 8-23 所示。

图 8-23　添加边框

8.2.4　双面打印演示文稿

在 PowerPoint 2010 中，用户可以将演示文稿中的幻灯片设置为双面打印，具体操作方法如下。

启动 PowerPoitn 2010，单击"文件"|"打印"命令，切换至"打印"选项卡，单击"单面打印"按钮，在弹出的列表框中，选择"双面打印"选项，如图 8-24 所示，即可以双面打印演示文稿。

图 8-24　选择"双面打印"选项

8.2.5 打印多份演示文稿

在 PowerPoint 2010 中，用户如果需要将在幻灯片中制作的课件打印多份，则在"副本"右侧的文本框中设置相应的数值即可，具体操作方法如下。

单击"文件"|"打印"命令，单击"副本"右侧的三角形按钮，即可设置打印份数，如图 8-25 所示。

图 8-25   设置打印份数

8.3   综合练兵——制作《春江花月夜》课件

在 PowerPoint 中，用户可以根据需要制作《春江花月夜》课件。下面介绍具体的制作方法。

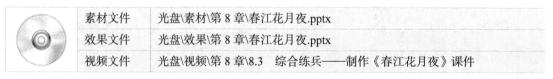

素材文件	光盘\素材\第 8 章\春江花月夜.pptx	
效果文件	光盘\效果\第 8 章\春江花月夜.pptx	
视频文件	光盘\视频\第 8 章\8.3 综合练兵——制作《春江花月夜》课件	

（1）按【Ctrl+O】组合键，打开一个素材文件，如图 8-26 所示。

（2）设置标题文本"字体"为"隶书"、"字号"为"54"，单击"文字阴影"按钮，效果如图 8-27 所示。

（3）切换至第 2 张幻灯片，设置标题文本"字号"为"54"，在编辑区中选中相应文本，如图 8-28 所示。

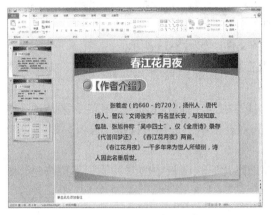

图 8-26　打开一个素材文件

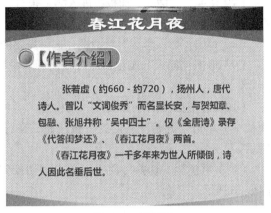

图 8-27　效果图

（4）单击"字体"选项板右下角的"字体"按钮，弹出"字体"对话框，设置"下划线线型"为"粗线"、"下划线颜色"为"红色"，如图 8-29 所示。

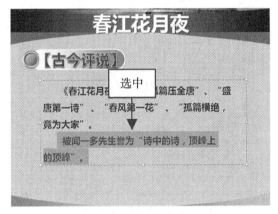

图 8-28　选中相应文本

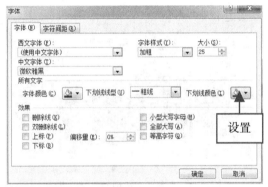

图 8-29　设置"下划线颜色"为"红色"

（5）单击"确定"按钮，即可为文本设置下划线，如图 8-30 所示。

（6）切换至第 3 张幻灯片，选中标题文本，设置"字号"为"54"，效果如图 8-31 所示。

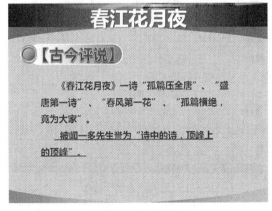

图 8-30　设置下划线

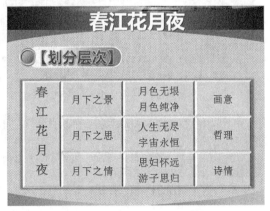

图 8-31　设置"字号"为"54"

（7）切换至"插入"面板，进入第 1 张幻灯片，单击"媒体"选项板中的"音频"下拉按钮，在弹出的列表框中选择"文件中的音频"选项，如图 8-32 所示。

（8）弹出"插入音频"对话框，选择需要的音频文件，如图 8-33 所示。

（9）单击"插入"按钮，即可在幻灯片中插入音频文件，调整音频至合适位置，如图 8-34 所示。

（10）选中插入的声音文件，切换至"音频工具"中的"播放"面板，在"音频选项"选项板中，单击"开始"右侧的下拉按钮，在弹出的列表框中，选择"自动"选项，如图 8-35 所示。

（11）切换至"切换"面板，单击"切换到此幻灯片"选项板中的"其他"下拉按钮，如图 8-36 所示。

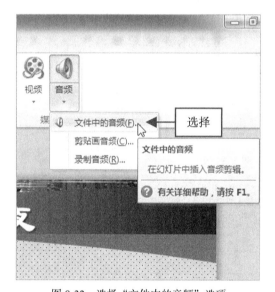

图 8-32　选择"文件中的音频"选项

图 8-33　选择音频文件

（12）弹出列表框，在"细微型"选项区中选择"闪光"选项，如图 8-37 所示。

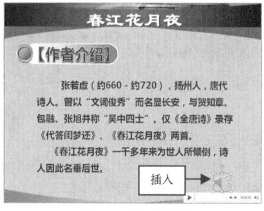

图 8-34　插入音频文件

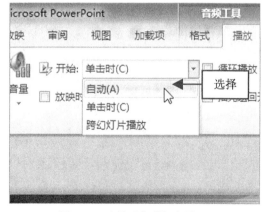

图 8-35　选择"自动"选项

（13）执行操作后，即可为幻灯片设置闪光切换效果，切换至第 2 张幻灯片，如图 8-38 所示。

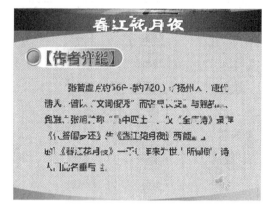 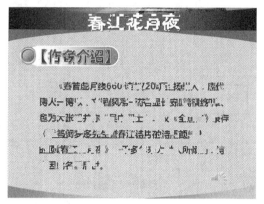

图 8-36　单击“其他”下拉按钮

图 8-37　选择“闪光”选项

（14）单击“切换到此幻灯片”选项板中的“其他”下拉按钮，弹出列表框，在“华丽型”选项区中选择“溶解”选项，如图 8-39 所示。

图 8-38　切换至第 2 张幻灯片

图 8-39　选择“溶解”选项

（15）执行操作后，即可为幻灯片设置溶解切换效果，单击“预览”选项板中的“预览”按钮，即可预览溶解切换效果，如图 8-40 所示。

（16）切换至第 3 张幻灯片，单击“切换到此幻灯片”选项板中的“其他”下拉按钮，弹出列表框，在“动态内容”选项区中选择“传送带”选项，如图 8-41 所示。

（17）执行操作后，即可添加传送带切换效果，单击“预览”选项板中的“预览”按钮，预览传送带切换效果，如图 8-42 所示。

▶ 专家指点

为幻灯片添加切换效果以后，用户还可以切换至“幻灯片放映”面板，单击“开始放映幻灯片”选项板中的“从当前幻灯片开始”按钮，预览切换效果。

图 8-40　预览溶解切换效果

（18）切换至"设计"面板，单击"页面设置"选项板中的"页面设置"按钮，如图 8-43 所示。

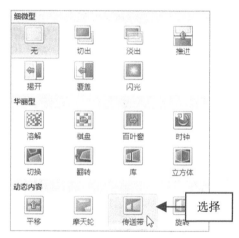 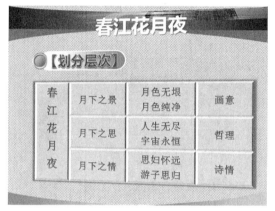

图 8-41　选择"传送带"选项　　　　　　　图 8-42　预览传送带切换效果

（19）弹出"页面设置"对话框，单击"幻灯片大小"下方的下拉按钮，在弹出的下拉列表框中选择"自定义"选项，如图 8-44 所示。

（20）在"页面设置"对话框中，设置"宽度"为"30"厘米、"高度"为"18"厘米，如图 8-45 所示。

 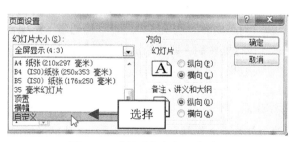

图 8-43　单击"页面设置"按钮　　　　　　图 8-44　选择"自定义"选项

（21）单击"确定"按钮，即可设置幻灯片打印页面，如图 8-46 所示。

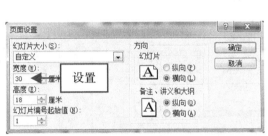

图 8-45　设置各数值

图 8-46　设置幻灯片打印页面

（22）单击"文件"|"打印"命令，如图 8-47 所示，切换至"打印"选项卡。

（23）单击"设置"选项区中的"整页幻灯片"下拉按钮，在弹出的列表框中，选择"3 张幻灯片"选项，如图 8-48 所示。

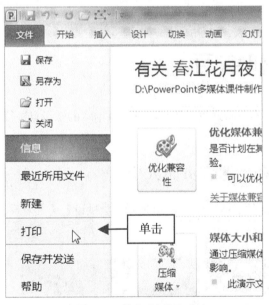

图 8-47　单击"打印"命令

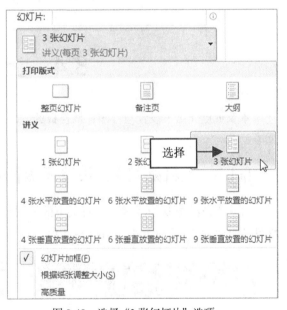

图 8-48　选择"3 张幻灯片"选项

▶ 专家指点

　　用户还可以在"设置"选项区中，单击"颜色"下拉按钮，在弹出的列表框中，可以设置打印内容为"颜色"、"灰度"或者"纯白色"。

（24）执行操作后，即可设置幻灯片打印内容，如图 8-49 所示，完成《春江花月夜》课件的制作。

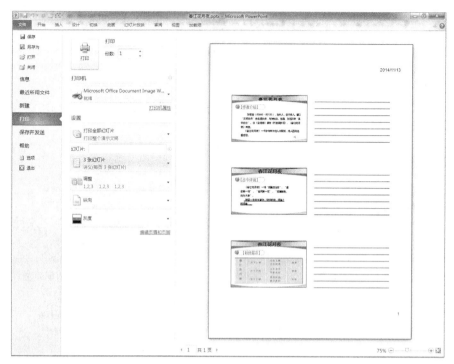

图 8-49　设置幻灯片打印内容

8.4　上机练习

本章重点介绍了设置与打印课件模板的方法，本节将通过上机练习题，对本章的知识点进行回顾。

8.4.1　上机练习1：设置《太阳系》课件页面大小

打开"光盘\素材\第 8 章"文件夹下的太阳系课件.pptx，如图 8-50 所示，尝试设置《太阳系》课件的页面为 A4 纸张大小，如图 8-51 所示。

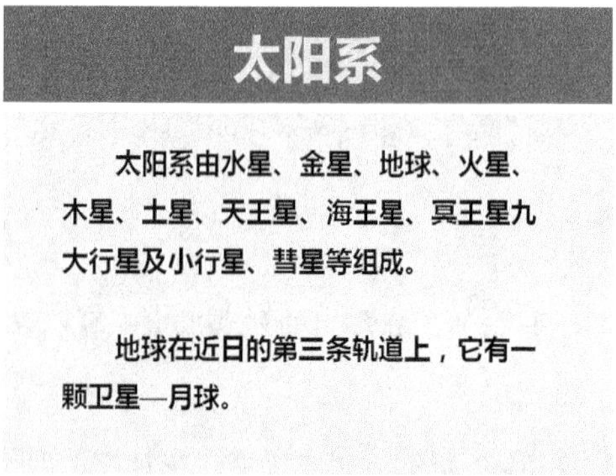

图 8-50　打开一个素材文件

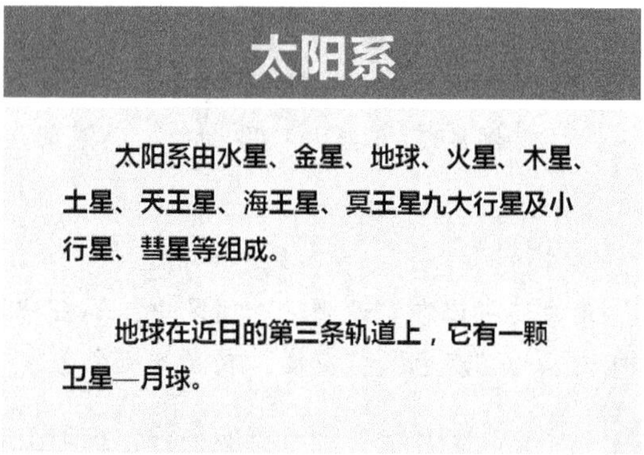

图 8-51　《太阳系》课件效果

8.4.2　上机练习 2：设置《天气与气候》课件页面大小

打开"光盘\素材\第 8 章"文件夹下的天气与气候课件.pptx，如图 8-52 所示，尝试设置《天气与气候》课件的页面"宽度"为"30"厘米、"高度"为"27"厘米，如图 8-53 所示。

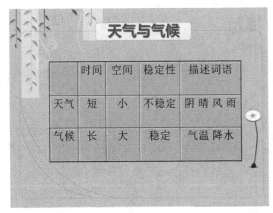

图 8-52　打开一个素材文件

图 8-53　《天气与气候》课件效果

课件的打包与输出

第9章

学习提示

在 PowerPoint 2010 中，演示文稿制作完成后，不仅可以将其打印，还可以将其作为模板保存起来以便以后使用，如可以制作成 CD 或者转移到其他的计算机上等。本章主要向读者介绍打包多媒体课件以及输出 PowerPoint 课件等的方法。

本章重点

■ 打包多媒体课件
■ 输出 PowerPoint 课件

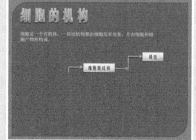

9.1　打包多媒体课件

在 PowerPoint 2010 中，完成了课件的制作后，如果需要移动课件的位置，可以首先对其打包。

9.1.1　打包《白话文运动》课件

要在没有安装 PowerPoint 的电脑上运行演示文稿，需要 Microsoft Office PowerPoint Viewer 的支持。默认情况下，在安装 PowerPoint 时，将自动安装 PowerPoint Viewer，因此可以直接使用"将演示文稿打包 CD"功能，从而将演示文稿以特殊的形式复制到可刻录光盘、网络或本地磁盘驱动器中，并在其中集成一个 PowerPoint Viewer，以便在任何电脑上都能进行演示。

素材文件	光盘\素材\第 9 章\白话文运动.pptx
效果文件	光盘\效果\第 9 章\演示文稿 CD
视频文件	光盘\视频\第 9 章\9.1.1　打包《白话文运动》课件

（1）按【Ctrl＋O】组合键，打开一个素材文件，如图 9-1 所示。

（2）单击"文件"|"保存并发送"|"将演示文稿打包成 CD"命令，如图 9-2 所示。

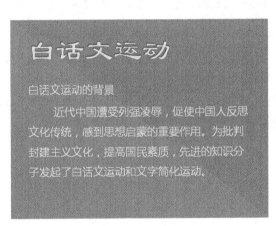

图 9-1　打开一个素材文件　　　　　图 9-2　单击"将演示文稿打包成 CD"按钮

（3）在"将演示文稿打包成 CD"选项区中，单击"打包成 CD"按钮，如图 9-3 所示。

（4）弹出"打包成 CD"对话框，单击"选项"按钮，如图 9-4 所示。

（5）弹出"选项"对话框，单击"确定"按钮，如图 9-5 所示。

（6）返回至"打包成 CD"对话框，单击"复制到文件夹"按钮，弹出"复制到文件夹"对话框，如图 9-6 所示。

图 9-3　单击"打包成 CD"按钮

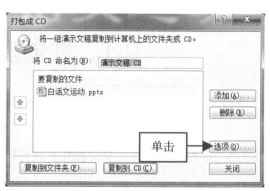

图 9-4　单击"选项"按钮

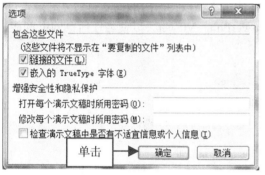

图 9-5　单击"确定"按钮

图 9-6　弹出"复制到文件夹"对话框

▶ **专家指点**

如果幻灯片中使用的是 TrueType 字体，可将其一起嵌入到包中，嵌入字体可确保在不同的电脑上运行演示文稿时，该字体可正确显示。

（7）单击"浏览"按钮，弹出"选择位置"对话框，在对话框中选择需要保存的位置，如图 9-7 所示。

（8）单击"选择"按钮，返回"复制到文件夹"对话框，单击"确定"按钮，在弹出的信息提示框中，单击"是"按钮，弹出"正在将文件复制到文件夹"对话框，如图 9-8 所示。

图 9-7　选择需要保存的位置

图 9-8　弹出"正在将文件复制到文件夹"对话框

（9）待演示文稿中的文件复制完成后，单击"打包成 CD"对话框中的"关闭"按钮，即可完成演示文稿的打包操作，在保存位置可查看打包 CD 的文件。

9.1.2　发布《感觉世界》课件

在 PowerPoint 2010 中，用户可以将制作完成的课件进行发布。

素材文件	光盘\素材\第 9 章\感觉世界.pptx
效果文件	光盘\效果\第 9 章\感觉世界_001.pptx ~ 感觉世界_003.pptx
视频文件	光盘\视频\第 9 章\9.1.2　发布《感觉世界》课件

（1）按【Ctrl + O】组合键，打开一个素材文件，如图 9-9 所示。

（2）单击"文件" | "保存并发送" | "发布幻灯片"命令，如图 9-10 所示。

图 9-9　打开一个素材文件　　　　　　　　　　图 9-10　单击"发布幻灯片"命令

（3）在"发布幻灯片"选项区中，单击"发布幻灯片"按钮，如图 9-11 所示。

（4）弹出"发布幻灯片"对话框，单击"全选"按钮，如图 9-12 所示。

图 9-11　单击"发布幻灯片"按钮　　　　　　　图 9-12　单击"全选"按钮

（5）执行操作后，即可全选幻灯片，单击"浏览"按钮，弹出"选择幻灯片库"对话框，在该对话框中选择需要的文件夹，如图 9-13 所示。

（6）单击"选择"按钮，返回至"发布幻灯片"对话框，单击"发布"按钮，如图 9-14 所示，即可发布演示文稿。

图 9-13　选择需要的文件夹

图 9-14　单击"发布"按钮

▶ 专家指点

　　将演示文稿发布到 Web 上时，会将网页或 Web 档案的备份保存到指定位置，例如 Web 服务器或其他可用的计算机。发布演示文稿功能可以维持 PPTX 格式的演示文稿的原始版本。

9.2　输出 PowerPoint 课件

　　在 PowerPoint 中经常用到的输出格式有图形文件格式和幻灯片放映文件格式。幻灯片放映文件格式是将演示文稿保存为总是以幻灯片放映的形式打开的演示文稿，每次打开该类型文件时，PowerPoint 会自动切换到幻灯片放映状态，而不会出现 PowerPoint 编辑窗口，而图形文件格式则是将每一张幻灯片输出为单一的图形文件。

9.2.1　输出《维新思想》课件为图形文件

　　PowerPoint 支持将演示文稿中的幻灯片输出为 GIF、JPG、TIFF、BMP、PNG 以及 WMF 等格式的图形文件。

素材文件	光盘\素材\第 9 章\维新思想.pptx
效果文件	光盘\效果\第 9 章\维新思想
视频文件	光盘\视频\第 9 章\9.2.1　输出《维新思想》课件为图形文件

　　（1）按【Ctrl＋O】组合键，打开一个素材文件，如图 9-15 所示。
　　（2）单击"文件"|"保存并发送"|"更改文件类型"命令，如图 9-16 所示。
　　（3）在"更改文件类型"列表框中的"图片文件类型"选项区中，选择"JPEG 文件交换格式"选项，如图 9-17 所示。

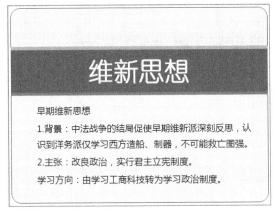

图 9-15　打开一个素材文件

图 9-16　单击"更改文件类型"命令

（4）执行操作后，弹出"另存为"对话框，设置文件保存位置，如图 9-18 所示。

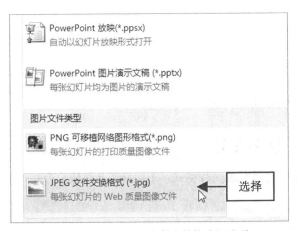

图 9-17　选择"JPEG 文件交换格式"选项

图 9-18　设置文件保存位置

（5）单击"保存"按钮，弹出信息提示框，单击"每张幻灯片"按钮，如图 9-19 所示。

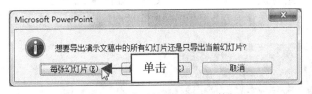

图 9-19　单击"每张幻灯片"按钮

（6）执行操作后，弹出信息提示框，单击"确定"按钮，如图 9-20 所示。

图 9-20　单击"确定"按钮

（7）执行操作后，即可输出演示文稿为图形文件，打开所存储的文件夹，查看输出的图形文件，如图 9-21 所示。

图 9-21　查看输出的图形文件

9.2.2　输出《细胞学说》课件为放映文件

在 PowerPoint 中经常用到的输出格式还有幻灯片放映文件格式。下面介绍具体输出方法。

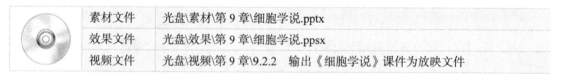

素材文件	光盘\素材\第 9 章\细胞学说.pptx
效果文件	光盘\效果\第 9 章\细胞学说.ppsx
视频文件	光盘\视频\第 9 章\9.2.2　输出《细胞学说》课件为放映文件

（1）按【Ctrl＋O】组合键，打开一个素材文件，如图 9-22 所示。

（2）单击"文件"|"保存并发送"|"更改文件类型"命令，如图 9-23 所示。

图 9-22　打开一个素材文件

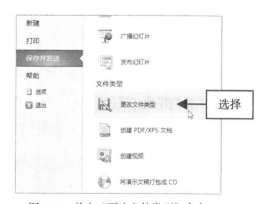

图 9-23　单击"更改文件类型"命令

（3）在"更改文件类型"列表框中的"演示文稿文件类型"选项区中，选择"PowerPoint 放映"选项，如图 9-24 所示。

（4）执行操作后，弹出"另存为"对话框，设置文件保存位置，如图 9-25 所示。

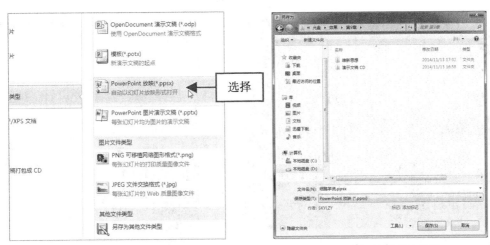

图 9-24 选择"PowerPoint 放映"选项 　　　　图 9-25 设置文件保存位置

（5）单击"保存"按钮，即可输出文件，打开所存储的文件夹，查看输出的文件，如图 9-26 所示。

（6）在保存的文件中双击文件，即可放映文件，如图 9-27 所示。

图 9-26 查看输出的文件

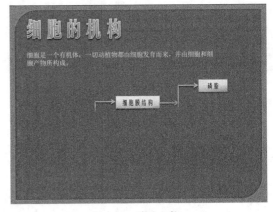

图 9-27 放映文件

9.3　综合练兵——制作《我们的民族精神》课件

在 PowerPoint 中，用户可以根据需要制作《我们的民族精神》课件。下面介绍具体的制作方法。

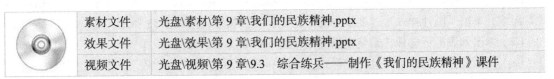

	素材文件	光盘\素材\第 9 章\我们的民族精神.pptx
	效果文件	光盘\效果\第 9 章\我们的民族精神.pptx
	视频文件	光盘\视频\第 9 章\9.3　综合练兵——制作《我们的民族精神》课件

（1）按【Ctrl + O】组合键，打开一个素材文件，如图 9-28 所示。

（2）切换至"插入"面板，在"图像"选项板中单击"剪贴画"按钮，如图 9-29 所示。

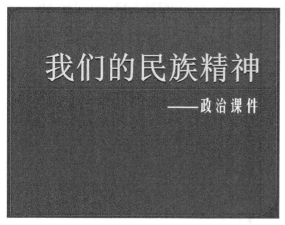

图 9-28　打开一个素材文件

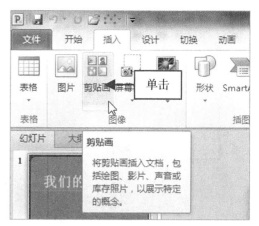

图 9-29　单击"剪贴画"按钮

（3）弹出"剪贴画"任务窗格，在"搜索文字"下方的文本框中输入"人物"文本，单击"搜索"按钮，如图 9-30 所示。

（4）在下方的下拉列表框中选择需要的剪贴画，如图 9-31 所示。

图 9-30　单击"搜索"按钮

图 9-31　选择需要的剪贴画

（5）单击鼠标左键，即可插入剪贴画，并调整至合适大小和位置，如图 9-32 所示。

（6）关闭"剪贴画"任务窗格，在编辑区中选择插入的剪贴画，切换至"图片工具"中的"格式"面板，单击"图片样式"选项板中的"其他"下拉按钮，如图 9-33 所示。

（7）弹出列表框，选择"柔化边缘椭圆"选项，如图 9-34 所示。

（8）执行操作后，即可设置图片样式，如图 9-35 所示。

图 9-32　插入剪贴画

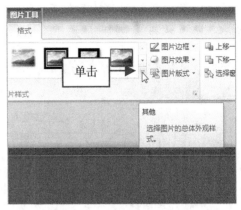

图 9-33　单击"其他"下拉按钮

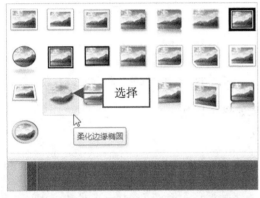

图 9-34　选择"柔化边缘椭圆"选项

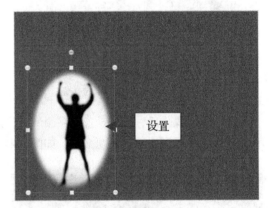

图 9-35　设置图片样式

（9）在"调整"选项板中单击"艺术效果"下拉按钮，如图 9-36 所示。

（10）弹出列表框，选择"混凝土"选项，如图 9-37 所示。

图 9-36　单击"艺术效果"下拉按钮

图 9-37　选择"混凝土"选项

（11）执行操作后，设置剪贴画艺术效果，单击"调整"选项板中的"颜色"下拉按钮，如图 9-38 所示。

（12）弹出列表框，在"重新着色"选项区中选择"红色，背景颜色2浅色"选项，如图9-39所示。

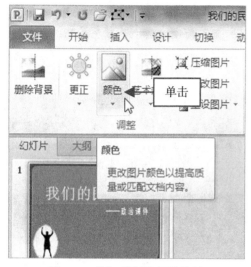

图9-38　单击"颜色"下拉按钮

图9-39　选择"红色，背景颜色2浅色"选项

（13）执行操作后，即可设置剪贴画颜色，效果如图9-40所示。

（14）在编辑区中选择标题文本，如图9-41所示。

图9-40　设置剪贴画颜色

图9-41　选择标题文本

（15）切换至"绘图工具"中的"格式"面板，单击"艺术字样式"选项板中的"其他"下拉按钮，如图9-42所示。

（16）弹出列表框，在"应用于形状中的所有文字"选项区中选择"填充-金色，强调文字颜色2，粗糙棱台"选项，如图9-43所示。

（17）执行操作后，即可设置艺术字样式，单击"艺术字样式"选项板中的"文本效果"下拉按钮，如图9-44所示。

（18）在弹出的列表框中选择"映像"选项，在弹出的列表框中选择"紧密映像，接触"选项，如图9-45所示。

（19）执行操作后，即可设置艺术字效果，如图9-46所示。

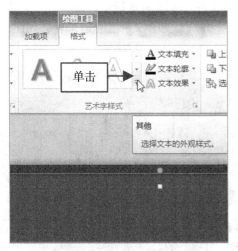

图 9-42 单击"其他"下拉按钮

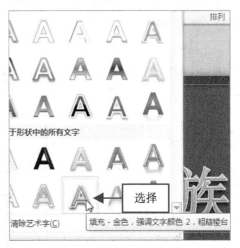

图 9-43 选择相应选项

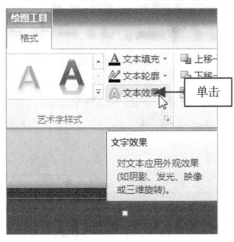

图 9-44 单击"文本效果"下拉按钮

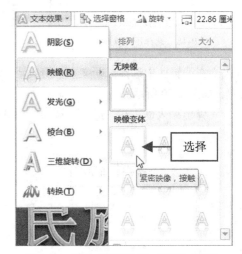

图 9-45 选择"紧密映像，接触"选项

（20）切换至"插入"面板，单击"媒体"选项板中的"音频"下拉按钮，弹出列表框，选择"文件中的音频"选项，如图 9-47 所示。

图 9-46 艺术字效果

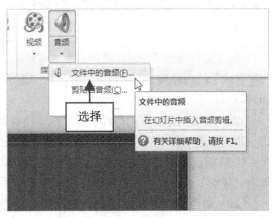

图 9-47 选择"文件中的音频"选项

（21）弹出"插入音频"对话框，选择需要的声音文件，如图 9-48 所示。

（22）单击"插入"按钮，在幻灯片中插入声音，并调整声音文件至合适位置，如图 9-49 所示。

图 9-48　选择声音文件　　　　　　　　　　图 9-49　调整声音文件的位置

（23）在编辑区中选择标题文本，切换至"动画"面板中的"动画"选项板，单击"其他"下拉按钮，如图 9-50 所示。

（24）弹出列表框，在"进入"选项区中选择"浮入"选项，如图 9-51 所示。

图 9-50　单击"其他"下拉按钮　　　　　　图 9-51　选择"浮入"选项

（25）执行操作后，即可设置文本动画效果，用以上方法，设置第 1 张幻灯片中的副标题文本为"形状"动画效果、剪贴画动画效果为"轮子"，单击"预览"选项板中的"预览"按钮，预览动画效果，如图 9-52 所示。

（26）切换至第 2 张幻灯片，设置标题动画效果为"劈裂"、正文文本动画效果为"浮入"，单击"预览"选项板中的"预览"按钮，即可预览动画效果，如图 9-53 所示。

（27）切换至第 3 张幻灯片，设置标题动画效果为"展开"、正文文本动画效果为"随机线条"，单击"预览"选项板中的"预览"按钮，即可预览动画效果，如图 9-54 所示。

（28）切换至第 4 张幻灯片，设置标题动画效果为"挥鞭式"、表格动画效果为"螺旋飞入"，单击"预览"选项板中的"预览"按钮，即可预览动画效果，如图 9-55 所示。

图 9-52 预览第 1 张幻灯片动画效果

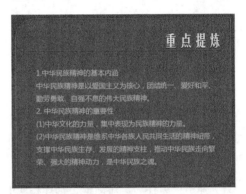

图 9-53 预览第 2 张幻灯片动画效果

图 9-54 预览第 3 张幻灯片动画效果

图 9-55 预览第 4 张幻灯片动画效果

（29）单击"文件"|"保存并发送"|"更改文件类型"命令，如图 9-56 所示。

（30）在"更改文件类型"列表框中的"图片文件类型"选项区中，选择"JPEG 文件交换格式"选项，如图 9-57 所示。

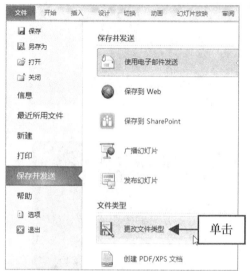

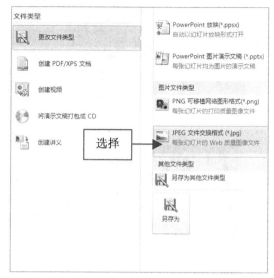

图 9-56　单击"更改文件类型"命令　　　　　图 9-57　选择"JPEG 文件交换格式"选项

（31）弹出"另存为"对话框，选择相应的保存文件类型，如图 9-58 所示。

（32）单击"保存"按钮，在弹出的信息提示框中单击"每张幻灯片"按钮，如图 9-59 所示。

图 9-58　选择相应的保存文件类型　　　　　图 9-59　单击"每张幻灯片"按钮

（33）执行操作后，弹出信息提示框，如图 9-60 所示。

图 9-60　弹出信息提示框

（34）单击"确定"按钮，即可输出演示文稿为图形文件，打开所存储的文件夹，查看输出的图形文件，如图 9-61 所示，完成《我们的民族精神》课件的制作。

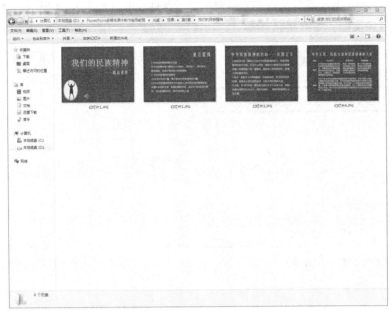

图 9-61　查看输出的图形文件

9.4　上机练习

本章重点介绍了打包与输出课件模板制作的方法，本节将通过上机练习题，对本章的知识点进行回顾。

9.4.1　上机练习 1：制作《电流做功的快慢》课件

打开"光盘\素材\第 9 章"文件夹下的电流做功的快慢课件.pptx，如图 9-62 所示，尝试为《电流做功的快慢》课件输出图形文件，如图 9-63 所示。

图 9-62　打开一个素材文件

图 9-63　《电流做功的快慢》课件效果

9.4.2　上机练习2：制作《弱电解质》课件

打开"光盘\素材\第 9 章"文件夹下的弱电解质课件.pptx，如图 9-64 所示，尝试为《弱电解质》课件输出放映文件，如图 9-65 所示。

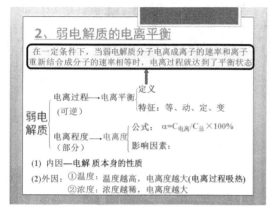

图 9-64　打开一个素材文件

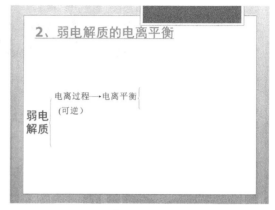

图 9-65　《弱电解质》课件效果

PPT 课件综合实例

第10章

学习提示

　　随着多媒体技术的不断发展，教师备课、授课无纸化已不再是遥远的事，利用 PowerPoint 可以制作出个性化的界面和动态超链接，使课件图文并茂、生动形象，适合教学需求。本章主要向读者介绍制作生物教学课件、语文教学课件和数学教学课件的方法。

本章重点

- 生物课件——制作《基因讲解》课件
- 语文课件——制作《古诗词欣赏》课件
- 数学课件——制作《数一数》课件

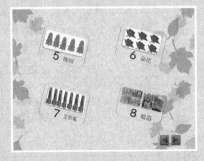

10.1 生物课件——制作《基因讲解》课件

在 PowerPoint 中，用户可以根据需要制作生物数学课件。下面以《基因讲解》课件为例介绍操作方法。

10.1.1 制作生物教学课件首页

素材文件	光盘\素材\第 10 章\基因讲解.pptx
效果文件	无
视频文件	光盘\视频\第 10 章\10.1.1 制作生物教学课件首页

（1）按【Ctrl + O】组合键，打开一个素材文件，如图 10-1 所示。

（2）在第 1 张幻灯片中选择相应文本，如图 10-2 所示。

图 10-1 打开一个素材文件

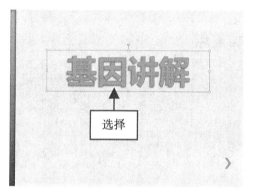

图 10-2 选择相应文本

（3）在"开始"面板中的"字体"选项板中，单击"字体颜色"右侧的下拉按钮，在弹出的列表框中选择"标准色"选项区中的"红色"选项，如图 10-3 所示。

（4）执行操作后，即可更改文字颜色，效果如图 10-4 所示。

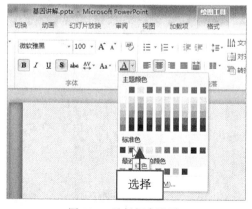

图 10-3 选择相应选项

图 10-4 效果图

10.1.2　制作生物教学课件其他幻灯片

素材文件	上一例效果
效果文件	光盘\效果\第 10 章\基因讲解.pptx
视频文件	光盘\视频\第 10 章\10.1.2　制作生物教学课件其他幻灯片

（1）切换至第 2 张幻灯片，然后切换至"插入"面板，在"文本"选项板中单击"文本框"下拉按钮，在弹出的列表框中选择"横排文本框"选项，如图 10-5 所示。

（2）在编辑区中的合适位置，单击鼠标左键并拖曳，至合适位置后，释放鼠标左键，绘制一个文本框，如图 10-6 所示。

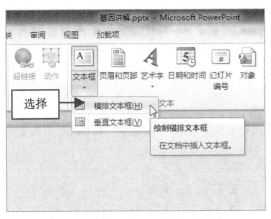

图 10-5　选择"横排文本框"选项

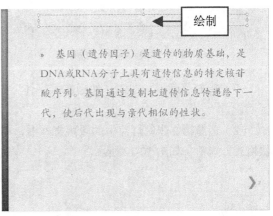

图 10-6　绘制一个文本框

（3）在文本框中输入文本"解读教材"，选中文本，在"字体"选项板中设置"字体"为"微软雅黑"，"字号"为"50"，"字体颜色"为"红色"，并调整字间距，在"段落"选项板中单击"居中"按钮，效果如图 10-7 所示。

（4）在第 2 张幻灯片中选择相应段落文本，如图 10-8 所示。

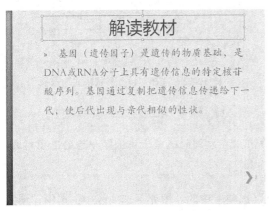

图 10-7　设置文本属性

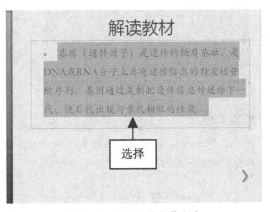

图 10-8　选择相应段落文本

（5）单击"段落"选项板中的"段落"按钮，如图 10-9 所示，弹出"段落"对话框。

（6）在"缩进和间距"选项卡中的"间距"选项区中，设置"段前"为"3 磅"、"段后"为"3 磅"，如图 10-10 所示。

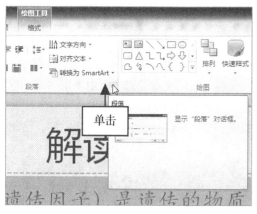

图 10-9　单击"段落"按钮　　　　　　　　　　图 10-10　设置相应选项

（7）单击"确定"按钮，然后在"字体"选项板中设置"字号"为"28"，效果如图 10-11 所示。

（8）选择第 2 张幻灯片中的段落文本框，单击鼠标右键，在弹出的快捷菜单中选择"设置形状格式"选项，如图 10-12 所示。

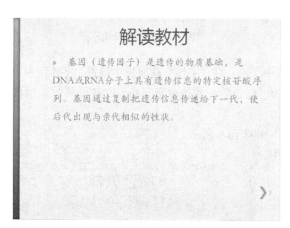

图 10-11　设置文本字号效果　　　　　　　　　图 10-12　选择"设置形状格式"选项

▶ 专家指点

　　在弹出的"设置为形状格式"对话框中，用户可以在左侧的选项卡中选择合适的选项对文本框进行设置。

（9）弹出"设置形状格式"对话框，在"填充"选项卡中的"填充"选项区中，选中"图案填充"单选按钮，在下方的列表框中选择"大棋盘"选项，如图 10-13 所示。

（10）单击"前景色"右侧的下拉按钮，在弹出的列表框中选择"橙色，强调文字颜色 1，淡色 80%"选项，单击"关闭"按钮，设置文本框的格式，如图 10-14 所示。

图 10-13   选择 "大棋盘" 选项   图 10-14   设置文本框的格式

（11）切换至第 3 张、第 4 张幻灯片，在编辑区中选择相应文本，用以上方法，设置与第 2 张幻灯片相同的文本框格式，效果如图 10-15 所示。

（12）切换至第 5 张幻灯片，在编辑区中选择相应文本，用以上方法，设置与第 2 张幻灯片相同的文本框格式，效果如图 10-16 所示。

图 10-15   效果图（1）   图 10-16   效果图（2）

10.1.3   输出生物教学课件

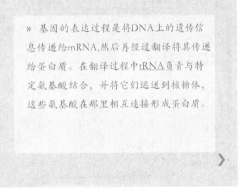

	素材文件	上一例效果
	效果文件	光盘\效果\第 10 章\基因讲解
	视频文件	光盘\视频\第 10 章\10.1.3 输出生物教学课件

（1）单击 "文件" | "保存并发送" | "更改文件类型" 命令，如图 10-17 所示。

（2）在 "更改文件类型" 列表框中的 "图片文件类型" 选项区中，选择 "JPEG 文件交换格式" 选项，如图 10-18 所示。

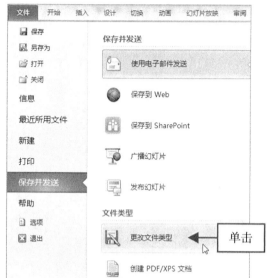

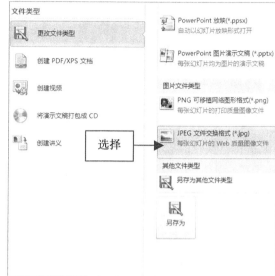

图 10-17　单击"更改文件类型"命令　　　　图 10-18　选择"JPEG 文件交换格式"选项

（3）弹出"另存为"对话框，设置文件保存位置，如图 10-19 所示。

（4）单击"保存"按钮，在弹出的信息提示框中单击"每张幻灯片"按钮，如图 10-20 所示。

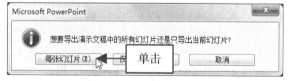

图 10-19　设置文件保存位置　　　　　　　图 10-20　单击"每张幻灯片"按钮

（5）执行操作后，弹出信息提示框，如图 10-21 所示。

图 10-21　弹出信息提示框

（6）单击"确定"按钮，即可输出演示文稿为图形文件，打开所存储的文件夹，查看输出的图形文件，如图 10-22 所示。

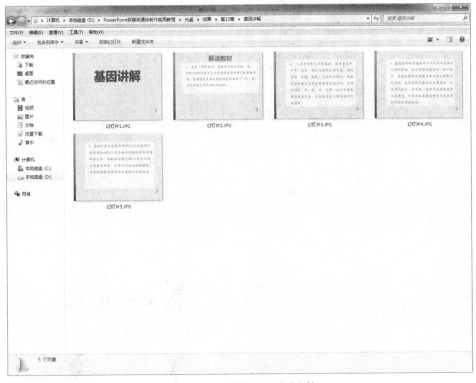

图 10-22　查看输出的图形文件

10.2　语文课件——制作《古诗词欣赏》课件

本实例制作的是语文教学课件，主要运用了设置字体属性、设置形状样式、添加音频文件和设置动画效果等功能。下面向读者介绍制作《古诗词欣赏》课件的方法。

10.2.1　制作语文教学课件首页

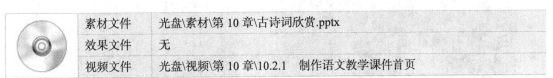

素材文件	光盘\素材\第 10 章\古诗词欣赏.pptx
效果文件	无
视频文件	光盘\视频\第 10 章\10.2.1　制作语文教学课件首页

（1）按【Ctrl + O】组合键，打开一个素材文件，如图 10-23 所示。
（2）切换至"插入"面板，在"图像"选项板中单击"剪贴画"按钮，如图 10-24 所示。
（3）弹出"剪贴画"任务窗格，在"搜索文字"下方的文本框中输入"人物"文本，单击"搜索"按钮，如图 10-25 所示。
（4）在下方的下拉列表框中选择需要的剪贴画，如图 10-26 所示。
（5）单击鼠标左键，即可插入剪贴画，并调整至合适大小和位置，如图 10-27 所示。

图 10-23　打开一个素材文件

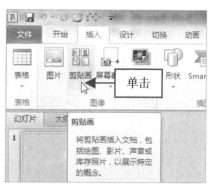

图 10-24　单击"剪贴画"按钮

图 10-25　单击"搜索"按钮

图 10-26　选择需要的剪贴画

（6）关闭"剪贴画"任务窗格，在编辑区中选择插入的剪贴画，切换至"图片工具"中的"格式"面板，单击"图片样式"选项板中的"其他"下拉按钮，如图 10-28 所示。

图 10-27　插入剪贴画

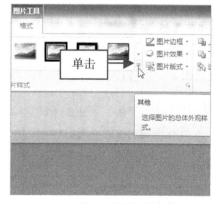

图 10-28　单击"其他"下拉按钮

（7）弹出列表框，选择"矩形投影"选项，如图 10-29 所示。

（8）执行操作后，即可设置图片样式，如图 10-30 所示。

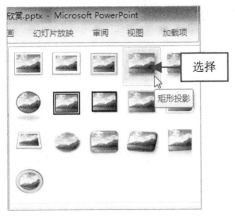

图 10-29　选择"矩形投影"选项

图 10-30　设置图片样式

（9）在"调整"选项板中单击"颜色"下拉按钮，如图 10-31 所示。

（10）弹出列表框，选择"茶色，强调文字颜色 6 深色"选项，如图 10-32 所示。

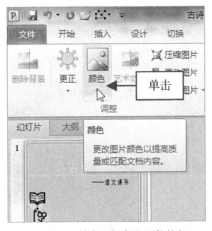

图 10-31　单击"颜色"下拉按钮

图 10-32　选择相应选项

（11）执行操作后，即可设置剪贴画颜色，效果如图 10-33 所示。

（12）在编辑区中选择标题文本，如图 10-34 所示。

图 10-33　设置剪贴画颜色

图 10-34　选择标题文本

（13）切换至"绘图工具"中的"格式"面板，单击"艺术字样式"选项板中的"其他"下拉按钮，如图 10-35 所示。

（14）弹出列表框，在"应用于所选文字"选项区中选择"填充-白色，投影"选项，如图 10-36 所示。

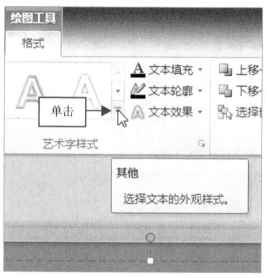

图 10-35　单击"其他"下拉按钮

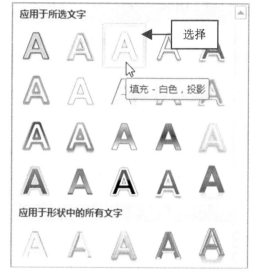

图 10-36　选择相应选项

（15）执行操作后，即可设置艺术字样式，单击"艺术字样式"选项板中的"文本效果"下拉按钮，如图 10-37 所示。

（16）在弹出的列表框中选择"映像"选项，在弹出的列表框中选择"紧密映像，接触"选项，如图 10-38 所示。

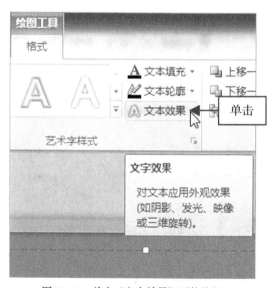

图 10-37　单击"文本效果"下拉按钮

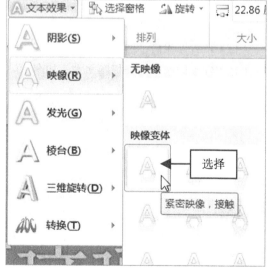

图 10-38　选择"紧密映像，接触"选项

（17）执行操作后，即可设置艺术字效果，如图 10-39 所示。

图 10-39　设置艺术字效果

10.2.2　制作语文教学课件其他幻灯片

素材文件	上一例效果
效果文件	无
视频文件	光盘\视频\第 10 章\10.2.2　制作语文教学课件其他幻灯片

（1）切换至第 2 张幻灯片，在编辑区中选择相应文本，如图 10-40 所示。

（2）切换至"绘图工具"中的"格式"面板，单击"形状样式"选项板中的"其他"下拉按钮，如图 10-41 所示。

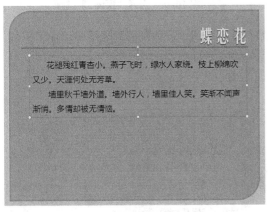

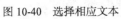

图 10-40　选择相应文本

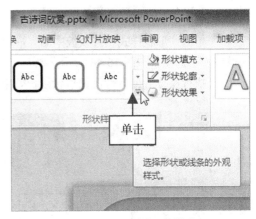

图 10-41　单击"其他"下拉按钮

（3）弹出列表框，选择"细微效果-茶色，强调颜色 6"选项，如图 10-42 所示。

（4）执行操作后，即可设置形状样式，如图 10-43 所示。

（5）单击"形状样式"选项板中的"形状效果"下拉按钮，如图 10-44 所示。

（6）弹出列表框，选择"预设"|"预设 3"选项，如图 10-45 所示，执行操作后，即可设置形状预设效果。

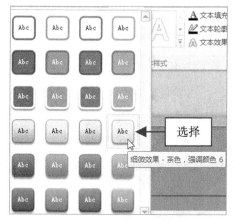

图 10-42 选择相应选项

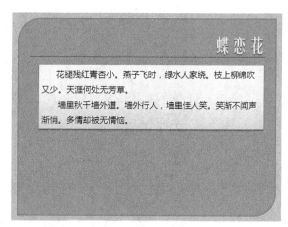

图 10-43 设置形状样式

图 10-44 单击"形状效果"下拉按钮

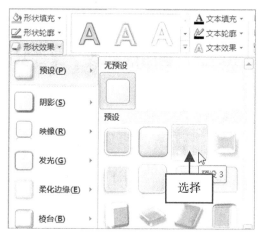

图 10-45 选择"预设 3"选项

（7）单击"形状样式"选项板中的"形状效果"下拉按钮，在弹出的列表框中选择"棱台"|"松散嵌入"选项，如图 10-46 所示。

（8）执行操作后，即可设置形状棱台效果，如图 10-47 所示。

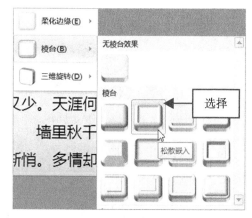

图 10-46 选择"松散嵌入"选项

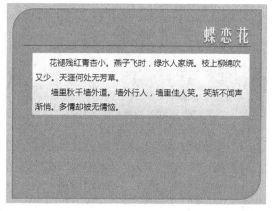

图 10-47 设置形状棱台效果

（9）切换至第 3 张与第 4 张幻灯片，在编辑区中选择相应文本，用以上方法，设置与第 2 张幻灯片相同的形状格式，效果如图 10-48 所示。

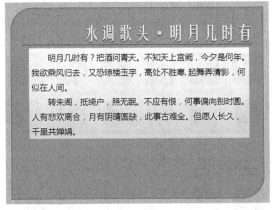
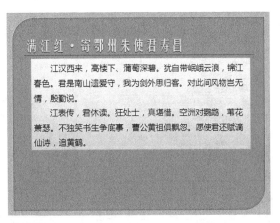

图 10-48　效果图

10.2.3　为语文教学课件添加动作按钮

素材文件	上一例效果
效果文件	无
视频文件	光盘\视频\第 10 章\10.2.3　为语文教学课件添加动作按钮

（1）切换至第 1 张幻灯片，在"插入"面板中的"插图"选项板中单击"形状"下拉按钮，如图 10-49 所示。

（2）弹出列表框，在"动作按钮"选项区中选择"第一张"选项，如图 10-50 所示。

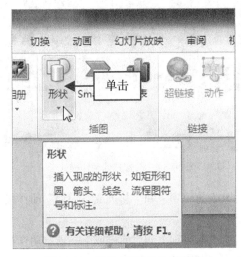

图 10-49　单击"形状"下拉按钮　　　　图 10-50　选择"第一张"选项

（3）在幻灯片中的右下角绘制图形，并弹出"动作设置"对话框，各选项为默认设置，单击"确定"按钮，如图 10-51 所示。

（4）切换至"绘图工具"中的"格式"面板，单击"形状样式"选项板中的"其他"下拉按钮，在弹出的列表框中选择"细微效果-灰色-50%，强调颜色1"选项，如图10-52所示。

图 10-51 单击"确定"按钮

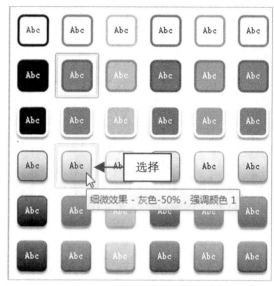

图 10-52 选择相应选项

（5）执行操作后，即可设置动作样式，如图10-53所示。

（6）用以上方法绘制"前进或下一项"动作按钮，并设置与之前同样的动作样式，效果如图10-54所示。

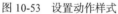

图 10-53 设置动作样式

图 10-54 设置其他动作样式

（7）切换至第2张幻灯片，用以上方法绘制"后退或前一项"和"前进或下一项"动作按钮，并设置与之前同样的动作样式，效果如图10-55所示。

（8）切换至第3张幻灯片，用以上方法绘制"后退或前一项"和"前进或下一项"动作按钮，并设置与之前同样的动作样式，效果如图10-56所示。

（9）切换至第4张幻灯片，用以上方法绘制"后退或前一项"和"第一张"动作按钮，并设置与之前同样的动作样式，效果如图10-57所示。

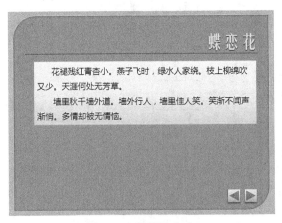

图 10-55 效果图（1）

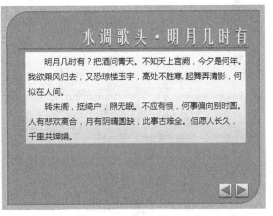

图 10-56 效果图（2）

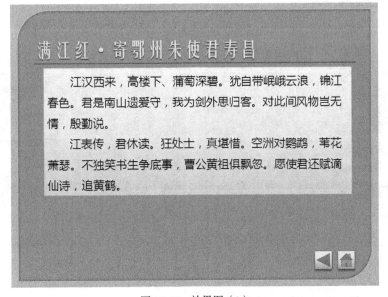

图 10-57 效果图（3）

10.2.4 为语文教学课件添加音频

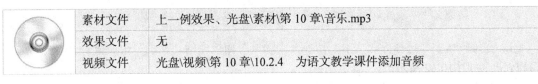

素材文件	上一例效果、光盘\素材\第 10 章\音乐.mp3
效果文件	无
视频文件	光盘\视频\第 10 章\10.2.4 为语文教学课件添加音频

（1）切换至第 1 张幻灯片，切换至"插入"面板，单击"媒体"选项板中的"音频"下拉按钮，弹出列表框，选择"文件中的音频"选项，如图 10-58 所示。

（2）弹出"插入音频"对话框，选择需要的声音文件，如图 10-59 所示。

（3）单击"插入"按钮，在幻灯片中插入声音，如图 10-60 所示。

（4）选择插入的声音文件，调整至合适位置，如图 10-61 所示。

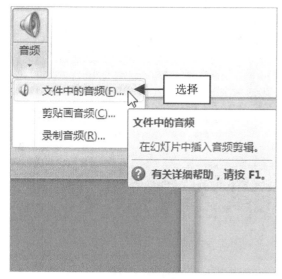

图 10-58　选择"文件中的音频"选项

图 10-59　选择声音文件

图 10-60　插入声音

图 10-61　调整声音文件的位置

10.2.5　为语文教学课件添加动画效果

素材文件	上一例效果	
效果文件	光盘\效果\第 10 章\古诗词欣赏.pptx	
视频文件	光盘\视频\第 10 章\10.2.5　为语文教学课件添加动画效果	

（1）在编辑区中，选择标题文本，切换至"动画"面板中的"动画"选项板，单击"其他"下拉按钮，如图 10-62 所示。

（2）弹出列表框，在"进入"选项区中选择"浮入"选项，如图 10-63 所示。

（3）执行操作后，即可设置文本动画效果，用以上方法设置第 1 张幻灯片中的副标题文本为"形状"动画效果、剪贴画动画效果为"轮子"，单击"预览"选项板中的"预览"按钮，预览动画效果，如图 10-64 所示。

（4）切换至第 2 张幻灯片，设置标题动画效果为"劈裂"、正文文本动画效果为"十字形扩展"，单击"预览"选项板中的"预览"按钮，即可预览动画效果，如图 10-65 所示。

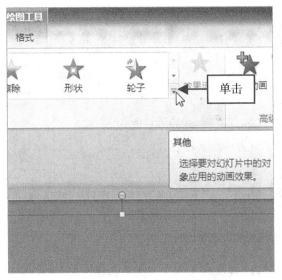

图 10-62　单击"其他"下拉按钮

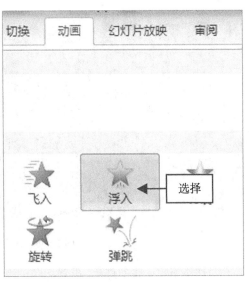

图 10-63　选择"浮入"选项

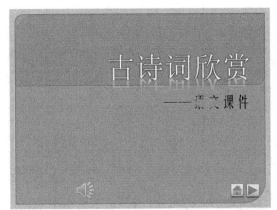

图 10-64　预览第 1 张幻灯片动画效果

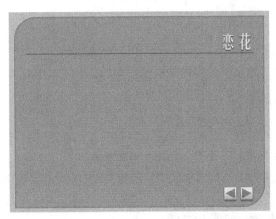

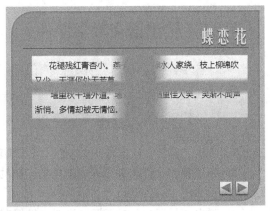

图 10-65　预览第 2 张幻灯片动画效果

（5）切换至第 3 张幻灯片，设置标题动画效果为"展开"、正文文本动画效果为"上浮"，单击"预览"选项板中的"预览"按钮，即可预览动画效果，如图 10-66 所示。

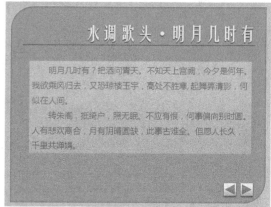

图 10-66　预览第 3 张幻灯片动画效果

（6）切换至第 4 张幻灯片，设置标题动画效果为"挥鞭式"、正文文本动画效果为"螺旋飞入"，单击"预览"选项板中的"预览"按钮，即可预览动画效果，如图 10-67 所示。

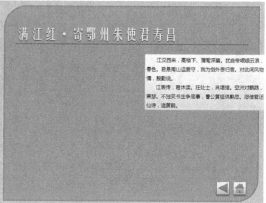

图 10-67　预览第 4 张幻灯片动画效果

10.2.6　输出语文教学课件

素材文件	上一例效果
效果文件	光盘\效果\第 10 章\古诗词欣赏
视频文件	光盘\视频\第 10 章\10.2.6　输出语文教学课件

（1）单击"文件"|"保存并发送"|"更改文件类型"命令，如图 10-68 所示。

（2）在"更改文件类型"列表框中的"图片文件类型"选项区中，选择"JPEG 文件交换格式"选项，如图 10-69 所示。

（3）弹出"另存为"对话框，设置文件保存位置，如图 10-70 所示。

（4）单击"保存"按钮，在弹出的信息提示框中单击"每张幻灯片"按钮，如图 10-71 所示。

图 10-68　单击"更改文件类型"命令

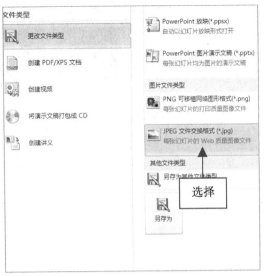

图 10-69　选择"JPEG 文件交换格式"选项

图 10-70　设置文件保存位置

图 10-71　单击"每张幻灯片"按钮

（5）执行操作后，弹出信息提示框，如图 10-72 所示。

图 10-72　弹出信息提示框

（6）单击"确定"按钮，即可输出演示文稿为图形文件，打开所存储的文件夹，查看输出的图形文件，如图 10-73 所示。

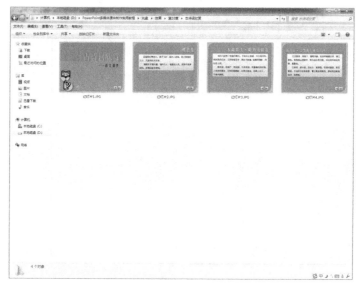

图 10-73 查看输出的图形文件

10.3 数学课件——制作《数一数》课件

本实例制作的是数学教学课件，主要运用了设置字体属性、设置形状样式、添加动作按钮和设置动画效果等功能。下面向读者介绍制作《数一数》课件的方法。

10.3.1 制作数学教学课件首页

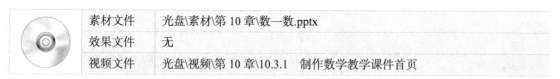

素材文件	光盘\素材\第 10 章\数一数.pptx
效果文件	无
视频文件	光盘\视频\第 10 章\10.3.1 制作数学教学课件首页

（1）按【Ctrl + O】组合键，打开一个素材文件，如图 10-74 所示。

（2）切换至"插入"面板，在"图像"选项板中单击"剪贴画"按钮，如图 10-75 所示。

图 10-74 打开一个素材文件

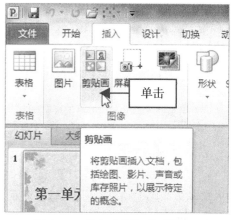

图 10-75 单击"剪贴画"按钮

（3）弹出"剪贴画"任务窗格，在"搜索文字"下方的文本框中输入"数学"文本，单击"搜索"按钮，如图 10-76 所示。

（4）在下方的下拉列表框中，选择需要的剪贴画，如图 10-77 所示。

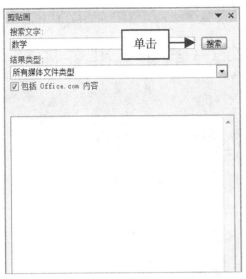

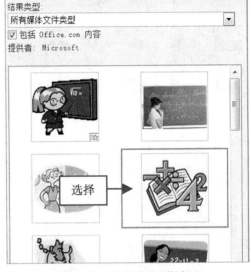

图 10-76　单击"搜索"按钮　　　　　　　　　图 10-77　选择需要的剪贴画

（5）单击鼠标左键，即可插入剪贴画，并调整至合适大小和位置，如图 10-78 所示。

（6）关闭"剪贴画"任务窗格，在编辑区中选择插入的剪贴画，切换至"图片工具"中的"格式"面板，单击"图片样式"选项板中的"其他"下拉按钮，如图 10-79 所示。

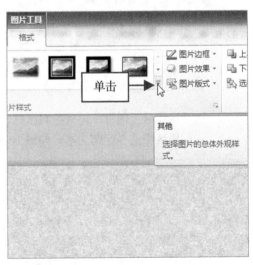

图 10-78　插入剪贴画　　　　　　　　　　图 10-79　单击"其他"下拉按钮

（7）弹出列表框，选择"矩形投影"选项，如图 10-80 所示。

（8）执行操作后，即可设置图片样式，如图 10-81 所示。

（9）在"调整"选项板中单击"颜色"下拉按钮，如图 10-82 所示。

（10）弹出列表框，选择"深红，背景颜色 2 浅色"选项，如图 10-83 所示。

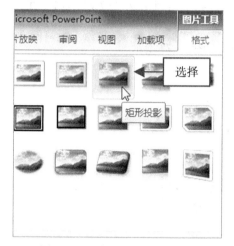

图 10-80　选择"矩形投影"选项

图 10-81　设置图片样式

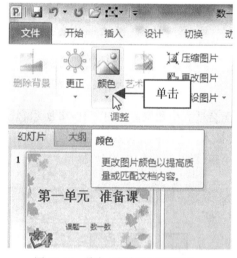

图 10-82　单击"颜色"下拉按钮

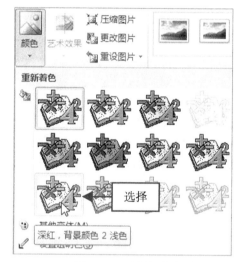

图 10-83　选择相应选项

（11）执行操作后，即可设置剪贴画颜色，效果如图 10-84 所示。

（12）在编辑区中选择标题文本，如图 10-85 所示。

图 10-84　设置剪贴画颜色

图 10-85　选择标题文本

（13）切换至"绘图工具"中的"格式"面板，单击"艺术字样式"选项板中的"其他"下拉按钮，如图 10-86 所示。

（14）弹出列表框，在"应用于所选文字"选项区中选择"渐变填充-红色，强调文字颜色 6，内部阴影"选项，如图 10-87 所示。

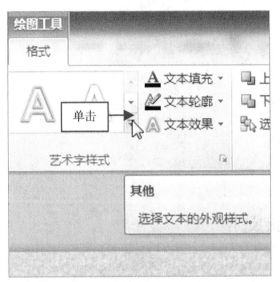

图 10-86 单击"其他"下拉按钮

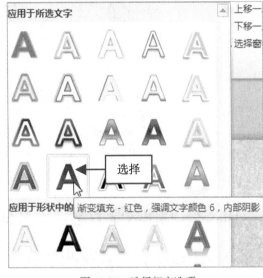

图 10-87 选择相应选项

（15）执行操作后，即可设置艺术字样式，单击"艺术字样式"选项板中的"文本效果"下拉按钮，如图 10-88 所示。

（16）在弹出的列表框中选择"映像"选项，在弹出的列表框中选择"紧密映像，接触"选项，如图 10-89 所示。

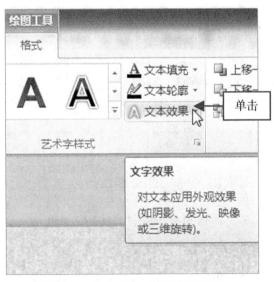

图 10-88 单击"文本效果"下拉按钮

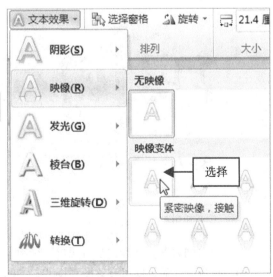

图 10-89 选择"紧密映像，接触"选项

（17）执行操作后，即可设置艺术字效果，如图 10-90 所示。

图 10-90 设置艺术字效果

10.3.2 制作数学教学课件其他幻灯片

素材文件	上一例效果
效果文件	无
视频文件	光盘\视频\第 10 章\10.3.2 制作数学教学课件其他幻灯片

（1）切换至第 2 张幻灯片，在编辑区中选择相应图片，如图 10-91 所示。

（2）切换至"图片工具"中的"格式"面板，单击"图片样式"选项板中的"其他"下拉按钮，如图 10-92 所示。

图 10-91 选择相应图片

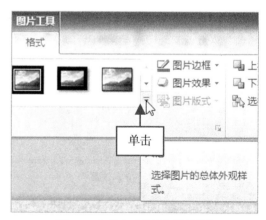

图 10-92 单击"其他"下拉按钮

（3）弹出列表框，选择"棱台矩形"选项，如图 10-93 所示。

（4）执行操作后，即可设置图片样式，如图 10-94 所示。

（5）单击"图片样式"选项板中的"图片效果"下拉按钮，在弹出的列表框中选择"棱台" | "松散嵌入"选项，如图 10-95 所示。

（6）执行操作后，即可设置形状棱台效果，如图 10-96 所示。

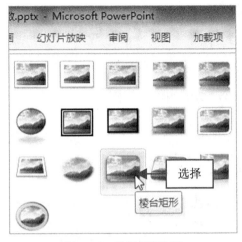

图 10-93　选择相应选项

图 10-94　设置图片样式

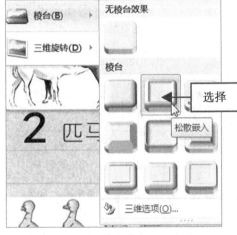

图 10-95　选择"松散嵌入"选项

图 10-96　设置形状棱台效果

（7）切换至第 3 张与第 4 张幻灯片，在编辑区中选择相应图片，用以上方法设置与第 2 张幻灯片相同的图片格式，效果如图 10-97 所示。

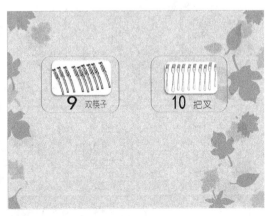

图 10-97　效果图

10.3.3　为数学教学课件添加动作按钮

素材文件	上一例效果
效果文件	无
视频文件	光盘\视频\第 10 章\10.3.3　为数学教学课件添加动作按钮

（1）切换至第 1 张幻灯片，在"插入"面板中的"插图"选项板中单击"形状"下拉按钮，如图 10-98 所示。

（2）弹出列表框，在"动作按钮"选项区中选择"第一张"选项，如图 10-99 所示。

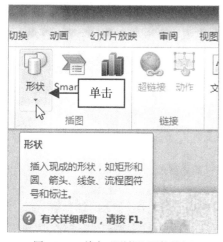

图 10-98　单击"形状"下拉按钮

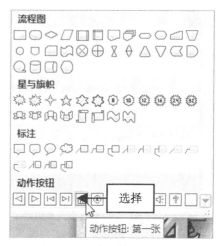

图 10-99　选择"第一张"选项

（3）在幻灯片中的右下角绘制图形，并弹出"动作设置"对话框，各选项为默认设置，单击"确定"按钮，如图 10-100 所示。

（4）切换至"绘图工具"中的"格式"面板，单击"形状样式"选项板中的"其他"下拉按钮，在弹出的列表框中选择"强烈效果-红色，强调颜色 1"选项，如图 10-101 所示。

图 10-100　单击"确定"按钮

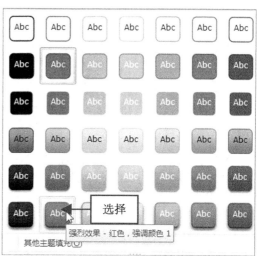

图 10-101　选择相应选项

（5）执行操作后，即可设置动作样式，如图 10-102 所示。

（6）用以上方法，绘制"前进或下一项"动作按钮，并设置与之前同样的动作样式，效果如图 10-103 所示。

图 10-102　设置动作样式

图 10-103　设置其他动作样式

（7）切换至第 2 张与第 3 张幻灯片，用以上方法绘制"后退或前一项"和"前进或下一项"动作按钮，并设置与之前同样的动作样式，效果如图 10-104 所示。

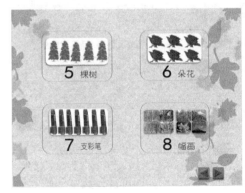

图 10-104　效果图

（8）切换至第 4 张幻灯片，用以上方法绘制"后退或前一项"和"第一张"动作按钮，并设置与之前同样的动作样式，效果如图 10-105 所示。

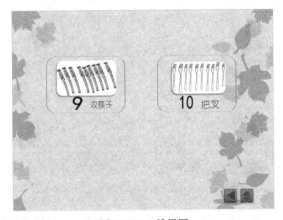

图 10-105　效果图

10.3.4 为数学教学课件添加动画效果

素材文件	上一例效果
效果文件	光盘\效果\第 10 章\数一数.pptx
视频文件	光盘\视频\第 10 章\10.3.4 为数学教学课件添加动画效果

（1）切换至第 1 张幻灯片，在编辑区中选择标题文本，切换至"动画"面板中的"动画"选项板，单击"其他"下拉按钮，如图 10-106 所示。

（2）弹出列表框，在"进入"选项区中选择"淡出"选项，如图 10-107 所示。

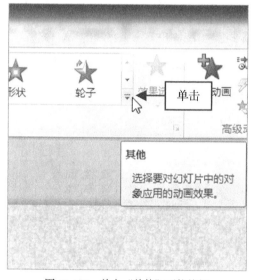

图 10-106 单击"其他"下拉按钮

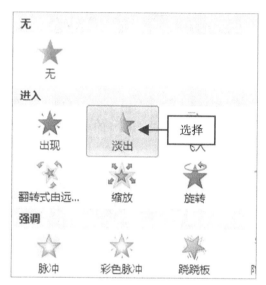

图 10-107 选择"淡出"选项

（3）执行操作后，即可设置文本动画效果，用以上方法设置第 1 张幻灯片中的副标题文本为"形状"动画效果、剪贴画动画效果为"轮子"，单击"预览"选项板中的"预览"按钮，预览动画效果，如图 10-108 所示。

图 10-108 预览第 1 张幻灯片动画效果

（4）切换至第 2 张幻灯片，设置标题动画效果为"劈裂"、图片动画效果为"基本缩放"，单击"预览"选项板中的"预览"按钮，即可预览动画效果，如图 10-109 所示。

图 10-109　预览第 2 张幻灯片动画效果

（5）切换至第 3 张幻灯片，设置图片动画效果为"翻转式由远及近"，单击"预览"选项板中的"预览"按钮，即可预览动画效果，如图 10-110 所示。

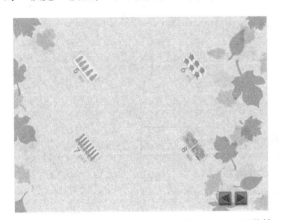
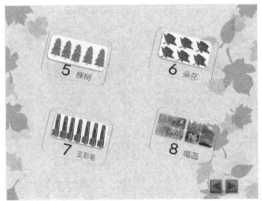

图 10-110　预览第 3 张幻灯片动画效果

（6）切换至第 4 张幻灯片，设置图片动画效果为"飞入"，单击"预览"选项板中的"预览"按钮，即可预览动画效果，如图 10-111 所示。

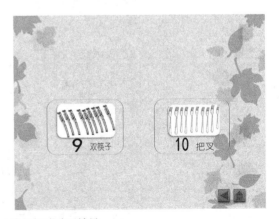

图 10-111　预览第 4 张幻灯片动画效果

10.3.5 输出数学教学课件

素材文件	光盘\素材\第 10 章\数一数.pptx
效果文件	光盘\效果\第 10 章\数一数.pptx
视频文件	光盘\视频\第 10 章\10.3.5 输出数学教学课件

（1）单击"文件"|"保存并发送"|"更改文件类型"命令，如图 10-112 所示。

（2）在"更改文件类型"列表框中的"演示文稿文件类型"选项区中，选择"PowerPoint 放映"选项，如图 10-113 所示。

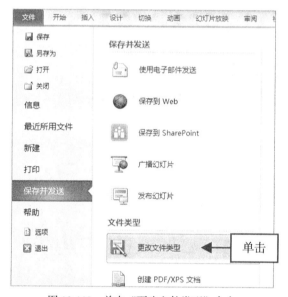

图 10-112　单击"更改文件类型"命令

图 10-113　选择"PowerPoint 放映"选项

（3）弹出"另存为"对话框，设置文件保存位置，如图 10-114 所示。

图 10-114　设置文件保存位置

（4）单击"保存"按钮，即可输出文件，打开所存储的文件夹，查看输出的文件，如图 10-115 所示。

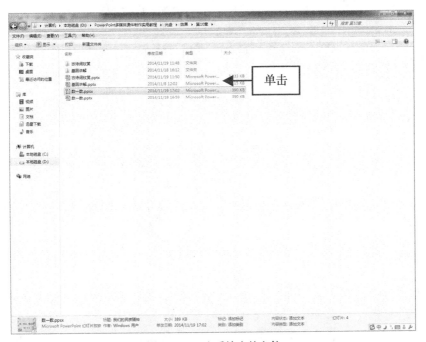

图 10-115　查看输出的文件

（5）在保存的文件中双击文件，即可放映文件，如图 10-116 所示。

图 10-116　放映文件